普通高等教育"十一五"国家级规划教材

北大版对外汉语教材·基础教程系列

Boya Chinese

博雅汉语

高级 飞翔篇 II

李晓琪 主编
金舒年 陈莉 编著

 北京大学出版社
PEKING UNIVERSITY PRESS

图书在版编目(CIP)数据

博雅汉语·高级飞翔篇Ⅲ/ 李晓琪主编. —北京：北京大学出版社，2008.3
(北大版新一代对外汉语教材·基础教程系列)
ISBN 978-7-301-07865-5

Ⅰ.博…　Ⅱ.李…　Ⅲ.汉语–对外汉语教学–教材　Ⅳ.H195.4

中国版本图书馆 CIP 数据核字(2008)第 023995 号

书　　　名：博雅汉语·高级飞翔篇 Ⅲ
著作责任者：李晓琪　主编　金舒年　陈　莉　编著
责 任 编 辑：张弘泓
标 准 书 号：ISBN 978-7-301-07865-5/H·1168
出 版 发 行：北京大学出版社
地　　　址：北京市海淀区成府路 205 号　　100871
网　　　址：http://www.pup.cn
电　　　话：邮购部 62752015　发行部 62750672　编辑部 62753334　出版部 62754962
电 子 邮 箱：zpup@pup.pku.edu.cn
印 刷 者：北京大学印刷厂
经 销 者：新华书店
　　　　　　787毫米×1092毫米　16 开本　21.5印张　420千字
　　　　　　2008 年 3 月第 1 版　2009 年 11 月第 2 次印刷
定　　　价：80.00 元(附 MP3 一张)

前　言

　　语言是人类交流信息、沟通思想最直接的工具,是人们进行交往最便捷的桥梁。随着中国经济、社会的蓬勃发展,世界上学习汉语的人越来越多,对各类优秀汉语教材的需求也越来越迫切。为了满足各界人士对汉语教材的需求,北京大学一批长期从事对外汉语教学的优秀教师在多年积累的经验之上,以第二语言学习理论为指导,编写了这套新世纪汉语精品教材。

　　语言是工具,语言是桥梁,但语言更是人类文明发展的结晶。语言把社会发展的成果一一固化在自己的系统里。因此,语言不仅是文化的承载者,语言自身就是一种重要的文化。汉语,走过自己的漫长道路,更具有其独特深厚的文化积淀,她博大、她典雅,是人类最优秀的文化之一。正是基于这种认识,我们将本套教材定名为《博雅汉语》。

　　《博雅汉语》共分四个级别——初级、准中级、中级和高级。掌握一种语言,从开始学习到自由运用,要经历一个过程。我们把这一过程分解为起步——加速——冲刺——飞翔四个阶段,并把四个阶段的教材分别定名为《起步篇》(Ⅰ、Ⅱ)、《加速篇》(Ⅰ、Ⅱ)、《冲刺篇》(Ⅰ、Ⅱ)和《飞翔篇》(Ⅰ、Ⅱ、Ⅲ)。全套书共9本,既适用于本科的四个年级,也适用于处于不同阶段的长、短期汉语进修生。这是一套思路新、视野广,实用、好用的新汉语系列教材。我们期望学习者能够顺利地一步一步走过去,学完本套教材以后,可以实现在汉语文化的广阔天空中自由飞翔的目标。

　　第二语言的学习,在不同阶段有不同的学习目标和特点。《博雅汉语》四个阶段的编写既遵循汉语教材的一般性编写原则,也充分考虑到各阶段的特点,力求较好地体现各自的特色和目标。

起步篇

　　运用结构、情景、功能理论,以结构为纲,寓结构、功能于情景之中,重在学好语言基础知识,为"飞翔"做扎实的语言知识准备。

加速篇

　　运用功能、情景、结构理论,以功能为纲,重在训练学习者在各种不同情景中的语言交际能力,为"飞翔"做比较充分的语言功能积累。

冲刺篇

以话题理论为原则,为已经基本掌握了基础语言知识和交际功能的学习者提供经过精心选择的人类共同话题和反映中国传统与现实的话题,目的是在新的层次上加强对学习者运用特殊句型、常用词语和成段表达能力的培养,推动学习者自觉地进入"飞翔"阶段。

飞翔篇

以语篇理论为原则,以内容深刻、语言优美的原文为范文,重在体现人文精神、突出人类共通文化,展现汉语篇章表达的丰富性和多样性,让学习者凭借本阶段的学习,最终能在汉语的天空中自由飞翔。

为实现上述目的,《博雅汉语》的编写者对四个阶段的每一具体环节都统筹考虑,合理设计。各阶段生词阶梯大约为 1000、3000、5000 和 10000,前三阶段的语言点分别为基本覆盖甲级、涉及乙级——完成乙级,涉及丙级——完成丙级,兼顾丁级。飞翔篇的语言点已经超出了现有语法大纲的范畴。各阶段课文的长度也呈现递进原则:600 字以内、1000 字以内、1500—1800 字、2000—2500 字不等。学习完《博雅汉语》的四个不同阶段后,学习者的汉语水平可以分别达到 HSK 的 3 级、6 级、8 级和 11 级。此外全套教材还配有教师用书,为选用这套教材的教师最大可能地提供方便。

综观全套教材,有如下特点:

针对性:使用对象明确,不同阶段采取各具特点的编写理念。

趣味性:内容丰富,贴近学生生活,立足中国社会,放眼世界,突出人类共通文化;练习形式多样,版面活泼,色彩协调美观。

系统性:词汇、语言点、语篇内容及练习形式体现比较强的系统性,与 HSK 协调配套。

科学性:课文语料自然、严谨;语言点解释科学、简明;内容编排循序渐进;词语、句型注重重现率。

独创性:本套教材充分考虑汉语自身的特点,充分体现学生的学习心理与语言认知特点,充分吸收现有外语教材的编写经验,力求有所创新。

我们希望《博雅汉语》能够使每个准备学习汉语的学生都对汉语产生浓厚的兴趣;使每个已经开始学习汉语的学生都感到汉语并不难学。学习汉语实际上是一种轻松愉快的体验,只要付出,就可以快捷地掌握通往中国文化宝库的金钥匙。我们也希望从事对外汉语教学的教师都愿意使用《博雅汉语》,并与我们建立起密切的联系,通过我们的共同努力,使这套教材日臻完善。

我们祝愿所有使用这套教材的汉语学习者都能取得成功,在汉语的天地自由飞翔!

最后,我们还要特别感谢北京大学出版社的郭荔编审和其他同仁,谢谢他们的积极支持和辛勤劳动,谢谢他们为本套教材的出版所付出的心血和汗水!

李晓琪

2004 年 6 月于勺园

E-mail: lixiaoqi@pku.edu.cn

编写说明

《飞翔篇》是北京大学出版社出版的新世纪系列汉语精读课本《博雅汉语》中的高级本,共有三册,第一、二册每册十课,第三册八课,适合中等水平以上的汉语学习者使用。

汉语学习者在初、中等阶段,一般学习的都是编写者根据他们的水平编写或改写的语料,这样做的好处是教材很适合学习者的水平和需要,让他们使用起来得心应手。而具有中等以上水平的学习者,已经掌握了汉语的基本语法结构及一般的表达方法,具有了比较高的听、说、读、写、译的能力和用汉语进行一般交际的能力,对中国社会和中国文化也有了一定程度的了解。他们迫切需要接触原汁原味的汉语语料,以进一步提高自己的阅读、理解和鉴赏能力,扩大并加深各方面的知识面和信息量。《高等学校外国留学生汉语教学大纲》把对高等阶段学习者在阅读方面的教学目标规定为:“能读懂生词不超过4%、内容较为复杂、语言结构较难的原文,并能较为准确地理解文章的深层含义。”并规定了相应的教学内容:“学习反映当代中国社会生活和民族文化特点的多种题材、体裁、语体、风格的文章。”“提高词语辨析和运用能力。”“在语言表达上,由语段训练向语篇训练过渡,要求语言比较准确、得体。逐步注重相关的文化知识及语用知识的学习。”

鉴于高级阶段汉语学习者的特点和《教学大纲》的有关原则,我们在编写这本教材的过程中,本着体现人文精神、突出人类共通文化的编写理念,以内容丰富深刻、语言典范优美的原文作为选择的对象,并注重所选语料的体裁和题材的多样性。在一、二两册中,课文以精美的散文和短小精悍的议论文为主,所包括的题材十分广泛,有亲情爱情、人生探索、道德思考、科学知识、人与自然、社会热点、历史回顾、艺术体育等等,学生在学习这两册的过程中,可以充分感受汉语的丰富和优美,领略汉语这种古老语言的无穷魅力。第三册是整套《博雅汉语》的最后一本,也是内容和语言难度最大的一本。我们考虑到学习这一册的学生水平已经达到了一个新的高度,有了使用汉语探讨更专业化的问题,表达更复杂的意思的需要,所以对这一册的课文在题材和体裁上都进行了较大的革新。第三册的课文以2000—4000字左右的报告和小论文为主,内容涉及网络、城市发展、中国社会、生态环境、中国政治、中国文化、安乐死、转基因与克隆等,力求用更高的视角、更深的分析、更新的理念来探讨一些全球性的热门话题,反映中国社会所发生的深刻变化和对世界的影响。在这三册课文的编排上,我们既依据了先易后难、循序渐进的原则,同时也注意把各种内容、各种体裁的文章穿插安排,力求使学习者有丰富多彩的感觉,避免单一和乏味。

在词汇方面,我们把《汉语水平词汇与汉字等级大纲》中所规定的丁级词以及超出《大纲》的超纲词作为每一课的生词,并依据《现代汉语词典》、《现代汉语规范词典》和《应用汉语词典》用汉语进行了解释;所列出的义项为该词语在课文中的意思。为了便于学生理解,有些用汉语不太容易解释清楚的词语还加了英语翻译。还要说明的是,本套教材特别增加了近义词辨析的内容。这是因为,从认知角度分析,本阶段的学习者,有对已经学习了的词语进行更高层次的理解和应用的强烈的要求。设立本项内容的目的在于帮助学习者建立起自己的词汇库,以便更加准确地运用这些词汇。

我们把课文中出现的专门名称、方言、俗语、典故和有关中国文化风俗等内容列入"注释",并进行了简明扼要的解释。

在"语言点"部分,我们解释并举例说明了课文中难用词语、句式的意义和用法;在需要的地方,我们用"链接"的形式把这些词语或句式与相近的词语或句式进行了联系或辨析,说明它们的相同或不同之处。另外,在每一个语言点的下面,我们都设计了若干个有语境的练习,使学习者在学完以后马上就能有实践的机会。

在这里需要特别说明的是,《飞翔篇》在第三册的最后两课中没有安排"词语辨析"和"语言点"这两部分内容,主要考虑的是让已经达到较高水平的学生逐渐摆脱需要教师的具体指导才能进行表达的状态,有更多的机会更加自由地运用汉语表达自己的思想,实现从必然王国向自由王国的飞跃,从而实现《博雅汉语》全体编著者的共同理念和愿望,就是学生通过对本套教材的学习,逐渐达到能够自由地运用汉语、充分地享受汉语的境界。

对于本教材的练习,我们也进行了精心的设计。一方面提供了相当充足的习题量,另一方面也安排了丰富、新颖的练习形式。我们把练习分为"词语练习"和"课文理解练习"两部分,并在三册中结合课文内容分层级设计了由语段至语篇的循序渐进的练习过程。

最后，为了扩充每一课的信息量，给有余力的学习者提供课外学习的材料，同时也给教学留有余地，我们在每一课的最后都安排了"阅读与理解"。这部分所选用的文章也都是中文原作，并在文章的后面设计了相关的"阅读练习"，学习者可以通过练习进一步加深对文章的理解，引发进一步思考和讨论。

以上是我们编写《博雅汉语·飞翔篇》这套教材的思路和具体做法。我们深知，一套真正的好教材必须经得起时间和使用者的检验。我们将怀着诚挚的心情等待着各位使用者的宝贵意见和建议。

感谢北京大学对外汉语教育学院王顺洪、周守晋老师在本教材试用期间为我们提出了许多有益的建议。

在这里，我们还要向北京大学出版社和负责这套教材编辑、出版工作的沈浦娜、张弘泓老师致以深切的感谢，她们的辛勤劳动为本套教材的顺利面世提供了更好的保证。

在本教材的编写过程中，我们努力联系选文作者，并得到了他们的授权。但由于我们的联络渠道所限，至本教材正式出版我们尚未与有些选文作者取得联系。请作者与我们联系，我们希望能够得到您的正式授权。

衷心希望更多的汉语教师喜欢我们的教材，也衷心希望学习者通过学习我们的教材使自己的汉语水平更上一层楼，早日实现在汉语的广阔天空中自由飞翔的美好梦想！

编　者

2008 年初写于北京大学

目　录

第 1 课　网络颠覆了什么?

课前思考

1. 你喜欢上网吗? 你经常利用网络做些什么?
2. 你对博客有兴趣吗?你知道哪些人有自己的博客?他们是怎样利用博客的?
3. 这篇文章讲述了网络对中国社会的影响。请你读一读,了解一下网络颠覆了中国人的哪些传统观念。

课 文

突然之间,我们就进入了网络时代,网络成长得太快了,在很多人还没有反应过来的时候, 它已经颠覆了我们生活中的某些既定的规则。

网络颠覆了什么?

网络颠覆了含蓄

中国文化的特点之一是讲传承,重师承,敬长者,但网络却把这一切打个★粉碎。远的不提,就看近的,从韩寒①和白烨②的斗争③

中,我们可以看到网络的力量,传统印刷文化在网络文化面前不堪一击,老白的黯然退场反衬出了网络文化的喧嚣。中国文化讲究的是师徒终生,互相扶持,追求的是光大门楣,同气连枝。网络文化却可以说是最自我的文化,当你把自己的作品刊登在网络上,迎接各种层次、各个阶段各位读者的评论时,你必须要有足够的自信和足够的承受力,你将一个人挑战全世界。在网络上,任何一个博客或者网名,一开始都是孤军奋战的,因为哪怕再多的托儿,在网坛★④芸芸众生面前也只是一朵小小的浪花。狭路相逢勇者胜⑤,只有把最真实的自我表现出来,才可能赢得网民的尊重,因为在这个虚拟的世界里,最缺乏的永远都是真实。小韩意识到了这点,而老白却没有,仍把中国传统的道德挂到了网上,所以他败了,败在了网络手里。网络颠覆了传统文化中的含蓄、包容,他要求你张扬、自我。芙蓉姐姐⑥等的出名也恰恰证明了这点。

网络颠覆了忍让

中国的道德,无论出于儒家、道家还是佛家,都很推崇一个字:忍。中华民族这个苦难深重的民族,因忍惹来了各种灾难,也靠忍度过了各种难关。忍者无敌,多少★看似★张扬的侵略者最后都被中国忍无可忍后爆发的强烈的民族力量所击退。中华民族引以为傲的就是这股厚积薄发的忍功。但网络上,却见不到一个忍字。无论是老叟还是毛孩子,都披上一件网名的外衣,把网络变成了快意恩仇的江湖⑦,没有谦虚,没有退让,一言不合即拔刀而上⑧。网络游戏里,争勇好斗的大侠永远是等级最高的。

网络颠覆了求稳心态

中国俗话总是说,聚沙成塔,做事要一步一个脚印⑨,工作要踏踏实实。但看看中国新生代的经济巨鳄⑩们,在网络泡沫中淘得第一桶金⑪的大有人在。他们通过自己的努力,抓住了时机,但对于中国传统来说,他们却颠覆了其中最重要的一点:求稳。网络时代是个探索新大陆的时代,冒险精神和骑士精神超越了稳健的作风。中国新一代的大亨们,就是用冒险来赢得了自己的未来。

网络颠覆了话语权的垄断

话语权⑫,这个名词原本是精英们创造出来的,在中国也一直属于精英们。但网络却颠覆了它。任何一句真话或者流言,通过网络的无限放大或无限扭曲,就有可能变成一场风暴。甚至风暴过后,要再重新找到源头都是不可能的,这就是网络最大的魔力。如同★当年美国某城市广播电台的一个外星人入侵节目,导致全城陷入疯狂。现在网络的一个喷嚏,也可能导致全世界的感冒。考证,在虚拟的世界里是最不需要的,网络的规则凌驾在世俗规则之上,想说就可以说,信不信则完全是你的事了。

网络颠覆了界限

网络没有界限,不但没有道德界限,就连性别界限也都模糊了。现实中,你可能带有异性倾向,不敢表现出来,但在网上你可以大摇大摆地展示,没有人会取笑你。虚拟身份让人与人之间的交流比现实中更现实,不需要伪装,不需要客气,一切都凭自己的需求和欲望。

网上聊天发展到网上交友,网上交友发展到网上恋爱,网上恋爱发展到网上婚姻。这一切都是在超脱现实的束缚后,才得到实现。

网络,发展出了新的语言体系、道德体系、社会体系,这标志着网络本身已经独立于现实之外,成为一个全新的世界。对于这个世界,我们要做的不是去消灭、排斥,因为,一个已经成熟而且成长起来的社会,是无法被抹杀的。我们该做的是制定规则,让它为我所用,而不是这样失控下去,任其自生自灭。

作者:绯云

选自《社会观察》2006.5,个别语句有改动

词语

1. 网络	wǎngluò	名	由若干元件、器件或设施等组成的具有一定功能的系统。(computer, telecom, etc.) network
2. 颠覆	diānfù	动	翻倒。overturn, subvert（颠覆——推翻）
3. 既	jì	副	已经。
4. 含蓄	hánxù	形	(思想、感情) 不轻易流露。reserved, inherit
5. 传承	chuánchéng	名	传统。
6. 师承	shīchéng	名	师徒相传的系统。
7. 长者	zhǎngzhě	名	年纪和辈分都高的人。
8. 不堪一击	bùkān yì jī		堪:经得起。经不起一打。指力量十分薄弱。
9. 黯然	ànrán	形	心里不舒服,情绪低落的样子。
10. 退场	tuì chǎng	动	离开演出、比赛等的场所。
11. 反衬	fǎnchèn	动	从反面来衬托。
12. 喧嚣	xuānxiāo	形	声音杂乱,不清静。
13. 扶持	fúchí	动	扶助;护持。
14. 光大	guāngdà	动	使显赫盛大。
15. 门楣	ménméi	名	门第。指整个家庭的社会地位和家庭成员的文化程度等。
16. 同气连枝	tóng qì lián zhī	成	比喻同胞兄弟。
17. 博客	bókè	名	网络日记。Blog.
18. 孤军奋战	gūjūn fènzhàn	成	孤立无援的军队单独奋斗。
19. 托儿	tuōr	名	〈方〉指从旁诱人受骗上当

			的人。
20. 芸芸众生	yúnyún zhòng shēng	成	佛教指一切有生命的东西，一般也用来指众多的平常人。
21. 浪花	lànghuā	名	波浪激起的四溅的水。
22. 赢得	yíngdé	动	博得；取得。（赢得——取得）
23. 网民	wǎngmín	名	指互联网的用户。
24. 虚拟	xūnǐ	动	假设的；凭想象造出来的；电脑数字化模拟。
25. 包容	bāoróng	动	宽容。
26. 张扬	zhāngyáng	动	把隐秘的或不必让众人知道的事情声张出去；宣扬。
27. 忍让	rěnràng	动	容忍退让。
28. 推崇	tuīchóng	动	十分推重。
29. 惹	rě	动	招引；引起(不好的事情)。
30. 侵略者	qīnlüèzhě	名	指侵犯别国的领土、主权，掠夺财富并奴役别国人民的人或组织。
31. 忍无可忍	rěn wú kě rěn	成	再也不能忍受下去了。
32. 引以为傲	yǐn yǐ wéi ào		为之感到骄傲。
33. 厚积薄发	hòu jī bó fā	成	厚积：充分积累。薄发：少量地慢慢地释放。形容积累丰富的学问而不轻易表现出来。
34. 叟	sǒu	名	〈书〉年老的男人。
35. 毛孩子	máoháizi	名	小孩儿，也指年轻无知的人。
36. 快意	kuàiyì	形	心情爽快舒适。
37. 江湖	jiānghú	名	旧时泛指四方各地。
38. 退让	tuìràng	动	让步。
39. 争勇好斗	zhēng yǒng hào dòu		喜欢争胜负。
40. 大侠	dàxiá	名	旧时指有武艺、讲义气、肯舍己助人的人。

41. 心态	xīntài	名	心理状态。
42. 聚沙成塔	jù shā chéng tǎ	成	比喻积少成多。
43. 新生代	xīnshēngdài	名	指新一代年轻人;新的一代。
44. 泡沫	pàomò	名	聚在一起的许多小泡。比喻某一事物所存在的表面上繁荣、兴旺而实际上虚浮不实的成分。
45. 淘	táo	动	用器物盛颗粒状的东西,加水搅动,或放在水里簸动,使除去杂质。
46. 大有人在	dà yǒu rén zài		有很多人。
47. 新大陆	Xīn Dàlù	名	美洲的别称。
48. 骑士	qíshì	名	欧洲中世纪封建主阶级的最低阶层,是领有土地的军人,为大封建主服骑兵兵役。
49. 超越	chāoyuè	动	超出;越过。
50. 稳健	wěnjiàn	形	稳而有力。稳重;不轻举妄动。
51. 大亨	dàhēng	名	称某一地方或某一行业的有势力的人。
52. 原本	yuánběn	副	原来;本来。
53. 精英	jīngyīng	名	出类拔萃的人。
54. 流言	liúyán	名	没有根据的话(多指背后议论、诬蔑或挑拨的话)。
55. 扭曲	niǔqū	动	扭转变形。比喻歪曲;颠倒(事实、形象等)。
56. 风暴	fēngbào	名	刮大风而且往往同时有大雨的天气现象。比喻规模大而气势猛烈的事实或现象。
57. 源头	yuántóu	名	水发源的地方。
58. 魔力	mólì	名	使人爱好、沉迷的吸引力。

59. 外星人	wàixīngrén	名	称地球以外的天体上有可能存在的具有高等智慧的生物。
60. 入侵	rùqīn	动	(敌军)侵入国境;(外来的或有害的事物)进入内部。
61. 陷入	xiànrù	动	落在(不利的境地)。
62. 喷嚏	pēntì	名	由于鼻黏膜受刺激,急剧吸气,然后很快地由鼻孔喷出并发出声音,这种现象叫打喷嚏。sternutation, sneeze.
63. 考证	kǎozhèng	动	研究文献或历史问题时,根据资料来考核、证实和说明。
64. 凌驾	língjià	动	高出(别人);压倒(别的事物)。
65. 世俗	shìsú	名	指人世间(对"宗教"而言)。
66. 异性	yìxìng	名	指性别不同的人或性质不同的事物。
67. 大摇大摆	dà yáo dà bǎi		形容走路挺神气、满不在乎的样子。
68. 展示	zhǎnshì	动	清楚地摆出来;明显地表现出来。(展示——展现)
69. 取笑	qǔxiào	动	开玩笑;嘲笑。
70. 伪装	wěizhuāng	动	假装。(伪装——假装)
71. 需求	xūqiú	名	由需要而产生的要求。
72. 超脱	chāotuō	动	超出;脱离。
73. 抹杀	mǒshā	动	不顾事实,把本来存在的事物彻底勾销,不予承认。write off, deny completely.
74. 失控	shīkòng	动	失去控制。
75. 自生自灭	zì shēng zì miè	成	自然地生长,又自然地消灭。形容不加过问,任其自然发展。

注　释

① 韩寒 Hán Hán：车手，青年作家。1982 年生，1999 年在第一届"新概念作文大赛"中，作为高一学生以《杯中窥人》获一等奖。著有《通稿 2003》、《三重门》、《长安乱》、《一座城池》、《光荣日》等。

② 白烨 Bái Yè：著名文学评论家，中国当代文学研究会常务副会长，1998 年参与著名长篇小说品牌"布老虎丛书"的策划与编辑工作，组编了一批有影响的长篇小说，其中包括《上海宝贝》一书。

③ 韩寒和白烨的斗争 Hán Hán hé Bái Yè de dòuzhēng：白烨写了一篇《80 后的现状与未来》的评论，始发于《长城》杂志，后放入新浪网博客，这篇评论引发"80 后"的强烈反响，韩寒回应了一篇千字短文《文坛是个屁》。紧接着白烨发表了《我的声明——回应韩寒》，之后韩寒以《有些人，话糙理不糙；有些人，话不糙人糙》回应。最后，白烨无奈众多韩寒迷的谩骂而以《我的告别辞》关闭了博客。（"80 后"：指 20 世纪 80 年代出生的人。）

④ 网坛 wǎngtán：本文中指网络世界。

⑤ 狭路相逢勇者胜 xiá lù xiāng féng yǒng zhě shèng：在很窄的道路上相遇，无地可让，这时往往是勇敢的一方胜利。

⑥ 芙蓉姐姐 Fúróng Jiějie：化名，其人最早出现在水木清华、北大未名和 MOP 网站上，由于其经常在网上贴自己的照片，成为了网络人气火爆的人物。（芙蓉：荷花。）

⑦ 快意恩仇的江湖 kuàiyì ēnchóu de jiānghú：指因恩仇而任意搏杀的武林世界。

⑧ 一言不合即拔刀而上 yì yán bù hé jí bá dāo ér shàng：对方一句话说得不合适就拔出刀来去拼杀。

⑨ 一步一个脚印 yíbù yí gè jiǎoyìn：做事脚踏实地。

⑩ 经济巨鳄 jīngjì jù'è：资金雄厚并且在经济方面有巨大影响力的人。（鳄：一种爬行动物，俗称鳄鱼。）

⑪ 第一桶金 dī yī tǒng jīn：指第一笔财富。

⑫ 话语权 huàyǔquán：指以语言形成对他人的强制。通俗地理解，话语权就是自我表达的权利。

词语辨析

1. 颠覆——推翻

语义

都含有推翻原政权的意思。但"颠覆"侧重指用阴谋手段从内部使合法的政权垮台，一般用于非正义行动，是贬义词；"推翻"侧重于用公开的手段，多指用武力打倒某一政权，正义的和非正义的都可以，是中性词。

例：(1) 情报部门正在调查这一妄图**颠覆/推翻**国家政权的组织。

(2) 孙中山领导的辛亥革命最终**推翻**了清王朝，结束了两千多年来的封建君主制度。

用法

词性：都是动词，但"颠覆"适用范围比"推翻"小。"颠覆"的对象是合法的政权或国家、政府；"推翻"的对象除了上述的以外，还有制度、阶级、势力、统治以及已有的计划、学说、决定等。

例：(3) 爱因斯坦(Elbert Einstein)的研究成果**推翻**了前人的一些结论。

(4) 奴隶们忍无可忍，终于下决心**推翻**奴隶主的统治。

另外，"颠覆"可以做定语，"推翻"则不能。

例：(5) 这个邪恶组织正在这个国家进行**颠覆**活动。

(6) 我们已经破获了他们的**颠覆**阴谋。

练习:把"颠覆"、"推翻"填入下面的句子

(1) 一些无政府主义者企图(　　　)国家政权。

(2) 所有的政府都会防止敌人搞(　　　)活动。

(3) 因资金不能按时到位,他不得不把自己原来的计划全都(　　　)了。

(4) 他没想到这个年轻人会(　　　)自己的方案。

2. 赢得——取得

语义

都有"得到"的意思。"赢得"侧重于"赢",更强调经过努力而得到,是褒义词;"取得"是中性词。

例:(1) 在奥运会上,中国跳水队**赢得/取得**了一次又一次的胜利。

(2) 他就是用这种低级的手段**取得**了政治上的成功。

用法

词性:都是动词,但"赢得"使用范围比"取得"小。"赢得"常与荣誉、赞赏、胜利、信任、掌声等词搭配,而且一般不能说"我赢得……",否则显得不谦虚;"取得"则搭配较自由。

例:(3) 他是经过了很长时间的努力,才**赢得/取得**了今天的这些荣誉。

(4) 我所**取得**的这点成绩离不开父母的支持。

(5) 我们在工作中直接**取得**了有关的知识和经验。

(6) 分别三十年以后,这对以前的恋人终于又**取得**了联系。

另外,"赢得"的主语可以是人,也可以是别的事物;但"取得"的主语一般是人。

例:(7) 她精彩的表演**赢得**了观众的赞赏。

练习：把"赢得"、"取得"填入下面的句子

(1) 她的演讲(　　)了大家的赞赏。

(2) 经过反复的讨论,在比赛的评分标准上大家终于(　　)了一致的意见。

(3) 我也不知道怎么这么幸运,居然(　　)了最高分。

(4) 在演唱会上,她一次又一次地(　　)了观众的掌声。

3. 展示——展现

语义

都指清楚明显地表现出来让人看,但"展示"侧重指有意识地摆出来给人看或揭示出来让人了解;"展现"侧重在事物自身呈现出某种情景或状态,倾向于客观陈述。

例:(1) 这部电视剧较好地**展示/展现**了主人公乐观向上的精神面貌。

(2) 在法庭上,证人向大家**展示**了证据。

(3) 厂家向客户**展示**了最新推出的几款手机。

(4) 走进大门,**展现**在眼前的是一个宽广的庭院。

(5) 汽车驶入了西部,一片片沙漠**展现**在我们面前。

用法

词性:都是动词。"展现"常和"眼前"或"面前"一起使用,如(4)、(5)。

练习：把"展示"、"展现"填入下面的句子

(1) 五十年来的生活,一幕一幕地(　　)在他面前。

(2) 在这次展销会上,各地厂商们都向大众(　　)了他们的最新产品。

(3) 一走进丽江,(　　　)在眼前的就是一幅极美的图画。

(4) 你最得意的画作呢? 给我们(　　　)一下吧。

4. 伪装——假装

语义

　　都有故意做出某种动作或姿态来掩饰真相的意思。但"伪装"语义重。"伪装"侧重于有计划、有目的装扮、隐蔽自己,以假代真,迷惑他人;"假装"往往是情况突变的场合,故意做出不真实的行为蒙骗对方。

例:(1) 在这次战争中,这个国家伪装/假装中立,暗地里和 X 国往来。

(2) 他是一个善于伪装的人,虽然心地险恶,却总是表现出一副正人君子的样子,所以大家私下里都叫他"伪君子"。

(3) 那个小偷看见警察走过来,马上假装看报,用报纸遮住自己的脸。

(4) 听见开门声,李明马上把被子盖住头,假装睡着了。

另外,"伪装"还常常用在军事上。

(5) 战士们把阵地伪装得像一片树林。

用法

　　词性:都是动词,但"伪装"还可以是名词。

例:(6) 士兵们折了几根树枝来做伪装。

(7) 假的就是假的,伪装应该剥去。

語体

"伪装"多用于书面语;"假装"通用于书面语和口语。

 练习:把"伪装"、"假装"填入下面的句子

(1) 看见前男友走过来,玛丽赶快转过身,面对商店的橱窗,(   )挑商品。

(2) 这些人(   )拥护改革而实际反对改革。

(3) 几棵小树怎么移动起来了?原来是一些(   )。

(4) 他在这篇报道中剥开了这个政客的(   ),揭露出他的真面目。

語言点

1. 中国文化的特点之一是讲传承,重师承,敬长者,但网络却把这一切打<u>个</u>粉碎。

【解释】动词+个+补语:量词"个"用于动词(多为单音节)和补语的中间,使补语略带宾语的性质。

【举例】(1) 你看!大雨**下个不停**,怎么去爬山?

(2) 他想:等我有了钱,一定要让这些孩子顿顿都**吃个饱**。

(3) 这对好朋友终于又见面了,俩人在咖啡馆**聊了个够**。

(4) 妹妹一放假就跑到云南去**玩了个痛快**。

(5) 我干了一整天,把房间**扫了个干干净净**。

(6) 真糟糕!老师让今天交作文,我把这件事**忘了个干干净净**。

【链接】动词+个+宾语:"个"可用于带宾语的动词后,有表示动量的作用(原来不能用"个"的地方也用"个"),并含轻快、随便的色彩。

【举例】(5) 爸爸退休以后,就爱**画个画儿**、**写个字**什么的,家里人都开玩笑叫他"书画家"。

(6) 咱们最好**见个面**,光在电话里谈是谈不清楚的。

【练习】用"动词+个+补语"完成句子和对话:

(1) 这到底是怎么回事?我一定要找他问＿＿＿＿＿＿＿＿＿。

(2) 那孩子怎么哭＿＿＿＿＿＿＿＿＿＿＿?谁欺负她了?

(3) 家乡的水多甜啊!这次回到家乡,我一定要喝＿＿＿＿＿＿＿。

(4) A:为了准备考试,我已经一个星期没好好睡觉了。

B:我打算考完后睡＿＿＿＿＿＿＿＿＿＿＿。

(5) A:我让你买的牛奶呢?

B:我的记性怎么这么差!居然忘＿＿＿＿＿＿＿＿＿。

2. 因为哪怕再多的托儿,在网<u>坛</u>芸芸众生面前也只是一朵小小的浪花。

【解释】坛:名词。多指文艺、体育系统的界别。

【举例】文坛/诗坛/影坛/剧坛/歌坛/体坛/乒坛/棋坛/泳坛/政坛

【练习】选用上面的词语完成句子

(1) 进入＿＿＿＿＿＿＿是我人生的梦想,不管父母如何反对,我也要一直坚持唱歌。

(2) 别小看这位年轻的作家,她可是＿＿＿＿＿＿＿的一颗新星。

(3) 赢得奥运会冠军的这些运动员成了＿＿＿＿＿＿＿的风云人物。

(4) 那位政治家突然发表声明,宣布放弃竞选,并从此退出＿＿＿＿＿＿＿＿＿。

(5) 如果你想了解当代中国＿＿＿＿＿＿＿＿＿,我推荐你看《大众电影》这本杂志。

3. 忍者无敌，**多少**看似张扬的侵略者最后都被中国忍无可忍后爆发的强烈的民族力量所击退。

【解释】多少：读音是 duōshao，数词。可表示数量多（用于肯定式），也可表示数量少（用于否定式）。

【举例】(1) 天气很坏，**多少**人都感冒了。

(2) 人们为了满足口腹之欲，把**多少**野生动物都变成了盘中之餐。

(3) 这是忙忙碌碌却没有**多少**收获的一天。

(4) 许多中国国内投资者表示，股价还将继续稳步攀升，而一些海外投资者则认为，目前过高的估值已经使股价没有**多少**上涨空间。

【链接1】"多少"作数词时，还可表示不定的数量，"多少"往往在句中出现两次，前后呼应。

【举例】(5) 原材料不成问题，要多少给**多少**，我们公司保证充分供应。

(6) 我没什么准备，想到**多少**说多少。

【链接2】副词"多少"：读音是 duōshǎo，意思是"或多或少"或者"稍微"。

【举例】(7) 去别人家做客，**多少**得带点礼物，空着手去多不好意思啊！

(8) 你翻翻这本书，**多少**知道点儿就行了。

【练习】用数词"多少"改写句子

(1) 在1976年的唐山地震中，很多孩子失去了父母。

_____。

(2) 为了赢得这次比赛，他付出了很多代价。

_____。

(3) 因为客人不多，这家西餐厅最终关了门。

_____。

(4) 虽然已经上了大学，但是他的自立能力很差。

_____。

(5) 我的财产很少,但是我并不觉得自己比别人贫穷。

_____。

4. **忍者无敌,多少<u>看似</u>张扬的侵略者最后都被中国忍无可忍后爆发的强烈的民族力量所击退。**

【解释】看似:看起来似乎。

【举例】(1) 有的卡通片**看似**浅显、幼稚,实际上却包含着人生的哲理和深刻的思想。

(2) 这台**看似**完美的二手笔记本,却让我伤透了脑筋。

(3) 一段**看似**没有结果的感情,该不该开始?

(4) 这名侦探外表**看似**小孩般天真,却有着超乎常人的智慧。

【练习】用"看似"完成句子

(1) _____,内心却很脆弱。

(2) _____,其实不同。

(3) _____,其实骨子里是一个争勇好斗的人。

(4) 他们的婚姻_____。

(5) 留学生活_____。

5. **<u>如同</u>当年美国某城市广播电台的一个外星人入侵节目,导致全城陷入疯狂。**

【解释】如同:动词。意思是"好像"。常用于书面语。

【举例】(1) 做企业**如同**养育孩子。所有的企业都有一个成长的过程,好像孩子的成长一样。

(2) 别人**如同**自己的一面镜子,在镜子中,看到的应是自己的好与坏,而不是别人的美与丑。

(3) 莎士比亚说过:"这世界是个舞台,男男女女都是演员,人人都有上台的时候,也有下台的时候。"既然人生**如同**一场戏,你就要扮演好自己的角色。

(4) 古人云:起家**如同**针挑土,败家好似浪淘沙。像你这么大手大脚地花钱,怎么富得起来呢?

【练习】用"如同"改写句子

(1) 他那张满是皱纹的脸就像一本书,是需要花时间读一读的。

_____。

(2) 人生好像一次旅行,每个地方都会给你新的启示。

_____。

(3) 对中国人来说,黄河好像孕育了自己的母亲。

_____。

(4) 对我来说,电脑就好像一个永不疲倦的工作伙伴。

_____。

综合练习

I 词语练习

一、填入合适的名词

颠覆(　　)　　扶持(　　)　　光大(　　　　)

赢得(　　)　　包容(　　)　　张扬(　　　　)

推崇(　　)　　陷入(　　)　　抹杀(　　　　)

含蓄的(　　)　　黯然的(　　)　　喧嚣的(　　)

虚拟的(　　)　　稳健的(　　)　　世俗的(　　)

不堪一击的(　　)　　争勇好斗的(　　)　　自生自灭的(　　　)

二、填入合适的量词

一(　　)浪花　　淘得第一(　　)金　　一(　　)风暴

一(　　)喷嚏　　一步一(　　)脚印

三、填入合适的形容词

(　　)的网络　　(　　)的长者　　(　　)的侵略者

(　　)的大侠　　(　　)的心态　　(　　)的毛孩子

(　　)的骑士　　(　　)的大亨　　(　　)的流言

(　　)的风暴　　(　　)的魔力　　(　　)的外星人

四、选词填空(每个词只能用一次)

> 扶持　包容　张扬　推崇　扭曲　入侵　陷入
> 考证　凌驾　取笑　超脱　抹杀　失控

1. 他十分(　　)儒家的"己所不欲,勿施于人"的思想,认为这是建立和谐社会的关键。
2. 政府应该(　　)新兴的环保企业,为他们提供良好的发展条件。
3. 经过学者(　　),这段长城是明代修建的。
4. 在保守的人看来,这些搞艺术的年轻人过于喜欢(　　)个性。
5. 这种杀毒软件可以增强电脑对病毒的抵抗力,有效抗击黑客(Hacker)(　　)。
6. 他被烦恼束缚,无法(　　)。
7. 他是一个自制力很强的人,但情绪偶尔也会(　　)。
8. (　　)多少带点恶意成分,和玩笑不一样。
9. 在婚姻中,夫妻双方需要互相关爱,不能一方(　　)于另一方之上。还要尽量(　　)对方的缺点,避免(　　)其优点。否则时间长了,感情就会越来越冷淡,原本正常的关系就会(　　),两人都会(　　)痛苦的境地。

五、写出下列词语的近义词或反义词

(一) 写出近义词

颠覆		传承		扶持	
赢得		包容		超越	
原本		展示		伪装	
需求		扭曲		取笑	

(二) 写出反义词

含蓄 _____	退场 _____	喧嚣 _____
虚拟 _____	异性 _____	稳健 _____
扭曲 _____	赢得 _____	

六、选词填空

颠覆　推翻　赢得　取得　展示　展现　伪装　假装

1. 没有教练的帮助,我不可能(　　)今天的成就。

2. 那位运动员的表现(　　)了观众的赞赏。

3. 在境外势力的援助下,他们(　　)过三个政府。

4. 这篇论文错误百出,必须全部(　　)重写。

5. 这些叛乱分子正在对这个国家进行(　　)活动。

6. 多么希望有一天她能剥去(　　),诚实地面对自己,面对大家。

7. 他明明看见了我,却把头扭向一边,(　　)没看见。

8. 这几个细节充分(　　)了剧中人物的性格。

9. 他正在考虑怎么才能更好地向观众(　　)自己的作品。

10. 从外滩看对岸的浦东,(　　)在面前的是一幢幢高楼大厦。

七、解释句中画线词语的意思

1. 传统印刷文化在网络文化面前不堪一击……
   A. 经不起一打　　　B. 没遭到过一次打击　C. 不止一次遭到打击

2. 老白的黯然退场反衬出了网络文化的喧嚣。
   A. 反映并衬托　　　B. 从反面来衬托　　　C. 作为反面的陪衬

3. 中国的道德,无论出于儒家、道家还是佛家,都很推崇一个字:忍。
   A. 关于　　　　　　B. 出自　　　　　　　C. 由于

4. 忍者无敌……
   A. 能忍的人朋友多　　　　　B. 在任何敌人面前都要忍

C. 能忍的人是最强的

5. 没有谦虚,没有退让,一言不合即拔刀而上。

    A. 就   B. 于是   C. 即使

6. 中国俗话总是说,聚沙成塔,做事要一步一个脚印,工作要踏踏实
   实。

    A. 踏踏实实   B. 效率高   C. 有计划

7. 如同当年美国某城市广播电台的一个外星人入侵节目,导致全城
   陷入疯狂。

    A. 比如   B. 好像   C. 同样

8. ……而不是这样失控下去,任其自生自灭。

    A. 任意   B. 听凭   C. 不管

八、选择正确的答案

1. 中国文化的特点之一是讲传承,重师承,敬长者,但网络却把这一
   切打(   )粉碎。

    A. 着   B. 个   C. 地

2. 老白的黯然退场反衬(   )了网络文化的喧嚣。

    A. 出   B. 来   C. 着

3. 在网络上,(   )一个博客或者网名,一开始都是孤军奋战的。

    A. 任何   B. 如何   C. 任凭

4. 因为哪怕再多的托儿,在网坛芸芸众生面前(   )只是一朵小小
   的浪花。

    A. 就   B. 不   C. 也

5. 小韩意识(   )了这点,而老白却没有,仍把中国传统的道德挂
   到了网上。

    A. 出   B. 到   C. 起

6. 所以他败了,败(   )了网络手里。

    A. 与   B. 倒   C. 在

7. 考证,在虚拟的世界里是最不需要的,网络的规则凌驾在世俗规则(　　)。

　　A. 之上　　　　　　B. 之中　　　　　　C. 之前

8. 想说就可以说,信不信(　　)完全是你的事了。

　　A. 倒　　　　　　　B. 而　　　　　　　C. 则

9. 网络,发展出了新的语言体系、道德体系、社会体系,这标志着网络本身已经独立于现实(　　),成为一个全新的世界。

　　A. 之上　　　　　　B. 之前　　　　　　C. 之外

10. 我们该做的是制定规则,让它为我(　　)用。

　　A. 而　　　　　　　B. 所　　　　　　　C. 之

11. ……而不是这样失控(　　),任其自生自灭。

　　A. 起来　　　　　　B. 下来　　　　　　C. 下去

九、选词填空,并选择 5 个模仿造句

不堪一击	狭路相逢勇者胜	忍无可忍
厚积薄发	聚沙成塔	一步一个脚印
大摇大摆	自生自灭	孤军奋战

1. 据了解,多数农村妇女对家庭暴力仍然采取忍让态度,有的在(　　　　　)的情况下,甚至走上了"以暴制暴"的犯罪道路。

2. (　　　　　),是战场上的规律,同样是篮球场上的真理,敢拼敢打才能成功。

3. 这家公司在中国的战略就是(　　　　　),他们希望通过长期的努力,在未来成为中国汽车市场的领导者之一。

4. 为什么看似坚固的东西,却脆弱得(　　　　　)?

5. 别看每个月存 100 块钱,可是积少成多,(　　　　　),只要你坚持下去,时间长了就是一笔可观的数目。

6. 即使(　　　　　),没有一个人帮我,我也要坚持做完这个项目。

7. 记者从座谈会上了解到,我国现有近 1.6 万老字号企业,其中 70%处于(   )状态,经营十分困难,20%能够维持,只有 10%保持良好的发展势头。

8. 那个毒贩骗过了机场安检,(   )地进入了海关。

9. 我现在做的这些,离我的目标还差得很远,所以我要(   )地往前走。

十、至少选择五个词写一段话(可以不按次序写)

含蓄	喧嚣	赢得	虚拟	包容	张扬	推崇	忍让
心态	超越	稳健	扭曲	伪装	超脱	失控	

II 课文理解练习

一、根据课文内容判断正误

1. 韩寒和白烨最终打成了平手。　　　　　　　　　　　　　(　　)

2. 在网络文化中,不再讲究传承、尊敬长者。　　　　　　　(　　)

3. 中国传统文化都推崇"忍"。　　　　　　　　　　　　　(　　)

4. 网络中的人忍功都很高。　　　　　　　　　　　　　　　(　　)

5. 中国新生代的经济巨鳄年轻而稳健。　　　　　　　　　　(　　)

6. 中国新生代的经济巨鳄最初都是通过网络获得了财富。　　(　　)

7. 在中国,网络使普通人也拥有了话语权。　　　　　　　　(　　)

8. 在网络中,你可以找到每句话的源头。　　　　　　　　　(　　)

9. 网络同样遵守世俗规则。　　　　　　　　　　　　　　　(　　)

10. 利用虚拟身份交流使交流更加虚伪。　　　　　　　　　(　　)

11. 新的语言体系、道德体系、社会体系使网络成为一个新世界。

　　　　　　　　　　　　　　　　　　　　　　　　　　(　　)

12. 作者认为如果不制定规则,网络将失去控制。　　　　　(　　)

二、根据课文内容,用指定的词语回答问题

1. 为什么说网络文化是最自我的文化?

   (博客　网名　孤军奋战　颠覆　含蓄　包容　张扬　自我)

2. 为什么说网络颠覆了中国传统文化所推崇的忍让?

   (网名　外衣　快意恩仇的江湖　谦虚　退让　一言不合　拔刀而上)

3. 中国新一代的大亨们是怎样在网络泡沫中淘得第一桶金的?

   (抓住　冒险　探索　颠覆　求稳　聚沙成塔　一步一个脚印)

4. 网络颠覆了什么界限?

   (道德　性别　异性倾向　大摇大摆　展示　取笑　伪装　需求欲望)

三、思考与讨论

1. 你玩过网络游戏吗?通常什么样的人容易沉迷其中?为什么它具有这种魔力?

2. 你认为文中的这几句话有无道理?简单说说你的理由。

   ① 网络时代是个探索新大陆的时代。

   ② 现在网络的一个喷嚏,也可能导致全世界的感冒。

   ③ 虚拟身份让人与人之间的交流比现实中更现实,不需要伪装、不需要客气,一切都凭自己的需求和欲望。

3. 分组辩论:

   题目:网恋(网上恋爱)是不是真的恋爱

   正方观点:网恋也是真恋

   反方观点:网恋不是真恋

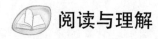 阅读与理解

网络社会五大里程碑

里程碑一：搜索引擎

1996 年，毕业于密歇根州(Michigan)安娜堡大学的佩奇建立了一个实验用的搜索引擎 BackRub，并将 BackRub 放在了其个人主页上。佩奇在不知不觉之中建立了第一个网络爬行工具。1998 年，在斯坦福大学攻读博士的布林和佩奇合伙创建了搜索引擎 Google。

如今 Google 的市值已达 1115 亿美元。Google 股票在纳斯达克(Nasdaq)曾破纪录达到每股 471.63 美元。2005 年 10 月，美国网民上网情况统计，Google 的使用人次排名第一，单独访客达 8980 万。

百度公司一直以开发符合中国人习惯的互联网搜索引擎技术而领先。在中国搜索引擎主要网站中，超过 80% 由百度提供。2005 年，国内主要搜索网站市场占有率百度以 51.5% 超过 Google。

里程碑二：电子商务

2005 年 10 月 8 日，英国《金融时报》评选出年度全球最具影响力的富豪，eBay 创办人及主席皮埃尔·奥米迪亚排行第三。

中国现有 1160 万用户利用 eBay 易趣平台来进行交易，2005 年这些用户在 eBay 平台上交易的商品总额达到了 3 亿美元。

1998 年，杭州电子工学院英语及国际贸易讲师马云创办了阿里巴巴电子商务网站。

2005 年 7 月，中国互联网络信息中心(CNNIC)在京发布"第十六次中国互联网络发展状况统计报告"。报告分析，我国网上购物大军已达到 2000 万人，2005 年半年内累计购物金额达到 100 亿人民币。

里程碑三：网络聊天

网络聊天是网民上网的主要活动之一，聊天的主要工具已经从初期

的聊天室转向 MSN、QQ 为代表的即时通信软件。

目前 MSN 在全世界通过 20 多种语言提供具有民族和区域特色的服务，拥有 2 亿 Hotmail 电子邮件用户，将近 2 亿的即时通信(Messenger)用户，以及每天 1 亿的搜索量。

1999 年，腾讯公司推出第一个即时通信软件——"腾讯 QQ"。腾讯公司公布的 2005 年财报显示，QQ 总收入达人民币 14.264 亿元。

2005 年，全球即时通信用户达 9.2 亿，中国即时通信用户达到 8500 万，并以年均 25% 的速度增长，预计今后，即时通信将会成为互联网用户最广泛使用的通信手段。

里程碑四：博客

Blogger 最早起源于 Useland 公司的 CEO 戴夫·温纳 1997 年运作的 Scripting News。1997 年，Jorn Barger 第一次使用 Weblog 这个名字，从而将 blog 的意义从无人称、拟客观、机械式写作，转换成较接近个人日志的"有人称、有个性"的自由书写方式。

2002 年 8 月，方东兴，一个从浙江义乌农村走出来的小伙子，将 blog 翻译成博客，并组建了"博客中国"。2005 年 7 月，方东兴把颇具标志意义的"博客中国"网站改名为"博客网"，并增加了大量生活化、娱乐化内容，开始了从思想意识网向综合门户网的转型。

2003 年 6 月 19 日，木子美开始在网络上公开自己的私人日记，在中国网民之中造成了轰动效应。

目前，全球博客总数已超过 1.4 亿，平均每 5.8 秒诞生一个博客。调查机构易观国际的数字显示，2005 年，中国的博客注册用户数已超过 4000 万，故有"中国博客元年"之称。

里程碑五：自由无线互联网

WiFi 是一种无线传输规范，对于上网地点不固定的笔记本用户来说，WiFi 受到越来越多人的欢迎。

2004 年 7 月，美国费城首次提出"无线费城计划"。随后，全球有若干城市也相继推出了 "WiFi 城市"，2006 年前三大 WiFi 国家为美国、英国和韩国。

目前全球范围内的 WiFi 热点数量已经超过 10 万个,热点最多的地方是韩国首都首尔,共有 2056 个,其次是东京 1802 个,伦敦 1602 个。

作者:张健敏

选自:《社会观察》2006.5,个别语句有改动

一、根据文章内容判断正误

里程碑一:

1. BackRub 是正式投入市场的搜索引擎。　　　　　　　(　)

2. 百度是在中国普遍使用的一种搜索引擎。　　　　　　(　)

里程碑二:

3. eBay 在中国的平台名为"易趣"。　　　　　　　　　(　)

4. 由马云创办的电子商务网站名为"阿里巴巴"。　　　　(　)

里程碑三:

5. 网络聊天室是一种即时通信软件。　　　　　　　　　(　)

6. QQ 是一种即时通信软件。　　　　　　　　　　　　(　)

里程碑四:

7. 最早把 Blog 翻译成"博客"的人已无法查找。　　　　(　)

8. 2005 年被称为"中国博客元年",是因为这一年中国写博客的人数大增。　　　　　　　　　　　　　　　　　　　　(　)

里程碑五:

9. 费城是唯一提出"无线城市计划"的城市。　　　　　　(　)

10. 自由无线互联网热点最多的地方在美国。　　　　　　(　)

二、谈一谈

1. 你经常使用的搜索引擎是什么?你经常搜索什么?

2. 你上网购物吗?说说电子商务的利弊。

3. 你使用何种即时通信软件?你为什么选择它?

4. 试着预测一下,网络将来的发展趋势如何?

课前思考

1. 你去过中国的哪些城市？对这些城市的印象如何？
2. 你最喜欢的中国城市是哪一个？说说那个城市有什么特点。
3. 本文把中国的三个城市在经济、环境、人才、设施等方面的情况进行了介绍，你读完以后能概括出这三个城市的不同特点吗？

课 文

中国城市大角力

在中国，城市之间的竞争其实早已开始。20 世纪 80 年代，这种城市之间的竞争更多地体现在城市人口、城市面积、工农业总产值①等城市规模的指标上。进入 20 世纪 90 年代，城市的竞赛更多地用城市综合实力来体现，当时每年公布一次的中国城市综合实力 50 强排名曾引起巨大轰动，随后成为各城市标榜其投资环境的重要因素之一。不少城市借机提出了建设"国际化大都市"的口号，北京、上海、广州、大连②、深圳③,甚至佛山④、东莞⑤、宁波⑥等城市也表示了向"国际大都市"进军的愿望,一时间,国际化成了城市之间最热门的话题。进入新世纪,在经济全球化的背景下,城市综合实力及国际化被赋予了更多内涵的城市竞争力所代替。城市之间的竞争,其轨迹即为:城市规模——综合实力——城市竞争力。

其实城市是一个复杂的模糊系统,观察中国城市竞争力,真可谓是★"横看成岭侧成峰,远近高低各不同"⑦。《中国城市竞争力报告》背景下的城市现实是:在长长的序列中,第一阵营多数是东南沿海城市,而"压阵"的无一例外★都是西北部的城市。排在前20名的明星城市,直辖市、省会城市只占一半,另外半壁江山则被苏州⑧、东莞、宁波、无锡⑨这类概念中的"小城"割据。在计划经济体制下,城市的产业发展主要靠中央政府根据具体需要来确定和调整。沈阳⑩、长春⑪、哈尔滨⑫是那个时代的明星,而现在东莞、苏州、宁波的崛起则勾画了新的城市版图。

从区域的角度大致地看,中国城市竞争力从强到弱依次是珠江⑬流域、长江⑭流域、闽江⑮流域、环渤海地区⑯、中部地区⑰、西部地区⑱。在样本城市中,最引人注意的是东南沿海的几个中等城市,如珠海⑲、东莞、温州⑳等的竞争力竟在一些大城市之上。

上　　海

上海是中国与世界经济交互作用的枢纽和平台,是中国金融、贸易、经济中心,也是综合创新中心,被喻为"中国的经济龙头"。上海综合竞争力荣衔中国内地诸城之冠。表现综合竞争力的城市产品市场占有率㉑全国第一,城市劳动生产率㉒高,国内生产总值年均增长率和居民人均年收入较高。

人才竞争力居全国第二位,表明上海在人才的质量、数量和潜力方面表现都比较好,上海吸引人才的政策优惠灵活,熟练工人和高级人才获得相对容易,但高级人才薪酬偏低。

上海的资本竞争力位居首位,表明了其金融中心的城市地位。

科学技术竞争力排在第二位,科技实力和转化能力都很突出,拥有大量科研院所㉓和企业研究机构,产学研㉔合作性好,科技创新能力需要进一步加强。

基础设施㉕竞争力居第一位。市内基本基础设施、信息技术基础设施、基础设施成本指数都表现很好,对外基本基础设施完善,名列全国之首。

上海的环境竞争力名列第四位,城市环境质量、环境舒适度和自然环境优美度都比较好,尤其是城市建筑景观优美,拥有许多著名的风格各异★的标志性建筑、商业街、广场。

文化竞争力居第二位。市民讲究信誉,交往操守好;重商价值取向明显,精明务实,勤劳创业,善于创新,竞争意识强,但是兼容平等观念有待★加强。

上海的制度竞争力比较强。其中产权保护制度和地方法制建设完善程度居全国第一,市场发育比较充分,政府审批和管制比较好,但是个体经济所占比例不高。

政府管理竞争力最佳。上海政府办事效率高,行为规范,执行政策富有创造性和灵活性,政府战略和管理形象好。同样,企业的管理竞争力、管理形象和管理效益也较好。

深　圳

深圳在城市发展中创造了许多奇迹,是华南㉖重要的区域经济及金融航运中心城市,重要的综合创新中心。在实现城市创新和发展高科技产业方面,拥有许多不可替代的、非流动性竞争优势。综合竞争力居中国内地第二位。表现综合竞争力的居民人均年收入全国第一,城市劳动生产率、国内生产总值年均增长率和城市产品市场占有率非常高。

人才竞争力排在第三位。人力资源消费需求、投资需求和基本成本最高,人力资源质量较好,教育程度高。

深圳的资本竞争力排在第四位,在资本获得的便利性上表现很好。金融控制能力、资本可得性、资本流量都只仅次于★最好的上海。但其资本存量及其增长有提高的余地。

深圳的科技竞争力位于第十四位,科研实力和创新能力比较薄弱,但是科技转化能力很强。

结构竞争力较强,高新技术产业发展很快,高科技产业集群初现端倪,表明其结构提高快。

深圳的基础设施规划建设技术先进,竞争力居全国第三。城市信息技术基础设施指数第一。对外基本基础设施、市内基本基础设施规模和增长都比较好。但文化、卫生基础设施表现一般。表明基础设施先进、现代化水平高,但需要进一步完善、配套。

综合区位竞争力不高。毗邻香港㉗,经济区位优越。自然经济区位最好,政治、科技区位很好。资源丰富,城市在区域中的优势度指数不高。环境竞争力较好。作为亚热带的海滨城市,自然环境优美,尤其是人工环境、风景名胜都建设得较好。深圳城市园林绿化综合指数较高,是最适合居住和旅游的城市之一,但城市环境质量还要进一步提高。

文化竞争力居第一位。深圳人具有赚钱的商业观念,积极的劳动态度,强烈的竞争意识,不安于现状的进取精神以及新移民交汇所形成的开放、平等、自由、宽容、创新氛围,使深圳的文化最具竞争力。表现在价值观念、劳动态度、交往操守、创新精神、竞争意识、兼容心理指数等都非常高。

制度竞争力非常高,名列第一。深圳在体制创新、经济市场化程度方面处于全国最前列。

政府管理竞争力强,政府规划能力、推销能力、凝聚能力和财政能力都很强,执法意识和服务意识强,但创新能力有待提高。

深圳的企业管理竞争力全国领先, 企业管理标准化和规范化程度高,激励和约束绩效处于最好水平。

深圳的开放竞争力位居第一, 经济国际化和区域化程度相当高,移民人口多,社会交流指数和人文国际化程度全国最高。

北　京

北京是中国的政治、文化、科技、信息、经济决策中心和国际交往中心, 表现综合竞争力的国内生产总值年均增长率和居民人均年收入都较高,尤其近年来,北京的竞争力正以全国最快的速度发展,奥运[28]商机及其带来的大规模的城市建设,将进一步加快其竞争力的提升。

北京聚集了全国最多、最优秀的人才精英和科研机构,人才竞争力居全国第一。北京在人才的质量、数量和潜力方面表现都比较好。但是北京在实施吸引人才的优惠灵活政策方面,在降低生活成本、改善人才待遇方面可做更多努力。

资本竞争力位居第二位,金融机构资本数量指数全国最高,金融控制力和资本获得便利性也很好,但是资本质量有待加强。

在科技竞争力方面,北京的科技实力居全国之首,基础研究[29]能力强,科技创新能力全国第一。应用开发、科技成果转化能力不特别强。高科技产业综合指数表现较好,表明高新技术产业及产业区迅速发展。

结构竞争力第一,第三产业^㉚发达,技术密集型^㉛从业人员比例在全国最高,现代服务业和高技术产业发达。企业的规模、城市人口密度、城市产业布局合理度综合指标均表现不佳。高新技术产业发展和产业结构高级化不够快。

北京的基础设施竞争力比较强,市内基本基础设施完善程度在全国最好,对外联系基础设施和信息技术设施也比较发达,但是与迅速发展的社会经济相比仍需进一步加快建设步伐。

在区位方面,政治区位是北京最大的优势,科技区位最好,北京是全国铁路、航空、通信中心和枢纽,交通区位极为优越,区位交通便利度指数、经济腹地 GDP^㉜与全国比重、城市在区域中的优势度指数均较好。表明其自然、经济区位也很好。但北京资源区位优势不明显,水资源缺乏。

环境竞争力强。北京历史悠久,古迹名胜多,人工环境优美。城市园林绿化综合指数、城市环境及风景名胜优美度指数都很高。但是城市环境质量相对不高,居住舒适度不佳,尽管近年来城市环境有所改善,但还需进一步提高。

文化竞争力表现一般。商业意识和创业精神与南方及沿海城市相比相对不足,但是交往操守好,能兼容平等对待不同文化。

北京的制度竞争力处于中等偏上水平,其中产权保护制度和地方法制建设程度相当高,但是个体经济比例较低,市场发育和政府审批管制有待进一步改善。

政府管理竞争力强,位于第四位,政府规划能力和推销能力突出,社会凝聚力强,政府办事效率高、行为规范,执行政策富有创造性和灵活性,提高的潜力大。

企业管理竞争力表现较好,管理技术和经验水平高,企业激励和约束绩效表现佳,产品服务质量和管理经济效益有待加强。

在开放竞争力方面,城市内外交流,特别是对外文化交流交往非常广泛。国内外贸易依存度非常高,外来人口和文化影响多,国际化程度高。但是城市开放和参与全球现代化程度、外资占城市总资本的比重需要进一步提高。

作者:老枪

选自《中国城市大角力》,

中国社会科学出版社,2003 年 9 月版

1. 角力	juélì	动	比武。课文中指竞争。
2. 实力	shílì	名	实在的力量（多指军事或经济方面）。 actual strength, power.
3. 排名	páimíng	动	排列名次。
4. 轰动	hōngdòng	动	同时惊动很多人。
5. 标榜	biāobǎng	动	提出某种好听的名义，加以宣扬。
6. 借机	jièjī	副	利用机会。
7. 大都市	dàdūshì	名	大城市。
8. 一时间	yìshíjiān	名	很短的时间;突然。
9. 热门	rèmén	名	吸引许多人的事物。
10. 话题	huàtí	名	谈话的中心。subject
11. 全球化	quánqiúhuà	名	指人力流、物质流、信息流、资本流、知识流等五大流的全球流通和融合的过程。
12. 赋予	fùyǔ	动	交给（重大任务、使命等）。（赋予——给予）
13. 内涵	nèihán	名	一个概念所反映的事物的本质属性的总和,也就是概念的内容。intension, connotation.
14. 轨迹	guǐjì	名	比喻人生经历的或事物发展的道路。
15. 可谓	kěwèi	动	可以说。
16. 序列	xùliè	名	按次序排好的行列。
17. 阵营	zhènyíng	名	为了共同的利益和目标而联合起来进行斗争的集团。

18. 压阵	yāzhèn	动	排在或走在队列的最后。
19. 无一例外	wú yī lìwài		没有一个在一般的规律、规定之外。
20. 明星	míngxīng	名	称有名的演员、运动员等。课文中是指有名的城市。
21. 直辖市	zhíxiáshì	名	由中央直接管辖的市。
22. 省会	shěnghuì	名	省行政机关所在地。一般也是全省的经济、文化中心。
23. 半壁江山	bànbì jiāngshān		指保存下来的或丧失掉的部分国土。课文中指某一事物的一半。
24. 割据	gējù	动	一国之内，拥有武力的人占据部分地区，形成分裂对抗的局面。课文中是占据某种地位的意思。
25. 计划经济	jìhuà jīngjì		国家按照统一计划并通过行政手段管理的国民经济。
26. 体制	tǐzhì	名	国家、国家机关、企业等的组织制度。system
27. 产业	chǎnyè	名	构成国民经济的行业和部门。
28. 崛起	juéqǐ	动	兴起。
29. 勾画	gōuhuà	动	用简单的线条画出人或物的轮廓。
30. 版图	bǎntú	名	地图。
31. 依次	yīcì	副	按照次序。
32. 流域	liúyù	名	一个水系的干流和支流所流过的整个地区。
33. 样本	yàngběn	名	课文中是指挑选出来作为调查对象的城市。
34. 交互作用	jiāohù zuòyòng		互相起作用。

35. 枢纽	shūniǔ	名	事物的重要关键；事物互相联系的中心环节。pivot, hub, axis, key position
36. 平台	píngtái	名	泛指进行某项工作所需要的环境或条件。a movable platform
37. 金融	jīnróng	名	指货币的发行、流通和回笼，贷款的发放和收回，存款的存入和提取等经济活动。banking, finance, financial
38. 喻	yù	动	比方。
39. 龙头	lóngtóu	名	比喻带头的、起主导作用的事物。
40. 荣衔	róngxián		光荣地接受。
41. 内地	nèidì	名	指距离边疆(或沿海)较远地地区。
42. 诸	zhū	形	众;许多。
43. 冠	guàn	名	第一位。
44. 总值	zǒngzhí	名	用货币形式表现出的全部价值。gross or total value
45. 年均	niánjūn	动	按年平均计算。
46. 增长率	zēngzhǎnglǜ	名	增长的数量与原数量的比率。rate of increase, growth rate
47. 人均	rénjūn	动	按每人平均计算。
48. 居	jū	动	在(某种位置)。
49. 潜力	qiánlì	名	潜在的力量。latent capacity; potential; potentiality
50. 优惠	yōuhuì	形	较一般优厚。
51. 薪酬	xīnchóu	名	工资。
52. 位居	wèijū	动	位次居于(序列中的某处)。

53. 首位	shǒuwèi	数	第一位。
54. 拥有	yōngyǒu	动	领有；具有（大量的土地、人口、财产等）。（拥有——具有）
55. 指数	zhǐshù	名	某一经济现象在某时期内的数值和同一现象在另一个作为比较标准的时期内的数值的比数。index
56. 名列	míngliè	动	名字排在。
57. 景观	jǐngguān	名	泛指可供观赏的景物。
58. 各异	gèyì	形	每个都不一样。
59. 市民	shìmín	名	城市居民。
60. 信誉	xìnyù	名	信用和名誉。prestige；credit；reputation（信誉——信用）
61. 交往	jiāowǎng	动、名	互相来往。
62. 操守	cāoshǒu	名	指人平时的行为、品德。
63. 价值	jiàzhí	名	课文中指价值观，即对经济、政治、道德、金钱等所持的总的看法。
64. 取向	qǔxiàng	名	选取的方向；趋向。
65. 精明	jīngmíng	形	精细明察；机警聪明。
66. 务实	wùshí	形	讲究实际，不求浮华。
67. 创业	chuàngyè	动	创办事业。
68. 兼容	jiānróng	动	同时容纳几个方面。
69. 有待	yǒudài	动	要等待。
70. 产权	chǎnquán	名	指财产的所有权。
71. 发育	fāyù	动	生物体在生命过程中结构和功能从简单到复杂的过程。课文中是指一个事物从不成熟到成熟的过程。
72. 审批	shěnpī	动	审查批示（下级呈报上级的

			书面计划、报告等)。
73. 管制	guǎnzhì	动	强制管理。(管制——管理)
74. 个体经济	gètǐ jīngjì		以生产资料私有制和个体劳动为基础的经济形式。
75. 规范	guīfàn	形	合乎约定俗成或明文规定的标准。
76. 效益	xiàoyì	名	效果和利益。(效益——效果)
77. 高科技	gāokējì	名	指高新技术。
78. 产业	chǎnyè	名	构成国民经济的行业和部门。
79. 航运	hángyùn	名	水上运输事业。
80. 替代	tìdài	动	代替。
81. 人力资源	rénlì zīyuán		指经济和社会事业发展所需的具有必要劳动能力（即智力和体力的有机结合）的人口的来源。
82. 流量	liúliàng	名	课文中指资本在单位时间内的流动量。
83. 存量	cúnliàng	名	(资金、财产等)存有的数量。
84. 及其	jíqí	连	连接名词及名词性词组，表示后者对于前者有从属关系。
85. 余地	yúdì	名	指言语或行动中留下的可回旋的地步。leeway, margin, room
86. 高新技术	gāoxīn jìshù		指处于当代科学技术前沿，具有知识密集型特点的新兴技术。
87. 集群	jíqún	动	聚集成群。
88. 端倪	duānní	名	事情的眉目；头绪；边际。clue, inkling
89. 配套	pèitào	动	把若干相关的事物组合成一

整套。

90. 区位	qūwèi	名	地区的位置。
91. 毗邻	pílín	动	(地方)连接。
92. 自然经济	zìrán jīngjì		只是为了满足生产者本身或经济单位(如氏族、庄园)的需要而进行生产的经济,也就是自给自足的经济。
93. 亚热带	yàrèdài	名	热带和温带之间的过渡地带。subtropical zone; subtropics
94. 海滨	hǎibīn	名	海边;沿海地带。
95. 名胜	míngshèng	名	有古迹或优美风景的著名的地方。
96. 绿化	lǜhuà	动	种植树木花草,使环境优美卫生,防止水土流失。
97. 现状	xiànzhuàng	名	目前的状况。
98. 进取	jìnqǔ	动	努力向前;立志有所作为。
99. 移民	yímín	名	迁移到外地或移居外国的人。
100. 交汇	jiāohuì	动	课文中指来自不同地方的人聚集到一起。
101. 宽容	kuānróng	形	宽大有气量,不计较或追究。(宽容——宽恕)
102. 氛围	fēnwéi	名	周围的气氛和情调。
103. 具	jù	动	具有。
104. 价值观念	jiàzhí guānniàn	名	对经济、政治、道德、金钱等所持有的总的看法。
105. 前列	qiánliè	名	最前面的一列,比喻带头和领先的地位。
106. 推销	tuīxiāo	动	推荐销售。
107. 凝聚	níngjù	动	聚集;积聚。
108. 执法	zhífǎ	动	执行法令、法律。

109. 领先	lǐngxiān	动	比喻水平、成绩等处于最前列。
110. 标准化	biāozhǔnhuà	动	企业在产品质量、品种规格、零件部件通用等方面规定统一的技术标准。
111. 规范化	guīfànhuà	动	使合于一定的标准。
112. 激励	jīlì	动	激发鼓励。
113. 约束	yuēshù	动	限制使不越出范围。
114. 绩效	jìxiào	名	成绩;成效。
115. 人文	rénwén	名	指人类社会的各种文化现象。
116. 决策	juécè	动	决定策略、方针等。
117. 商机	shāngjī	名	商业经营的机遇。
118. 加快	jiākuài	动	使变得更快。
119. 提升	tíshēng	动	提高(职位、等级等)。
120. 从业	cóngyè	动	从事某种职业或行业;就业。
121. 密度	mìdù	名	疏密的程度。
122. 布局	bùjú	名	对事物的结构、格局进行全面安排。
123. 步伐	bùfá	名	比喻事物进行的速度。(步伐——步调)
124. 腹地	fùdì	名	靠近中心的地区;内地。
125. 比重	bǐzhòng	名	一种在整体中所占的分量。proportion
126. 依存	yīcún	动	(互相)依附而存在。
127. 外来	wàilái	形	属性词。从外地或外国来的;非固有的。
128. 参与	cānyù	动	参加(事务的计划、讨论、处理)。
129. 外资	wàizī	名	由境外投入的资本。

注　释

① 工农业总产值 gōngnóngyè zǒngchǎnzhí：指工业和农业生产部门在一定时期内生产的各种产品的总量。总产值，即 output value.

② 大连 Dàlián：市名。在辽宁省辽东半岛南端。

③ 深圳 Shēnzhèn：市名。在广东省南部。

④ 佛山 Fóshān：市名。在广东省珠江三角洲北部。

⑤ 东莞 Dōngguǎn：市名。在广东省珠江三角洲东部。

⑥ 宁波 Níngbō：市名。在浙江省东部沿海。

⑦ 横看成岭侧成峰，远近高低各不同 héng kàn chéng lǐng cè chéng fēng, yuǎn jìn gāo dī gè bù tóng：这两句诗出自宋代文学家苏轼的诗《题西林壁》，全诗是："横看成岭侧成峰，远近高低各不同。不识庐山真面目，只缘身在此山中。"这首诗通过自然现象说明了远与近、全体与部分、宏观与微观的关系，充满深刻的哲理。课文中引用这两句诗是为了说明中国的城市各不相同。

⑧ 苏州 Sūzhōu：市名。在江苏省南部。

⑨ 无锡 Wúxī：市名。在江苏省南部。

⑩ 沈阳 Shěnyáng：市名。在辽宁省中北部。是辽宁省省会。

⑪ 长春 Chángchūn：市名。在吉林省中部。是吉林省省会。

⑫ 哈尔滨 Hā'ěrbīn：市名。在黑龙江省南部。是黑龙江省省会。

⑬ 珠江 Zhū Jiāng：中国南方大河。发源于云南，流经贵州、广西，到广东省磨刀门入南海，全长 2215.8 公里。

⑭ 长江 Cháng Jiāng：中国第一大河。发源于青海省的各拉丹冬雪山，流经西藏、四川、云南、重庆、湖北、湖南、江西、安徽、江苏等省市自治区，在上海市入东海，全长 6300 公里。

⑮ 闽江 Mǐn Jiāng：福建省最大河流，流入东海，全长 541 公里。

⑯ 环渤海地区 Huánbóhǎi dìqū：在中国北部沿海。以天津、大连、青岛为中心，包括河北、辽宁、山东、山西四省，内蒙古七个盟市和京、津两个直辖市，是全国最大的重工业基地之一。

⑰ 中部地区 Zhōngbù dìqū：也叫中部经济区，包括河南、湖北、湖南、安

徽、江西五省,是中国东部沿海发达地区向西部待开发地区过渡的中间地带。

⑱ 西部地区 Xībù dìqū:包括西北经济区和西南经济区两部分。西北经济区包括陕西、甘肃、宁夏、青海、新疆五省区和内蒙古西部的三个盟市;西南经济区包括四川、贵州、云南、西藏、广西、海南、重庆七省(市、区)和广东西部的两个城市。

⑲ 珠海 Zhūhǎi:市名。在广东省珠江口外。

⑳ 温州 Wēnzhōu:市名。在浙江省东南沿海。

㉑ 市场占有率 shìchǎng zhànyǒulǜ:指某种品牌的商品所占的市场份额。

㉒ 劳动生产率 láodòng shēngchǎnlǜ:劳动生产的效果或能力。通常以在单位时间内生产的产品数量来计算,或以生产单位产品所用的劳动时间来计算。单位时间内生产的产品愈多,单位产品所含劳动量愈少,则劳动生产率愈高;反之,则愈低。

㉓ 科研院所 kēyán yuànsuǒ:指从事科学研究的各种科学院和研究所。

㉔ 产学研 chǎnxuéyán:即产业、学校、研究机构。

㉕ 基础设施 jīchǔ shèshī:指为工业、农业等生产部门提供服务的各种基本设施,包括铁路、公路、运河、港口、桥梁、机场、仓库、动力、通信、供水以及教育、科研、卫生等部门的建设。

㉖ 华南 Huánán:指中国南部地区,包括广东、广西和海南。

㉗ 香港 Xiānggǎng:全称"香港特别行政区",在中国南部、南海之滨,珠江口东侧,深圳市之南。

㉘ 奥运 Àoyùn:即奥林匹克运动会。the Olympics.

㉙ 基础研究 jīchǔ yánjiū:与"应用研究"相对。指对关于研究对象的基本理论的研究,旨在对研究对象进行全面了解和认识的科学研究活动。

㉚ 第三产业 dì sān chǎnyè:通常指为生活、生产服务的行业,如商业、餐饮业、修理业、旅游业、运输业、金融、保险、通信、咨询、法律事务、文化教育、科学研究等。通常第一产业指农业,第二产业指工业,第四产业指信息。

㉛ 技术密集型 jìshù mìjíxíng:指投入大量资金、技术和先进设备,较少使用体力劳动的企业。

㉜ GDP:即国内生产总值。综合反映一国或地区生产水平最基本的总量指标。

词语辨析

1. 赋予——给予

语义

这两个词都有"给"、"交给"的意思。

例：(1) 这是国家**赋予/给予**每个公民的权力。

但是这两个词的语义轻重和色彩有所不同。"赋予"的语义比较重,且带有庄重的色彩;"给予"的语义比较轻,庄重的色彩也没有"赋予"那么强烈。

例：(2) 改变贫穷落后的面貌,建设好自己的国家,这是时代**赋予**我们每个中国人的历史使命。

(3) 这项研究一旦取得成果,将会对社会发展产生重大的影响,因此,希望贵公司对我们的研究继续**给予**支持。

用法

这两个词都是动词,都可以带宾语。但它们的搭配对象有所不同,所以使用范围也不同。"赋予"一般只能同名词且多为抽象名词搭配,使用范围比较窄;"给予"通常带动词宾语,有时也带名词性词语,使用的范围比较宽。(见例2、3)

例：(4) **赋予**重任 / **赋予**内涵 / **赋予**深刻的思想 / **赋予**时代的特色 / **赋予**生命(力)

(5) **给予**帮助 / **给予**答复 / **给予**同情 / **给予**援助 / **给予**关心 / **给予**理解 / **给予**表彰 / **给予**指导 / **给予**照顾 / **给予**奖励 / **给予**肯定 / **给予**赞扬 / **给予**反击 / **给予**爱护 / **给予**尊重 / **给予**补充 / **给予**支持

(6) **给予**掌声 / **给予**经费 / **给予**奖学金 / **给予**时间 / **给予**无私的爱

语体

这两个词都常用于书面语,"给予"有时也用于口语。

练习:把"赋予"、"给予"填入句子:

(1) 公司决定,对你们这种具有强烈社会责任感的行
为(   )大力的支持。

(2) 经过艺术家的塑造,这个人物被(   )了浓厚的
时代色彩。

(3) 对于被告方提出的无理要求,法院不(   )支持。

(4) 请再(   )我一点时间,我一定会妥善解决好这
个问题的。

(5) 在《红楼梦》这部伟大的作品中,作者曹雪芹使用
高超的艺术手法,从广阔的视角去反映社会现
实,给作品(   )了深刻的思想内涵。

2. 拥有——具有

语义

这两个词都有"有"的意思,而且都有积极的色彩。

例:(1) 这所学校**拥有/具有**一流的师资力量和先进的教学
设备,在当地首屈一指

但这两个词的语义侧重点有所不同。"拥有"侧重在所有、领
有、享受,对所拥有的事物有支配和使用权;"具有"着重在存在、
具备。

例:(2) 这是一个**拥有**亿元资产、三千多名员工的大型国有
企业,怎么可能说倒闭就倒闭呢?

(3) 这本书所**具有**的先进的理念、丰富的信息、幽默的
语言使它在这个月的畅销书排行榜上名列首位。

用法

　　这两个词都是动词,都可以带宾语。但它们的搭配对象有所不同。一般来说,"拥有"可以用于资源、人口、财物等具体事物,也可以用于技术、权利、时间、竞争力等抽象事物;而"具有"则多用于精神、特性、功能、素质、品德等抽象事物。(见例2、3)

例:(4) 拥有财富 / 拥有设备 / 拥有资源 / 拥有土地 / 拥有一流的专家 / 拥有幸福的家庭 / 拥有一座豪宅 / 拥有大量的藏书 / 拥有珍贵的文物 / 拥有宝藏

(5) 拥有幸福 / 拥有爱情 / 拥有美貌 / 拥有权力 / 拥有实力 / 拥有身份 / 拥有地位

(6) 具有实力 / 具有潜力 / 具有能力 / 具有眼光 / 具有深刻的思想 / 具有丰富的内容 / 具有热情的性格 / 具有高尚的精神境界 / 具有明显的特色 / 具有鲜明的风格 / 具有聪明的头脑 / 具有先进的理念 / 具有渊博的学识 / 具有强烈的责任感

语体

　　"拥有"常用于书面语,"具有"既可用于书面语,也可用于口语。

练习:把"拥有"、"具有"填入句子:

(1) 他虽然是一个(　　)亿万家产的富翁,但生活倒很俭朴,还常常支持社会公益事业。

(2) (　　)美貌不等于(　　)幸福,(　　)财富不等于(　　)健康。

(3) 公司(　　)一流的技术和设备,实力雄厚,在同行业中独占鳌头。

(4) 在教育孩子的问题上他(　　)比较长远的眼光,而不是局限在一时一事上。

(5) 这种服装面料(　　)舒适、抗皱、耐洗、不褪色等特点。

3. 信誉——信用

语义

这两个词都有在履行约定的方面值得信任的意思，都是褒义词。

例：(1) 这家银行**信誉/信用**很好，我们公司的所有业务都在他们那儿办理。

这两个词在语义上的不同主要在于："信用"没有名誉的意思，而"信誉"包含这个意思。所以"信誉"在程度上要更高一些。试比较：

例：(2) 做生意一定要讲究**信誉/信用**，否则只能是红火一时，肯定长久不了。

(3) 做一个有**信誉/信用**的人，这是我一辈子的追求。

用法

这两个词都是名词。在用法上的差别主要在于：

a. 它们的使用对象有所不同。"信誉"可以用于人、团体、组织等，也可以用于产品、商品、商标、字号等；"信用"多用于人或团体、组织等。

例：(4) 作为名牌，出了问题应该赶快纠正，这样才能挽回**信誉**。

(5) 海尔电器的质量多年来一直非常可靠，在国际上赢得了**信誉**。

b. "信誉"还可以和"很高"、"崇高"、"广泛"、"稳固"、"持久"等形容词搭配，"信用"一般不这样用。

例：(6) 这家公司本着"消费者是上帝"的宗旨，生产出的产品质优价廉，在消费者中赢得了很高的**信誉**。

(7) 我们不要只看到一时的**信誉**，更要追求持久的信誉，因为这是企业的生命之所在。

c. "信用"还可以组成"信用卡"、"信用社"等词语。

語體

"信誉"和"信用"都可用于书面语,也可用于口语。

练习:把"信誉"、"信用"填入句子:

(1) "(　　)第一,顾客至上"是我们的经营宗旨。

(2) (　　)越好销售也就会越好,这是企业经营的不
二法则。

(3) 要成为世界名牌,既要有过硬的服务和质量,更
要有有很高的(　　)。

(4) 消费者买东西当然要选择(　　)好的产品,这是
勿庸置疑的。

(5) 这种(　　)卡是可以透支的,但不能超过五千元。

4. 管制——管理

語義

这两个词都有对事物或人加以约束的意思。但它们的语义
侧重点和语义轻重不同。"管制"着重于强制、监督、限制和约束,
语义比较重;"管理"着重于负责、安排、料理,语义比较轻。

例:(1) 你的任务就是**管理**好学生们的饮食起居,其他方面
由我来负责。

(2) 为了保证这个重大活动的顺利进行,市政府规定在
活动举行期间这一带将实行交通**管制**。

这两个词在语义上的不同还表现在,"管制"在用于人的时
候常常是消极的,而"管理"是中性词。

例:(3) 对犯罪分子必须严加**管制**,以防他们再次危害社会。

用法

这两个词都是动词。在用法上的差别在于:

a. 它们的使用对象有所不同。"管制"可以用于事物(见例2),也可以用于人(多指坏人,见例3);"管理"可以用于事物、人或动物。用于人时是中性的。

例:(4) 科学地**管理**好这几百名员工是公司管理层的一项重要工作。

(5) 老王在野生动物园负责**管理**狮子、老虎等大型猛兽的生活。

b. "管理"可以重叠为 ABAB 式,而"管制"一般不重叠。

例:(6) 你不要整天忙于工作了,家里的事也要花点时间好好**管理管理**。

c. 可以构成不同的词组。"管理"可以构成"管理处"、"管理员"、"管理者"、"管理学"、"管理系"、"管理学院"、"企业管理" 等;"管制" 可以构成 "被 / 受管制分子"、"军事管制"、"交通管制"、"进出口管制"等。

语体

"管制"多用于书面语和司法用语,"管理"可用于书面语,也可用于口语。

练习:把"管制"、"管理"填入句子:

(1) 发生骚乱以后,国家对这个地区实行了军事(   ),以控制局势。

(2) (   )动物的生活不是一件容易的事,我们必须了解每一种动物的不同习性才行。

(3) 要想提高工作或学习的效率,(   )好自己的时间是最重要的因素。

(4) 中国一直以来都实行非常严格的枪支(   )政策,这是根据中国的国情制定的。

5. 效益——效果

语义

　　这两个词都有人的力量、做法所产生的结果的意思。但它们的语义侧重点和使用范围不同。"效益"侧重指利益,使用范围较小;"效果"侧重指结果,使用范围较大。

例:(1) 今年出版社出了一系列受读者欢迎的畅销书,取得了很好的经济**效益**。

　　(2) 妈妈吃了这种药**效果**不错,病已经好了一大半了。

　　(3) 你觉得学习语言用什么样的方法能取得事半功倍的**效果**呢?

用法

　　这两个词都是名词。在用法上的差别主要在于它们的使用对象有所不同。"效益"主要用于社会、经济等方面;"效果"可以广泛用于社会、政治、经济、军事、教育及日常生活等各个方面。

例:(4) 你不要在时机不成熟的时候急于采取行动,先好好考虑一下这样做的**效果**再下手也不迟啊。

　　(5) 我们公司的经营理念是,既要重视经济**效益**,也要重视社会**效益**。

语体

　　"效益"多用于书面语;"效果"书面语和口语都很常用。

练习:把"效益"、"效果"填入句子:

　　(1) "(　　　)是企业的生命",但追求(　　　)的手段应该是合理合法的。

　　(2) 我用了背诵的方法来提高我的语感,(　　　)真的非常理想。

　　(3) 通过电视这个大众化的媒体来播出公益广告社会(　　　)非常好,值得在全国推广。

(4) 医生,我吃了半天药打了半天针怎么没有(　　)呀?是不是您给我开的药不对症啊?

6. 宽容——宽恕

语义

这两个词都表示对过错或分歧能原谅,不追究的意思。但它们的语义侧重点和语义轻重不同。"宽容"侧重指心理上或态度上的宽大、容忍,不计较,不追究,语义相对较轻。"宽恕"侧重指在实际行动上宽大、饶恕,不责备,不处罚,语义相对较重。

例:(1) 马老师一生胸怀开阔,待人**宽容**,脾气顺和,深受学生们尊敬。

(2) 我小时候常常因为淘气而犯错误,父母每次都在教育我之后**宽恕**了我,从不责骂我,更不会对我进行体罚。

(3) 做人要大度一些,**宽容**一些,这样你会得到更多的友情和缘分,自己也会感到更幸福,更快乐。

(4) 我做了对不起大家的事,心里很愧疚。请你们**宽恕**我吧!

用法

这两个词都是动词。在用法上的差别主要在搭配上:

a. "宽容"一般不能直接带宾语,而"宽恕"可以直接带宾语(见例2、4)。

b. "宽容"可以讲究程度,所以能受程度副词的修饰,而"宽恕"是一次性行为,不讲程度,所以不受程度副词的修饰。

例:(5) 他待人很**宽容**,大家都愿意跟他交朋友。

语体

　　"宽容"和"宽恕"都可用于书面语,也可用于口语。

　　✎ **练习**:把"宽容"、"宽恕"填入句子:

　　　(1) 小明做了错事以后,真诚地向父母表示了悔意,
　　　　　 父母当然就(　　)他了。

　　　(2) (　　)大度的老师一点都不计较我的无理,反而
　　　　　 给了我更多的爱护和鼓励,让我一生都受益匪浅。

　　　(3) 他做的事情令人发指,即使是他的亲朋好友也无
　　　　　 法(　　)他。

　　　(4) 当我为自己的言行向他道歉时,他十分(　　)地
　　　　　 说:"没关系。谁都有言行失当的时候,何况年轻
　　　　　 人呢。"

7. 步伐——步调

语义

　　这两个词都可以表示脚步的大小快慢。

　　例:(1) 战士们正在进行队列训练,他们精神饱满,**步伐/步
　　　　调**整齐。

　　但它们的比喻义侧重点不同。"步伐"侧重在比喻事物进行
的快慢程度,"步调"侧重在比喻进行某种活动的方式和步骤。

　　例:(2) 时代的飞速发展要求我们必须加快国家现代化建设
　　　　的**步伐**。

　　　(3) 他们俩是老夫老妻了,互相非常默契,对对方的想法
　　　　心领神会,做什么事情都**步调**一致。

用法

　　这两个词都是名词。在用法上的差别主要在搭配上:
　　"步伐"可以与"迈出"、"迈开"、"踏着"、"加快"、"跟上"等动
词搭配,也可以与"大"、"小"、"快"、"慢"、"坚定"、"有力"、"豪

迈"、"矫健"等形容词搭配。

"步调"则常与"采取"、"乱"、"一致"、"统一"、"协调"等词语搭配。

> **例：** (4) 她还建议村民们引进更多新品种的蔬菜和水果，把改革产品结构的**步伐**迈得再大一些。
>
> (5) 不管做什么事，一个单位的各个部门之间应该**步调**统一，否则就乱了。

语体

"步伐"和"步调"都是书面语，也可用于口语。

**练习：** 把"步伐"、"步调"填入句子：

> (1) 虽然老人们已经退休了，但还在努力学习，让自己跟上时代的（　　）。
>
> (2) 在解决产品出现的质量问题时，公司的领导层（　　）不一致，给消费者造成了极大的困惑。
>
> (3) 阴云密布，大雨将至，路上的行人都不由自主地加快了（　　）。
>
> (4) 他说应该让孩子自己选择要做的事情，而她说孩子不懂事大人应该告诉他该做什么事，你们俩的（　　）不就乱了吗？

语言点

1. 观察中国城市竞争力，**真可谓是**"横看成岭侧成峰，远近高低各不同"。

【解释】真可谓是：意思是"真可以说是"。书面语体，在语气上表示强调。

【举例】(1) 春节期间不仅放长假，而且各种活动最多，文化内涵最丰富，**真可谓是**中国的第一大节日。

(2) 江南一带人杰地灵,物产丰富,**真可谓**是人间天堂啊!

(3) 广西桂林一带有很多岩洞,里面的石头由于时代久远而变化成各种各样的形状,有的美丽,有的壮观,**真可谓**是天下奇观了。

【链接】不可谓不……:不可以说不……,双重的否定表示的是肯定的意思。在它的后面,常常用"但"、"但是"等来表示转折。

【举例】(4) 他病了,我给他送药;他考砸了,我带他去郊外散心;他失恋了,我彻夜不眠地开导他。我对他**不可谓不**关心了吧?

(5) 她的容貌,**不可谓不**漂亮;她的衣着,**不可谓不**时尚;她的谈吐,也**不可谓不**得体。但她的某些行为,怎么跟她的外表不协调呢?

【练习】用"真可谓是"或"不可谓不"改写句子:

(1) 听说四川九寨沟的自然风光奇异旖旎,美不胜收,被人称为人间仙境。(真可谓是)

(2) 我的同学小王不仅功课好,而且琴棋书画样样拿得起来,是我们班公认的才女。(真可谓是)

(3) 作为一个普通职员,他每天早来晚走,勤奋努力,对工作真够尽心尽力的了。(不可谓不)

(4) 这家商店吃、穿、用方面的商品都有,甚至还有图书和音像制品,东西很齐全。(不可谓不)

2.……而"压阵"的**无一例外**都是西北部的城市。

【解释】无一例外:书面语体,意思是没有一个不属于这种情况;全部都是。在句子中可以单独成句,也可以做谓语或状语。

【举例】(1) 所有伟大的音乐家都是有音乐天赋的人,**无一例外**。

(2) 他不仅写一手好字,而且家里收藏了丰富的书法作品,周围爱好书法的孩子**无一例外**地都被吸引到了他的身边。

(3) 跳健美操有很好的塑身健体功能。这期参加健美操班的学员**无一例外**,都变得健康、苗条了。

【链接】无一+动词:无一幸免 / 无一遗漏 / 无一漏网 / 无一逃脱 / 无一失败 / 无一成功 / 无一入选 / 无一落选 / 无一通过 / 无一损坏 / 无一过关 / 无一失手 / 无一晋级 / 无一获利 / 无一实现 / 无一 / 无一

【练习】(一) 用"无一例外"改写句子

(1) 在中国农村,凡是交通不发达的地方经济都比较落后,这是一种普遍的情况。

(2) 他是个才华横溢的导演。他执导的影片每次都能在各种电影节或比赛中获奖。

(3) 小罗的这个进球实在太精彩了,观众们全体起立给他鼓掌喝彩。

(二) 用"链接"中所给的例子填空

(4) 在这次骚乱中越狱的逃犯都被警察抓了回来,(   )。

(5) 中国的司法考试难度很大,每年的通过率很低。我们班今年参加考试的同学(   )。

(6) 悲剧再次发生了!在这次飞机失事中,机上人员全部遇难,(   )。

(7) 近期股票大跌,投资股票的股民们(   ),一个个垂头丧气。

(8) 在这段优美的双人冰舞中,他们俩配合默契,所有的旋转和抛接动作(   )。

3. ……拥有许多著名的风格**各异**的标志性建筑、商业街、广场。

【解释】各异:每一个都不相同。一般常用的搭配是:名词＋各异。

【举例】性格**各异** / 颜色**各异** / 形状(形态、形式)**各异** / 相貌(容貌、长相) **各异** / 民族**各异** / 年龄**各异** / 音色**各异** / 国籍**各异** / 口味**各异** / 动作**各异** / 内容**各异** / 情况**各异** / 身份**各异** / 命运**各异** / 大小**各异** / 高矮(低)**各异** / 长短**各异** / 爱好**各异** / 兴趣**各异** / 条件**各异** / 要求**各异** / 方法**各异** / 质地**各异**

【练习】用上面的例子填空：

(1) 他们几个虽然是嫡亲的兄弟姐妹,但(　　　),长得不太一样。

(2) 我们班的同学来自五湖四海,(　　　),(　　　),但却相处得非常融洽。

(3) 我们的目的是一致的,都是学好汉语,但(　　　),各有各的高招。这就叫"殊途同归"。

(4) 一家四口人(　　　),众口难调,这可难坏了主厨的妈妈。

(5) 同样都是可爱的小动物,但因为遇到的主人不同而(　　　)。

(6) 顾客们(　　　),(　　　),要想满足每一位顾客的需求,不仅要有好的商品,还得好好研究消费心理学。

4. 兼容平等观念**有待**加强。

【解释】有待:动词,书面语。意思是要等待。暗含着后面所表示的内容还没有实现的意思。这个词必须带宾语,而且只能带谓词性宾语。也不能用于"把"字句和"被"字句。有时候"有待"的后面可以有"于"。

【举例】(1) 虽然现在科学技术很发达,但还有很多问题还**有待**研究,世界上未知的东西还很多。

(2) 目前有很多社会问题还**有待**于社会各个方面共同努力来加以解决。

(3) 要把我校建设成世界一流大学,还**有待**于全校每一位师生员工的付出和努力。

(4) **有待**提高／**有待**考察／**有待**改进／**有待**纠正／**有待**调整／**有待**修改／**有待**完成／**有待**增加／**有待**改善／**有待**治疗／**有待**发展／**有待**好转／**有待**成熟／**有待**整理／**有待**收集／**有待**关注／**有待**考证／**有待**核对(实)／**有待**开发

【练习】用"有待(于)"完成对话：

(1) A：听说老张住院动手术了，不知道他的病现在怎么样了？

　　B：＿＿＿＿＿＿＿＿＿＿＿＿＿＿＿

(2) A：你觉得田中的汉语水平能够胜任这本专著的翻译吗？

　　B：＿＿＿＿＿＿＿＿＿＿＿＿＿＿＿

(3) A：这个新闻节目可以在电视播出了吗？

　　B：＿＿＿＿＿＿＿＿＿＿＿＿＿＿＿

(4) A：大家觉得这次运动会开得怎么样？有什么值得总结的经验或教训吗？

　　B：＿＿＿＿＿＿＿＿＿＿＿＿＿＿＿

5. 金融的控制能力、资本可得性、资本流量都只**仅次于**最好的上海。

【解释】仅次于：次，差，不好。(某事物的)等级、质量等只比另一事物差。内含的意思是：后一种事物是很好的，而前一种事物也很不错。

【举例】(1) 这次 HSK 考试金成熙比上次进步了很多，**仅次于**全班考得最好的朴珉顺。

(2) 北京动物园的大熊猫数量是全国动物园中最多的，**仅次于**四川的卧龙自然保护区。

(3) 我认为他的山水国画飘逸洒脱，自成一家，水平**仅次于**山水国画大师李可染。

【链接】(不)次于：用于两个人或事物的比较，表示某一个人或事物(不)比另一个事物差。

【举例】(4) 我觉得他在这部电影中的表现**次于**他以前拍的电影，让我很失望。

(5) 这档新的新闻评述节目无论在时效性、信息量、内容深度和主持人的水平上都不**次于**其他的老节目，值得一看。

【练习】根据下面提供的材料,用仅次于、(不)次于完成句子:

(1) 这家医院和那家医院;医疗水平(仅次于)

(2) 这座城市和那座城市;自然景色(仅次于)

(3) 我们大学的图书馆和他们大学的图书馆;藏书数量(次于)

(4) 2008 年北京奥运会吉祥物和以前奥运会吉祥物;可爱程度(不次于)

综合练习

I 词语练习

一、填入合适的名词

轰动（　）	勾画（　）	审批（　）
兼容（　）	绿化（　）	凝聚（　）
（　）崛起	（　）发育	（　）配套
（　）领先	（　）交汇	（　）提升
优惠的（　）	规范的（　）	精明的（　）

二、填入合适的动词

（　）实力	（　）全球化	（　）阵营
（　）体制	（　）平台	（　）潜力
（　）景观	（　）流量	（　）余地
（　）端倪	（　）密度	（　）外资
借机（　）	依次（　）	

三、填入合适的形容词

（　）的内涵	（　）的轨迹	（　）的话题
（　）的体制	（　）的薪酬	（　）的氛围
（　）的现状	（　）的布局	（　）的景观

四、写出下列词语的近义词或反义词

（一）写出近义词

轰动 _____　　崛起 _____　　勾画 _____

景观 _____　　信誉 _____　　操守 _____

效益 _____　　激励 _____　　宽容 _____

约束 _____　　精英 _____　　管制 _____

（二）写出反义词

崛起 _____　　精明 _____　　务实 _____

规范 _____　　进取 _____　　领先 _____

宽容 _____　　精英 _____　　加快 _____

五、选词填空

赋予　给予　拥有　具有　信誉　信用　管制
管理　效益　效果　宽容　宽恕　步伐　步调

1. 这个国家发生了骚乱,政府决定实行二十四小时的军事（　　　）。

2. 两位同学在电视中看到这一家人面临的困境以后,给他们送去了两千块钱。这一家人对学生们（　　　）他们的同情和帮助深表感谢。

3. 跟人打交道,最重要的是讲（　　　）,否则你们的关系只能是兔子的尾巴——长不了。

4. 这家著名的连锁商店每年拿出相当一部分资金资助因贫困失学的孩子,获得了良好的社会（　　　）。

5. （　　　）财富不一定就（　　　）幸福。幸福是要自己用心去感觉的。

6. 科学的教学（　　　）是办好一所学校的关键环节。

7. 有些学习方法有的人用了（　　　）很好,但对有的人也许就没用。还是要选择适合自己的个性化的学习方法。

8. 鉴于他近年来的出色表现,公司董事会决定(   )他重任,让他去海外的分公司独当一面。

9. 既然咱们是合作伙伴,就应该采取统一的(   ),不能各自为政,你干你的,我干我的,这样的合作还有什么意义呢?

10. 北京有很多老字号,比如瑞蚨祥、盛锡福、稻香村等,都是在消费者中极有(   )的百年老店了。

11. 他年轻时性格很倔,但随着年龄和人生阅历的增加,他变得越来越随和了,待人非常(   ),人际关系也越来越好了。

12. 我们单位的领导在用人方面(   )敏锐的眼光,总是能让每个人都找到合适的位置,发挥自己的长处。

13. 看你花钱这么冲,是不是今年单位(   )特别好,给你涨工资啦?

14. 他生病住院以后,医生和家人都不许他随便活动,他彻底失去了自由,成了个受"(   )"的人。

15. 由于你的失误而给单位和同事造成了不可弥补的损失,我们认为你的行为是不可(   )的。

16. 自从中国迈开改革开放的(   ),社会的发展就如江河般一日千里,不可遏制了。

六、解释句中画线词语的意思

1. 城市之间的竞争,其轨迹即为:城市规模—综合实力—城市竞争力。
   A. 比喻竞争的激烈
   B. 比喻竞争的发展道路
   C. 比喻城市的历史

2. 上海被喻为"中国经济的龙头"。
   A. 指上海在中国经济中起带头和主导作用
   B. 指上海的经济发展很快,就像巨龙起飞
   C. 指上海在中国经济中起指导和决定作用

3. 市民讲究信誉, 交往操守好。
   A. 指人与人交往时的方法
   B. 指人与人交往时的品德
   C. 指人与人交往时的规则

4. 但是兼容平等观念有待加强。
   A. 要等待加强　　　B. 有机会加强　　　C. 有希望加强

5. 高科技产业集群初现端倪, 表明其结构提高快。
   A. 刚刚表现出新的希望
   B. 初次出现这样的情况
   C. 刚刚开始出现眉目

6. 深圳人具有不安现状的进取精神以及新移民交汇所形成的开放、平等、自由、宽容、创新氛围。
   A. 是指奋勇前进, 去争取更好的未来的精神
   B. 是指努力向前, 立志有所作为的精神
   C. 是指争取进步, 力争取得第一名的精神

7. 结构竞争力第一, 第三产业发达, 技术密集型从业人员比例在全国最高。
   A. 指金融、服务、餐饮等行业
   B. 指教育、旅游、公务员等行业
   C. 指工业、农业和电脑等行业

8. 结构竞争力第一, 第三产业发达, 技术密集型从业人员比例在全国最高
   A. 指资金投入不大, 但有很多先进技术的企业
   B. 指资金投入较大, 技术、设备先进的企业
   C. 指资金投入较小, 但技术人员比较多的企业

9. 政府规划能力、推销能力、凝聚能力和财政能力都很强, ……
   A. 指政府使老百姓团结在一起的能力
   B. 指政府使各个国家的人团聚在一起的能力
   C. 指政府使大量的资金集中在一起的能力

10. 北京是全国铁路、航空、通讯中心和<u>枢纽</u>,交通区位极为优越。

    A. 重要和必需的纽带

    B. 关键和集中的中枢

    C. 关键和中心的环节

11. 北京的<u>基础设施</u>竞争力比较强,市内基本基础设施完善程度在全国最好。

    A. 指为生产部门提供服务的设施

    B. 指为政府机关提供服务的设施

    C. 指为科研机构提供服务的设施

12. 企业<u>激励</u>和约束绩效表现佳,产品服务质量和管理效益有待加强。

    A. 激烈和励志   B. 激动和勉励   C. 激发和鼓励

七、选词填空,并模仿造句

> 一时间   无一例外   半壁江山   交互作用
> 名列   及其   毗邻   端倪

1. 教与学这两者(   ),形成良性循环以后,学校的教学水平就会迈上一个新台阶。

2. 天津(   )渤海,是中国的第二大港口城市。

3. 我和朋友合租了一套房子,一人一间,平时我们各自占据(   ),等周末时我们也会一起做菜、吃饭。

4. 经过名师指点,这十个学生(   )地顺利通过了这次关键的考试。

5. 地震发生了!(   ),地动山摇,房倒屋塌,人哭狗叫,整个城市彷佛进入了世界末日。

6. 乒乓球是中国的国球,在每次重大的国际比赛中,中国运动员都会在各个比赛项目中(   )前茅。

7. 这个少年走上犯罪道路决不是偶然的。早在上小学的时候,老师就从他的种种劣迹中发现了(   )。

8. 他是中国问题专家,尤其对中国当代的政治人物感兴趣,毛泽东、周恩来、朱德、邓小平等人著作(　　)诗词、书法作品他都很熟悉。

八、在下面词语中选择至少五个写一段话(可以不按次序写)

轰动　借机　压阵　崛起　勾画　位居
创业　审批　交汇　依存　激励

Ⅱ 课文理解练习

一、根据课文内容判断正误

1. 20 世纪 90 年代每年公布一次的中国城市综合实力 50 强排名成为了各城市标榜自己投资环境的唯一因素。　　　　　　(　　)

2. 作者在文章中用"横看成岭侧成峰,远近高低各不同"这两句诗来说明中国的城市各有各的特色。　　　　　　　　　　(　　)

3. 在《中国城市竞争力报告》中,名列前茅的全部都是东南沿海城市。　　　　　　　　　　　　　　　　　　　　　　(　　)

4. 上海在中国经济的发展中起着非常重要的带头作用。(　　)

5. 上海在资本竞争力和人才竞争力方面都位居全国之首。(　　)

6. 上海的政府管理竞争力是全国最好的。　　　　　　(　　)

7. 深圳是华东地区重要的区域经济及金融航运中心城市。(　　)

8. 深圳的科研实力、创新能力以及科技转化能力都仅次于上海。
　　　　　　　　　　　　　　　　　　　　　　　　(　　)

9. 深圳人有商业观念,竞争意识很强,而兼容心理较差,不愿意接受新移民。　　　　　　　　　　　　　　　　　　(　　)

10. 北京的人才竞争力和科技竞争力在全国是最强的。(　　)

11. 北京人的商业意识和创新意识都比不上沿海城市。(　　)

12. 北京的对外文化交流非常广泛,外资所占比重在全国最大。
　　　　　　　　　　　　　　　　　　　　　　　　(　　)

二、根据课文内容,用指定的词语回答问题

1. 20 世纪 80 年代以来,评价城市竞争力的标准发生了哪些变化?

   (早已　更多地　规模　用……来体现　标榜　借机　一时间　背景　赋予)

2. 在《中国城市竞争力报告》中,根据城市综合竞争力而排列的序列表现出什么特点?

   (阵营　压阵　半壁江山　明星　崛起　勾画　区域　依次　引人注意)

3. 上海在经济、科技和政府管理等方面的竞争力怎么样?

   (枢纽　平台　龙头　之冠　人均　突出　拥有　效率　规范　富有　效益)

4. 深圳在资本、文化、企业管理、开放等方面的竞争力在全国占据什么位置?

   (仅次于　及其　余地　观念　态度　意识　交汇　氛围　表现在　领先　激励　国际化　移民　人文)

5. 北京在人才、结构、区位、环境等方面的竞争力情况怎么样?

   (聚集　精英　吸引　改善　发达　从业　密度　布局　优势　优越　悠久　绿化　相对　舒适度　提高)

三、思考与讨论

1. 根据你对文章内容的理解,概括出上海、深圳、北京这三个城市的各自主要的长处和短处。
2. 如果让你选择,在这三个城市中你会居住在哪个城市呢?说说理由。
3. 回忆一下你去过或生活过的城市,比较一下它们的不同特点。
4. 试着使用这篇文章的写作方法来评价一个你最熟悉的城市。

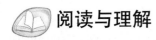 阅读与理解

生活在哪个城市最幸福？

　　2005 年 3 月 21 日，瑞士著名的美世人力资源咨询公司发布了 2005 年度《全球生活质量调查》，调查结果显示，上海的排名从 2004 年的第 107 位上升至 102 位，在所有参与调查的亚洲城市中得分增长最快。北京的排名仍然保持在第 132 位，紧随其后的是广州(第 135 位)、南京(第 143 位)、沈阳(第 157 位)和吉林(第 167 位)。世界上得分最高的城市是日内瓦(Geneva)和苏黎世(Zurich)，温哥华(Vancouver)和维也纳(Vienna)并列第 3 位，新西兰的奥克兰(Auckland)、丹麦的哥本哈根(Copenhagen)、德国的法兰克福(Frankfurt)和澳大利亚的悉尼(Sydney)均位于前 10 名之列，而饱受战争之苦的伊拉克首都巴格达(Baghdad)的生活质量最差。《全球生活质量调查》以 39 项关键生活质量标准的的详细评估与分析为基础，主要指标包括政治和社会环境、经济环境、医疗和健康因素、学校和教育、公共服务和运输、娱乐、消费、居住条件、自然环境等因素。其中，上海得分较高的项目主要是金融服务、医疗供应服务等方面。此外，上海在餐厅类别、影院娱乐、休闲设施等方面也得分较高，但是在空气污染、交通拥堵等方面却不尽如人意，尤其在交通状况满意度方面，在满分 10 分中只得 5 分。

京沪穗三城比较

　　《全球生活质量调查》的科学方法显然不同于人们的日常生活与切身感受。那么，生活在城市的人们持有怎样的看法呢？对此，研究人员曾对北京、上海和广州三个城市进行过比较研究，获得如下发现：

　　居民心中的城市形象：

　　● 认为属于"现代化城市"的，上海的中选率是 63%，北京的中选率是 20%，广州的中选率是 17%。

　　● 认为属于"国际化城市"的，上海的中选率是 66%，北京的中选率

是 18%,广州的中选率是 16%。

● 认为"城市开放速度最快"的,上海为 41%,北京为 16%,广州为 43%。

● 认为"生活在京沪穗三个城市中,哪个城市最令人感到舒适"的,上海的中选率为 49%,北京的中选率为 29%,广州的中选率为 22%。

● 认为"最有文化氛围的城市",北京的中选率为 63%,上海的中选率为 28%,广州的中选率为 9%。

在上述 5 个指标中,除了"文化氛围"外,上海在其余指标上均超过京穗。

最喜欢的城市:

● 上海人最喜欢本市的比例为 85%,北京人最喜欢本市的比例为 79%,广州人最喜欢本市的比例为 50%。

● 除了本市,三地居民喜欢其他城市的排序是:上海人为北京和广州,北京人为上海和广州,广州人为上海和北京。

自己的城市好在哪儿?

● 在 22 项与居民生活有关的项目中,就排序前 3 位而言,上海居民首选供电、子女教育、城市建筑美观;北京居民首选基础性市政建设、和谐的邻里关系、完善的旅游设施;广州居民首选住房、文化娱乐、小区配套设施。

● 在 22 项与居民生活有关的项目中,就排序最后 3 位而言,上海人和北京人相同,满意度最低的分别是空气质量、小区配套设施、绿化。广州人满意度最低的 3 项是空气质量、饮用水质量和治安状况。

● 在给自己城市的满意度打分方面,围绕所在城市的生活、居住、人文环境和城市建设等项目,采用 5 分制,5 分表示很满意,1 分表示很不满意。结果发现,上海人对自己城市总体满意度的得分为 4 分,北京为 3.7 分,广州为 3.63 分。

最希望自己所在城市改进的方面:

根据居民认为"重要、城市表现不错、希望继续保持的方面",或者居民认为"重要、城市做得较差、亟待改进的方面",三地的不同排序是:

● 上海为住房、交通拥堵、小区配套设施、绿化、空气质量、环境保护、文化娱乐场所、旅游设施等。此外,为了迎接"世博会",居民的素质需要进一步提升。

● 北京为空气质量、环境保护、交通拥堵、住房、小区配套设施、绿化、文化娱乐设施等。此外,为了更好地迎接 2008 年奥运会,居民需要不断提高自身和城市的素质。

● 广州为居民的文化素质、城市规划的合理性、小区绿化、空气质量等。

上海市民为什么喜欢上海?

上海市民之所以对自己生活的城市感到满意,是与上海的经济社会发展和市民的认知水平提高密切相关的。对此,上海市统计局、上海市民政局、《东方早报》和上海零点市场调查公司曾先后组织过不同规模的上海市民基本情况抽样调查,结果发现下述一些因素与上海市民喜欢上海有关:

第一,个人生活质量的总体满意度得到提升。在接受调查的市民中,认为个人生活质量较低或很低的人不到 10%。

第二,生活成本的上升与生活质量的提高趋于同步态势。2004 年全球城市生活成本调查报告显示,上海位列第 16 位,仅次于香港和北京而排位中国第三,而教育开支则位居世界第一。对生活成本的上升,上海市民有何看法?对此,有关调查发现:

● 约 54.7%的被调查者认为,上海作为国际化大都市,与世界其他同等的大城市相比,目前的生活成本还是适中的。当问及"与收入相比,你觉得上海的生活成本如何"时,有 50%的人认为两者同步,也就是说,虽然上海生活花钱较多,但是挣得也多。

● 对于教育费用全球排行第一的问题,调查显示,39.2%的人认为这是人们重视教育、观念领先的表现;25.8%的人对此采取较为宽容的态度,认为这是发展过程中暂时的现象;11.1%的人持完全肯定的态度,认为这是上海作为国际化大都市的一种表现。

● 在回答"你怎样看待在同一城市区域之间的生活成本不相同这一现象"时,62.6%的人认为很正常,是适应市场规律的体现;21%的人觉得不太正常,希望通过调整来缩小差距;相比之下,只有 10.1%的人持相反意见,觉得很不合理。

　　第三,人均年可支配收入增加。2004 年,上海全年城市居民家庭人均年可支配收入为 16683 元,比 2003 年增长 12.2%;农村居民家庭人均年可支配收入为 7337 元,比 2003 年增长 10.2%。

　　第四,住房条件逐渐改善。调查发现,与过去 5 年相比,有 31.7%的市民认为,住房条件变得"较好或很好";近 50%的市民认为"差不多"。

　　第五,健康水平提高。约 87.6%的市民认为自己身体健康。

　　第六,社会地位变化。大多数市民在经济收入、文化程度和职业取向逐渐提高的同时,社会地位也随之上升。在问及被调查者与其父辈相比社会地位有何变化时,60%以上的人认为自己的社会地位得到了提高。

　　第七,城镇登记失业率 10 年来首次下降。2004 年年初,上海启动了"万人就业项目",目标是新增就业岗位 50 万个,城镇登记失业率控制在 4.6%以内。上海市统计局的统计快报表明,截至 2004 年底,上海就业形势在保持稳定的基础上有所好转,全市新增就业岗位 60.8 万个,超额完成年初目标。城镇登记失业率为 4.5%,实现了近 10 年来的首次下降。城镇失业率的下降,直接影响市民的幸福体验。

　　第八,"吃救济"人数 10 年来首次下降。2004 年,上海享受政府救济的人数达到 59.83 万人。这个数字比 2003 年同期减少了近 3.6 万人,这也直接影响到市民的幸福体验。

作者:韦子木

文字有删节

选自《社会观察》2006 年第 6 期

相关链接

2007年中国城市竞争力蓝皮书上午发布

科技竞争力　北京第一

今天上午,中国社会科学院和社科文献出版社联合发布了《2007年中国城市竞争力蓝皮书》。这份由两岸四地近百名城市竞争力专家历时大半年完成的近70万字的报告,对包括港、澳、台和内地的200个地级以上城市的综合竞争力进行了排序,在科技竞争力排序中北京排名第一。

由于当今世界的全球化和网络化,使得城市国际竞争不断升级,而品牌竞争是城市国际竞争的重要制高点。今年的蓝皮书以"品牌,城市最美的风景"作为主题,通过对表示品牌的理性感知和情感体验的70多项指标的调查数据,对内地50个城市品牌进行定量研究发现,总体品牌前十名的城市依次是:北京、上海、深圳、广州、杭州、苏州、厦门、宁波、天津、南京。

蓝皮书还从市场规模、经济增长、生产效率、资源节约、经济结构和生活水平六个方面,利用标准的客观数据对两岸四地的200个地级以上中国城市的综合竞争力进行定量分析,最终产生的综合竞争力前10位的城市分别是:香港、深圳、上海、北京、广州、台北、无锡、苏州、佛山、澳门。

蓝皮书指出,从中国城市竞争力的区域分布特征看,目前中国城市竞争力总体格局依然是珠三角地区、长三角地区、台海地区、环渤海地区、东北地区、中部地区、西南地区及西北地区。但是区域发展不平衡问题突出,各地竞争力差异显著;竞争力板块开始细化,区域内城市间差距拉大。

蓝皮书还利用210个指标的主客观数据对两岸四地综合竞争力较强的61个城市的分项竞争力进行了比较分析，其中北京在科技竞争力排名中名列榜首，在人才、资本、结构、基础设施、区位、文化和政府管理竞争力方面也表现优异，均进入了前十名，而在环境、制度、企业管理和开放竞争方面则表现稍差，未能进入前十。

（摘自《北京晚报》2007.3.25）

一、根据《生活在哪个城市最幸福》一文的内容选择正确答案

第一段：

1. 北京在所有参与调查的中国城市中是进步最快、最大的。

（　　）

2. 上海得分比较高的项目是金融服务、休闲设施、学校教育等方面。 （　　）

3. "尽如人意"的意思是非常符合心意。 （　　）

京沪穗三城比较：

4. 《全球生活质量调查》不是根据人们在日常生活中的感受来得出结论的。 （　　）

5. 在北京居民的心中，认为北京属于"国际化城市"的比例是最高的。 （　　）

6. 在三个城市中，上海人喜欢自己的城市的比例最高。 （　　）

7. 除了本市以外，广州人最喜欢的城市是北京。 （　　）

8. 三个城市的居民都认为自己的城市最好的方面是旅游设施。 （　　）

9. 上海人对自己的城市总体满意度最高。 （　　）

10. 在"最希望自己所在城市改进"的方面，京沪穗都提到了空气质量。 （　　）

上海市民为什么喜欢上海？

11. 上海市民之所以喜欢上海，是因为上海市民的知识很丰富。

（　　）

12. 生活费用的降低是上海市民喜欢上海的原因之一。　（　　）

13. 调查显示，上海市民对自己的收入表示满意的比例比较高。

（　　）

14. 上海市民对上海教育费用的昂贵感到非常忧虑和反感。

（　　）

15. 超过一半的上海市民认为自己社会地位与父辈相比有所提高。

（　　）

16. 失业率的下降也是上海市民喜欢上海的原因之一。　（　　）

二、谈一谈

1. 把你去过的中国城市进行一下比较。
2. 如果可以在世界上选择一个长期居住的城市，你会选择哪儿？说说你的理由。
3. 你还知道中国其他省市的简称吗？跟老师一起讨论一下。
4. 给同学们介绍一下你们国家最有特色的一个城市。

第3课　中国社会发展的世界意义

课前思考

1. 中国的改革开放是从什么时候开始的?
2. 据你所知,改革开放后中国社会有哪些变化?
3. 根据你的了解,中国社会发展对世界有什么影响?
4. 中国的发展已引起了越来越多的人的关注。读一读这篇文章,看一看作者陆晓文(系上海社会科学院社会学所研究员)是怎么介绍改革开放后中国社会的变化的,以及从世界的高度来看,中国社会的发展具有什么意义。

课　文

中国社会发展的世界意义

改革开放后中国社会的变化

近30年的改革历程使中国发生了翻天覆地的变化,这个变化不仅反映在经济上,更重要的是导致了社会的变化。中国社会的变化将决定中国未来经济、政治和文化等各方面的走向和内容。

　　大规模人口流动是中国经济和社会保持持久活力的基础。改革开放前 30 年由于中国实行城乡二元制度①，人口的流动几乎停滞。从 1979 年开始，大批农业剩余劳动力冲破了城乡隔离的藩篱，中国的人口开始了有限的流动。上世纪 90 年代以来，中国人口出现了大规模、跨区域、长距离迁移与流动的现象。2006 年春运②期间，全国流动人口规模为 3.3 亿人，这个数字意味着美国和加拿大的全部人口在这个时间内全部移动一次。这个流动提供和满足了中国经济发展的劳动力需求，使中国这样的"世界工厂"得以★正常开工生产。

　　两条腿走路的中国城市化③道路是中国现代化的加速器。中国的城市发展正成为中国工业化和现代化的重要标志之一，并成为今后中国经济和现代化发展的加速器。中国城市化发展采用的是大中城市和小城镇同步发展的路子，是一个"两条腿"走路的实例，也是与西方和其他国家城市化不同的实践，因此其他国家在城市化发展中出现的严重"城市病"问题并没有在中国大城市出现，或者问题并不严重。今天，中国的城市化率已经超过 40%，未来城市将会成为吸收农村劳动力、提高经济效率、改善生活质量和减少城乡差别的重要手段。

　　社会流动的正常路径基本形成，多种不同利益群体客观存在。改革开放前，中国采用诸如个人的家庭出身、城乡户口、单位制、所有制等先赋性或类似于★先赋性的制度安排，决定人们的社会阶层与社会地位。这种先赋性的社会流动机制限制了人们通过努力奋斗实现向上流动的积极性，使国家的发展缺乏活力和动力，也阻碍了经济和社会的进步。改革开放后个人社会流动中自致性因素逐渐增多，而先赋性因素逐渐减少。社会不同阶层的客观存在和它们之间的差距，是导致人们采取竞争、奋斗等手段使自身向上攀升的动力。以自致为主的社会流动机制正在建立起来，并越来越成为人们获得职业、社会地位和其他资源的手段。

　　社会组织蓬勃发展,已经形成公民社会的雏形。截至 2004 年底,全国共有民间社会组织 28.3 万个,其中社会团体 14.9 万个,基金会 902 个,民办非企业单位 13.3 万个。大量的草根组织近年来也发展迅速,成为非政府组织④中不可忽视的重要力量。当前社会组织的兴旺与发展是中国实现民主政治和民主社会的好兆头,真正体现了民众公民意识的觉醒和社会责任的萌发,是中国建立现代和谐的民主政治和社会的坚实基础。

　　生活方式多样化,价值观念多元化。改革开放这 20 多年是中国历史上经济增长最快的时期,也是中国人的日常生活方式和消费观念发生巨变的时期。从"老三件"(自行车、手表、缝纫机),到"新三件"(电视、洗衣机、电冰箱),再到上世纪 90 年代以后的高档音响、大屏幕彩电、分体空调,并且一些"新富"家庭开始以名牌服装和私人别墅、私家汽车来显示自己与众不同的"档次"和"品位"。随着中国加入 WTO⑤,越来越多的人开始学会"与国际潮流接轨",如今在上海淮海路⑥上时髦商店中的广告语是:巴黎有的,我们这里也有。

　　这样的消费趋势显示出一个事实,那就是人们的价值观念发生了巨大的变化。仍以生活方式为例★,在上世纪 80 年代以前,"艰苦朴素"是消费的基本价值观念,提倡"新三年,旧三年,缝缝补补又三年"。在"文革"⑦刚刚结束的时候,刻苦学习、发奋图强是青年人的行为准则。从 80 年代开始,人们对于消费的关注逐渐增加。90 年代以后,各种大众传媒系统中的消费宣传和内容极度膨胀,在城市的报纸摊点上,最多的报纸和杂志就是时尚类的,这显示了社会生活方式和内在核心价值的巨大改变。

中国社会变化的世界意义

　　中国的崛起与发展是今天人类社会和世界关注的一件大事,

中国社会的变化至少具有以下的世界意义：

中国的社会变化是融入和建设现代化社会的过程。中国社会的发展，尤其是改革开放以后的发展，是一个与世界社会发展同步并力图融入这个体系的过程，由此，这个发展和变化符合当前人类发展的趋势和特点。以上种种变化都体现出这样一个事实，即中国的社会更具有宽容性、包容性、开放性、自主性和民主性。因此，今天中国社会的变化与发展，不是世界社会发展的"异端"，而是"大同"与"求和"。

中国社会的变化是一个自省(Xǐng)、自觉、自立和自强的过程。当然，与中国经济和其他方面的发展与变化一样，中国社会的变化是一个对外开放的过程，西方社会变化的理论和实践一直是中国社会变化取向的一个重要参照。但更重要的是，中国的社会发展是自我反省、自觉改革、自主努力和发奋自强的过程。

一个事实是，中国的改革变革是从自我反省中开始的。中国与世界发达国家的差距，迫使中国认真地审视和考虑中国发展的路径与过去的教训。人口流动的开放、努力提高城市化水平等，都是对过去计划经济条件下社会现状反省后采取的举动与措施。尤其是改革开放的整个过程，是中国共产党、中国政府和中国人民自觉推行和努力的过程。在这种高度自觉的自我反省，充分认识过去制度弊病的同时，采取了慎重对待社会和政治变革的举动，以避免莽撞的政治和社会变革导致中国社会的混乱。这种自立的方式使中国社会变化实际上极其巨大，但过程又极其缓和。中国社会变革的和平性，是亚洲和世界的福音。

中国社会发展的主要动力获得是内生性的，空间确定有界。中国社会的变化是在中国原有的空间中发生和展开的，它的动力和主要资源来自中国民间与公认的国际正常交往等渠道，如人力资源来源于中国的人口本身，资本中的一部分来自海外华人和外国投资，城市化来自本地经济形态和方式的改变。而反思西方社会的变化，就会发现，当今几个主要发达国家都有资源掠夺和空间扩展的过程与事实。而中国社会变化的空间始终局限在中国本土范围内，既没有当初工业化国家与殖民地国家的社会矛盾，也没有疆土开拓中外来移民与当地土著民众之间的矛盾。更重要的是，虽然没有这些矛盾与冲突，中国工业化和现代化的步伐也依然迅速与强劲。这种动力内生和边界确定的社会变革，是保持世界和平与稳定的重要因素。

化原有社会状态为★今日社会发展的有利条件。在成功的中国社会变革中出现了一个非常有趣的结果，即变革前社会现状中一些看来不符合工业化、现代化的存在，在一定程度上却成为中国社会改革的有利条件。如城乡二元区隔的政策和状况，从理论上讲与现代化社会的特点是格格不入的，但是在人口流动的初期，却在一定程度上避免了城市人口增长过快、城市膨胀和城市病的出现；同样，城乡二元制度导致的中国城市化的特殊道路，乡镇工业⑧的崛起和中小城市的出现与发展，也是在这种背景下的产物；当年中国社会中最大的社会问题——人口，今天居然成为中国经济崛起和成为世界工厂的保证；等等。以上的一些结果，有些是有意识推行的，有些是在具体的实践中出现的。但这一切都告诉人们，社会发展的目标和现有社会间的距离，不是凭空可以超越的，而是必须在现有社会的基础上，化不利为有利，化局限为有限，在目标既定的前提下，有序、有节、有利地推进和实现社会改革，这样才能避免社会矛盾集中爆发，获得社会变革的合适条件和环境。

把社会发展中产生的问题与矛盾视为★社会继续发展和前进的动力。中国社会确实发生了巨大的变化，但并不是说在这个过程中没有任何问题和矛盾。近30年的社会变化至今已经显示出，一些重要的问题在影响今天和未来中国社会的进一步健康发展，主要有：

1. 城市中外来劳动者的身份和待遇问题。目前外来务工人员社会地位和待遇与城市原住民相比有很大的差别，只有改变这个差别,中国城乡二元制度才能终结,中国现代化社会才能建立。

2. 城乡差别与农村劳动力转移问题。目前城乡差别较严重,另外,中国目前农业人口中还多余近 3 亿人口,中国如果要实现农业现代化,农村中的劳动力转移依然是一个严峻的问题。

3. 西部社会发展的不平衡和地区差异问题。地区差距过大会带来严重的经济问题、政治问题和社会正义问题,严重的甚至可能导致国家分裂。

4. 社会分化后的收入差距和社会公正问题。小部分富裕阶层的获得大大高于其他社会阶层,显示出收入差距过大和社会分配不公的重大问题。

5. 官员腐败和社会利益集团的形成问题。在中国,部分政府官员的腐败已经成为一个重要的政治问题,同时,在改革开放中处于不同利益的社会全体开始形成一定的社会利益集团,并在经济领域甚至政治范围中施展力量或扩展势力,增大了与政府在利益博弈上的力量和说话的权力,由此,如何能代表最大多数人利益,又能让各种不同利益都有通畅表达的渠道,成为中国政治建设的重要课题。

6. 建立、提供、完善公共产品和公共服务体系的问题。如合理的社会再分配制度、社会保障制度、公共教育制度、重大事件预警和处理机制等等。

7. 在多元价值体系中建立中国的主流价值体系问题。如今价值的多元化既是一个事实,也导致了众多社会问题。使得中国社会出现了无公理、无原则、藐视基本社会道德、无视★法律、个人至上等一系列问题,而国家和民族的共同兴旺与振兴、全体民众的富裕与康健、社会风气的淳厚和清明 、文化价值系统的内心认同和统一,是中国未来社会具有高度凝聚力的核心,因此,如何树立符合中国社会的主流价值系统,成为中国社会具有高度向心力的基本前提。

8. 完善和改革政府职能、政治民主化推进问题。以上诸多问题的解决都指向一个对象,就是政府。在中国社会结构和运作方式发生根本变化之后,政府的主要职能是什么,如何实现政府运作和作用,成为是否能够保障中国社会进一步发展的根本保障。

作者:陆晓文

选自《社会观察》2006.9

1. 历程	lìchéng	名	经历的过程。(历程——过程)
2. 翻天覆地	fān tiān fù dì	成	形容变化巨大，彻底翻了个个儿。
3. 停滞	tíngzhì	动	因受阻而不继续前进。(停滞——停止)
4. 藩篱	fānlí	名	篱笆。fence.比喻束缚思想的障碍。
5. 得以	déyǐ	助动	能够;可以。
6. 开工	kāi gōng	动	开始生产或开始施工。
7. 加速器	jiāsùqì	名	用人工方法使带电粒子获得很大速度的装置。是研究原子、原子核和粒子物理的重要设备。
8. 路子	lùzi	名	途径;门路。
9. 实例	shílì	名	实际的例子、例证。
10. 路径	lùjìng	名	指到达目的地必经的道路。
11. 群体	qúntǐ	名	由许多本质上有共同点的互相联系的个体组成的整体(跟"个体"相对)。
12. 户口	hùkǒu	名	住户和每户的人口;户籍。
13. 所有制	suǒyǒuzhì	名	人们对物质资料的占有形式，通常指生产资料的占有形式,是生产关系的基础。不同社会发展阶段,有不同形式和性质的所有制。ownership, system of ownership.

14. 机制	jīzhì	名	指由事物的内在规律及其与外部事物的有机联系所形成的系统。mechanism.
15. 攀升	pānshēng	动	抓住东西向上升；（价格等）不断上升。
16. 蓬勃	péngbó	形	繁荣；兴旺。
17. 雏形	chúxíng	名	事物初步形成但未达到完善的状态和面貌。embryonic form, prototype.
18. 截至	jiézhì	动	截到（某时限）为止。by (a specified time), up to.（截至——截止）
19. 基金会	jījīnhuì	名	为兴办或发展某项事业而储有一定资金的组织。foundation, board of directors of a fund.
20. 民办	mínbàn	动	群众集体或个人筹资兴办（跟"公办"相区别。）be run by the community or privately run.
21. 草根	cǎogēn	名	基层群众。grassroots.
22. 兴旺	xīngwàng	形	兴盛；旺盛。
23. 兆头	zhàotou	名	预兆。omen.
24. 民众	mínzhòng	名	人民大众。
25. 公民	gōngmín	名	具有或取得某国国籍，并根据该国法律规定享有权利和承担义务的人。citizen.
26. 觉醒	juéxǐng	动	醒悟；觉悟。awaken.
27. 萌发	méngfā	动	(种子等)发芽。比喻某种思想或因素等开始发生。sprout, emerge, come forth.
28. 巨变	jùbiàn	名	特大变化。

29. 缝纫机	féngrènjī	名	做针线活的机器，一般用脚蹬，也有用手摇或用电动机做动力的。sewing machine.
30. 音响	yīnxiǎng	名	能产生音响的机器设备。
31. 分体	fēntǐ	形	机器可以分开来安放的。
32. 别墅	biéshù	名	供休养用的园林住宅，一般建在郊区或风景区。villa, villadom.
33. 与众不同	yǔ zhòng bù tóng	成	跟一般的不一样。指人的性格行为等不同寻常或某事物独具特色。
34. 档次	dàngcì	名	按一定标准排列的等级次序。
35. 品位	pǐnwèi	名	人的品质和价值。rank, quality, personal status.（品位——品味）
36. 接轨	jiēguǐ	动	连接铁路路轨。比喻两种体制联接成一种。
37. 艰苦朴素	jiān kǔ pǔ sù	成	吃苦耐劳、勤俭节约的作风。
38. 缝补	féngbǔ	动	缝和补。sew and mend.
39. 发奋图强	fā fèn tú qiáng	成	下定决心刻苦努力，谋求自身的强大。也说"发愤图强"。
40. 准则	zhǔnzé	名	可以作为依据的标准或原则。
41. 关注	guānzhù	动	关心重视。
42. 传媒	chuánméi	名	传播媒介的简称。泛指一切得以实现向人们传递各种信息的技术手段，包括报纸、广播、电视等。
43. 极度	jídù	形	程度极深或极高的。
44. 摊点	tāndiǎn	名	售货摊，售货点。

45. 时尚	shíshàng	名	一时的风尚。（时尚——时髦）
46. 核心	héxīn	名	中心；事物中起主导作用的部分。core, nucleus, kernel; inner circle (of a political party, government, etc.)
47. 力图	lìtú	动	竭力谋求。try hard to.
48. 自主	zìzhǔ	动	自己做主(不受他人支配)。
49. 异端	yìduān	名	泛指不合正统的学术思想或教义。
50. 大同	dàtóng	形	主要的方面一致。have common ground on major issues.
51. 自立	zìlì	动	不依赖别人，靠自己的劳动而生活。
52. 自强	zìqiáng	动	自己努力向上。
53. 参照	cānzhào	动	参考或仿照。
54. 反省	fǎnxǐng	动	回想并检查自己思想行为中的缺点错误。self-examine, introspection
55. 发奋	fāfèn	动	下定决心努力；自己觉得不满足而奋力追求。也说"发愤"。
56. 迫使	pòshǐ	动	强迫使令。
57. 审视	shěnshì	动	仔细地看。
58. 推行	tuīxíng	动	普遍推广实行。
59. 弊病	bìbìng	名	事情的毛病、缺陷。
60. 莽撞	mǎngzhuàng	形	冒失粗鲁。rude and impetuous, reckless.
61. 福音	fúyīn	名	基督教指记载耶稣言行及其门徒所传布的教义。泛指好消息。

62. 反思	fǎnsī	动	回过头来对往事进行深入的再思考，以吸取其中的经验教训。(反思——反省)
63. 当今	dāngjīn	名	现在；目前。
64. 扩展	kuòzhǎn	动	向外展开。
65. 局限	júxiàn	动	限制在一定的范围里。
66. 本土	běntǔ	名	原来的生长地。
67. 疆土	jiāngtǔ	名	领土。
68. 开拓	kāituò	动	开辟；扩展。open up.
69. 土著	tǔzhù	名	世代居住在本地的人。
70. 强劲	qiángjìng	形	强大而有力的。
71. 格格不入	gé gé bú rù	成	有抵触，不投合。incompatible with.
72. 凭空	píngkōng	副	没有根据地(de)。baselessly.
73. 务工	wùgōng	动	从事工业或工程方面的工作。
74. 原住民	yuánzhùmín	名	土著居民。aborigines, indigenous people.
75. 终结	zhōngjié	动	终了；最后结束(跟"开始"相对)。
76. 严峻	yánjùn	形	严厉；严重。
77. 分化	fēnhuà	动	相同性质的事物向不同的方向发展、变化。
78. 公正	gōngzhèng	形	公平正直，无有偏私。
79. 施展	shīzhǎn	动	发挥；运用。
80. 博弈	bóyì	名	可以分出胜负的游戏。
81. 通畅	tōngchàng	形	通行或运行没有阻碍。
82. 预警	yùjǐng	动	预先告警。early-warning.
83. 主流	zhǔliú	名	同一水系内全部支流所流注的河流。比喻事物发展的本质的、主要的或基本的方面。

84. 公理	gōnglǐ	名	社会上公认的正确道理。
85. 藐视	miǎoshì	动	轻视;小看;看不起。
86. 无视	wúshì	动	当作没有看见;漠视;蔑视;不认真对待。
87. 至上	zhìshàng	形	最高。
88. 振兴	zhènxīng	动	通过发展使兴盛起来。
89. 康健	kāngjiàn	形	身体健康。
90. 淳厚	chúnhòu	形	朴实敦厚。
91. 认同	rèntóng	动	表示跟别人的认识一致;承认;认可。
92. 向心力	xiàngxīnlì	名	使物体作圆周运动或其他曲线运动所需的力,跟速度的方向垂直,向着圆心。centripetal force.
93. 运作	yùnzuò	动	运行和工作。

注 释

① 城乡二元制度 chéngxiāng èryuán zhìdù：城市和乡村区别对待的制度。

② 春运 chūnyùn：指每年春节前后的交通运输。

③ 城市化 chéngshìhuà：也称"都市化"。指人口、用地和经济、文化模式由农村型转向城市型的过程和趋势。

④ 非政府组织 fēizhèngfǔ zǔzhī：不属于政府方面的组织,即 NGO。

⑤ WTO：即国际贸易组织。

⑥ 淮海路 Huáihǎi Lù：上海市内的一条繁华的街道。

⑦ 文革 Wéngé："文化大革命"(1966—1976)的简称。

⑧ 乡镇企业 xiāngzhèn qǐyè：中国农村中由农民集体或个人兴办的各类企业的统称。

词语辨析

1. 历程——过程

语义

都有经过的程序的意思。"历程"专指人们经历的较长的不平凡的过程;"过程"泛指事物进行或发展中经历的程序。

例:(1) 透过这位百岁老人的人生**历程**,能看到近百年中国社会的风云变幻的一个侧面。

(2) 任何一个孩子,从爬到跑,都有一个很长的**过程**。

(3) 请你说明一下这件事情的全**过程**。

用法

都是名词。"历程"一般用于过去;"过程"可用于过去,也可用于未来。

例:(4) 从一个天真的少女到一个沧桑的老妇,她走过了一段怎样的心路**历程**呢?

(5) 在今后的求学**过程**中,我还会经常咨询老师的意见。

语体

"历程"只用于书面语;"过程"可用于书面语和口语。

练习:用"历程"或"过程"填空

(1) 如果发生意外,那么整个(　　)就会停止。

(2) 那位政治家在他的自传中回顾了自己坎坷的生活(　　)。

(3) 大部分成功的人,都有其苦难的心路(　　)。

(4) 这次选举的(　　)全部符合选举法的规定。

2. 停滞——停止

语义

都有停下来的意思。但"停滞"指行动受到阻碍,难以顺利进行,侧重于受阻而停。"停止"指停下来不做,侧重于行动的终止。

例:(1) 长期以来,这里的农业一直**停滞**不前。

(2) 他说:经常运动的人一旦**停止**运动,身体就要发胖。

用法

都是动词。"停滞"多用于抽象事物;"停止"多用于具体的事物和人。

例:(3) 由于资金不到位,目前生产仍处于**停滞**状态。

(4) 歌声**停止**了,观众们都鼓起掌来。

"停滞"不可带宾语;"停止"可带宾语。

例:(5) 你们商场几点**停止**营业?

练习:用"停滞"或"停止"填空

(1) 该科研小组因经费短缺,科研已处于( )状态。

(2) 他慢慢( )了呼吸,医生宣布死亡时间为 10 点 13 分。

(3) 怎么能因为一时的困难而( )不前呢?

(4) 过了一会儿,声音忽然( )了,房间里一片寂静。

3. 截至——截止

语义

这两个词读音相近,但意思不同。截至:截止到(某时限)。截止:到一定的期限停止。

用法

都是动词,但搭配时间名词时,用法不同:"截至 + 时间名词"、"到/于＋时间名词＋截止"或"截止到/于＋时间名词"。

例：(1) 全市上网人数**截至** 2007 年 1 月 1 日共 101,352 人。

(2) 全市上网人数统计到 2007 年 1 月 1 日**截止**。

(3) 全市上网人数统计**截止**于 2007 年 1 月 1 日。

"截止"可作谓语或定语,一般不带宾语。

例：(4) 报名**截止**日期为 2008 年 5 月 10 日。

练习：把"截至"、"截止"填入下面的句子

(1) (　　)8 月 1 日,报名参加本次演讲比赛的人数为 358 人。

(2) 本次比赛的报名时间到 12 月 30 日(　　)。

(3) 申请延长学习时间的(　　)日期是几月几号?

(4) (　　)今年 6 月,这个机构已帮助残疾人达 13000 人次。

(5) 本次调查开始于 2006 年 6 月 1 日,(　　)于 2007 年 12 月 30 日。

4. 品位——品味

语义

"品位"侧重指人或文学艺术作品的品格和价值。"品味"侧重指审美方面的品质趣味和食品的风味。

例：(1) 商务印书馆是一家高**品位**的出版社。

(2) 她穿衣服的**品味**比她妹妹差远了。

(3) 天津小吃**品味**独特。

用法

都可做名词。"品味"还可做动词,意思是品尝、体会。

例：(4) 她喝了一小口茶,细细**品味**。

(5) **品味**人生,什么味道不在其中呢?

📖 **练习**：把"品位"、"品味"填入下面的句子

(1) 这份杂志的文化(　　)很高,订阅者大多是知识分子。

(2) 这是道名菜,我可要好好(　　)一下。

(3) 中国菜中,我认为四川菜的(　　)最特别。

(4) 这种只知道损人利己的人(　　)当然不高。

5. 时尚——时髦

语义

"时尚"是一时的风尚,可用于各种生活方式,是一种客观存在;"时髦"是新颖入时的意思,主要用于穿衣打扮方面,是一种主观评价。

例：(1) 八十年代,下海经商已成**时尚**。

(2) 虽然这是一个小城市,但年轻人打扮得都很**时髦**。

用法

"时尚"是名词,"时髦"是形容词。

例：(3) 她是一个有主见的人,从不盲目迎合**时尚**。

(4) 他身着一套**时髦**的服装,走上舞台。

"时尚"常用于"时尚圈、时尚界、时尚人士、时尚潮流、时尚杂志、时尚频道"等;"时髦"常用于"赶时髦"。

📖 **练习**：把"时尚"、"时髦"填入下面的句子

(1) 她买的那几条(　　)的裙子一直在衣柜里挂着,从未见她穿过。

(2) 如今,大年三十全家去饭馆吃年夜饭已成为一种(　　)。

(3) 十几岁的少男少女,有几个不喜欢赶(　　)呢?

(4) 身为(　　)界的人士,她却从不关注电视中的(　　)频道。

6. 反思——反省

语义

　　都有"思考过去"的意思。但"反思"侧重指对以往发生的事情进行深入思考、认识,总结经验教训,以励将来;"反省"侧重指回想自己的思想行动,认识自己的错误,以求改正。

　　例:(1) 这位历史学家对近百年历史进行了深刻**反思**,写出了这部专著。

　　　　(2) 他深刻**反省**了自己的错误言行,并写了一份检查报告。

用法

　　都是动词。"反思"的对象都比较重大,一般是过去的历史进程、社会思潮;"反省"的对象一般是自己的错误行为。

　　练习:把"反思"、"反省"填入下面的句子

　　　　(1) 出了问题,他总是怪罪别人,从不(　　)自己的错误言行。

　　　　(2) 十年过去了,他回过头去,对那段历史进行了(　　),发现自己的很多看法都已改变。

　　　　(3) 孔子的学生曾子(Zēngzǐ)说:"吾日三省吾身。"意思就是:"我每天都要再三自我(　　)。"

　　　　(4) 经常(　　)过去,才能更好地知道未来的路该怎么走。

语言点

1. 这个流动提供和满足了中国经济发展的劳动力需求,使中国这样的"世界工厂"**得以**正常开工生产。

   【解释】得以:助动词。意思是:能够;可以。注意,"得以"不能单说,也不能单独回答问题,没有否定式。

   【举例】(1) 进行了一系列改革之后,公司的利润**得以**迅速提升。
   　　　　(2) 至此,美国总统大选落下帷幕,布什**得以**成功连任。
   　　　　(3) 南水北调工程将使北方用水紧张的局面**得以**缓解。
   　　　　(4) 他出面说明情况之后,问题才**得以**澄清。

   【链接】在"高中不得以重点校、实验班、重点班名义向学生高收费"这句话中,"不得"和"以……名义"是分开的,"不得以……名义"意思是"不可以用……名义",注意要与上面的"得以"区分开。

   【练习】用"得以"完成句子:
   　　　　(1) 感谢编辑的帮助,让我的作品＿＿＿＿＿＿＿＿＿＿＿＿＿＿。
   　　　　(2) 在这些热心人的帮助下,小明的梦想终于＿＿＿＿＿＿＿＿
   　　　　＿＿＿＿＿＿＿＿＿＿。
   　　　　(3) 我再三催问,问题才＿＿＿＿＿＿＿＿＿＿＿＿＿＿＿。
   　　　　(4) 一个好的公司或企业将使你的能力＿＿＿＿＿＿＿＿＿。
   　　　　(5) 引进强有力的选手以后,该队的实力＿＿＿＿＿＿＿＿＿。

2. 改革开放前,中国采用诸如个人的家庭出身、城乡户口、单位制、所有制等先赋性或**类似于**先赋性的制度安排,决定人们的社会阶层与社会地位。

   【解释】类似于……:和……大致相似。"类似于"后面通常是名词或名词性词组。

【举例】(1) 据悉,这个山村发生了一种罕见的疾病,患者的症状**类似于**非典型性肺炎。

(2) "手机肘"早期表现为肘关节疲惫麻木、疼痛,胳膊有时抬不起来,**类似于**平常所说的"鼠标手"发病症状。

(3) 他在介绍时说:《梁山伯与祝英台》的故事**类似于**《罗密欧与朱丽叶》。

【练习】用"类似于……"改写句子

(1) 他们新开发的这款游戏和"大富翁"相似。

_____。

(2) 他演的这个角色和以前的角色相似,没什么创新。

_____。

(3) 这家网络公司采用了和百度相似的销售模式,取得了成功。

_____。

(4) 这种所谓的"文学作品"和中学生作文差不多,毫无文学价值。

_____。

3. 仍<u>以</u>生活方式<u>为</u>例,在上世纪 80 年代以前,"艰苦朴素"是消费的基本价值观念,提倡"新三年,旧三年,缝缝补补又三年"。

【解释】以……为例:把……作为例子。书面语。

【举例】(1) **以**上海**为例**,探讨一下中国企业如何"走出去"。

(2) 现**以**钢铁**为例**谈谈如何进行成功的交易。

(3) 这篇论文的题目是《转型和开放条件下政府职能的界定——**以**中国**为例**》。

【练习】用"以……为例"改写句子:

(1) 我将把篮球作为例子,来说明中美运动管理组织的差异。

_____。

(2) 这部短片把赣南山区作为例子,综合考察了清代山区农业经济转型的历史局限与历史困境。

_____。

(3) 世界许多城市为保持或追求国际城市地位,纷纷提出以国际城市为战略目标的城市发展规划。本文把两个国际城市——东京和巴黎作为例子,分析其在国际化进程中采取的空间发展战略,并进行简要的评价。

_____。

(4) 之所以把李白作为例子,是因为他是唐代最具代表性的诗人之一。

_____。

4. <u>化</u>原有社会状态<u>为</u>今日社会发展的有利条件。

【解释】化 A 为 B:把 A 变为 B。A 和 B 大多是相反或相对、字数相等的一组词语。书面语。

【举例】**化**繁**为**简 / **化**险**为**夷 / **化**敌**为**友 / **化**悲痛**为**力量 / **化**不利**为**有利 / **化**压力**为**动力 / **化**被动**为**主动 / **化**平淡**为**精彩 / **化**古老**为**时尚 / **化**艰深**为**浅易 / **化**腐朽**为**神奇(变坏的为好的,变死板的为灵巧的,变无用的为有用的)/ **化**干戈**为**玉帛 (huà gāngē wéi yùbó,比喻把战争或争斗变为和平、友好)

【练习】选用上面例子中的词语完成句子:

(1) 她的设计_____,受到了喜欢传统服饰味道的人们的欢迎。

(2) 在医生的及时抢救下,爷爷的病情好几次_____。

(3) 通过国际社会的多方努力,这两个国家终于_____。

(4) 这位教授在讲解《庄子》时,_____,大受学生的欢迎。

(5) 面对残酷的竞争规则,我觉得_____,全力以赴地做好准备。

5. **把**社会发展中产生的问题与矛盾**视为**社会继续发展和前进的动力。

【解释】把 A 视为 B：把 A 看作 B。也可说：将 A 视为 B。都是书面语。

【举例】(1) 他口口声声**把**金钱**视为**粪土，实则心里十分看重。

(2) 这位专家指出：为解除身心疲劳，保证心理健康，应**将**长假**视为**心理调整期。

(3) 该国的一份调查显示，多数儿童已不**把**父母离异**视为**灾难。

(4) 电影，在这些电影人的心目中并不是艺术，他们也没**把**自己**视为**艺术家。

【链接】被……视为：

【举例】(5) 在德国，他曾**被视为**足球皇帝。

(6) **被**商家**视为**上帝的顾客是否也应该注意一下自己的态度呢？

【练习】用"把 A 视为 B"或"将 A 视为 B"完成句子：

(1) 为什么西方人_____13_____？

(2) 对于____质量_____的企业来说，商品出现这种质量问题是绝对不能原谅的。

(3) 我____家_____。

(4) 他从不____别人_____，对他来说，大家都是伙伴。

(5) 我从没____学习_____，在我看来，学习是一件快乐的事。

6. ……使得中国社会出现了无公理、无原则、藐视基本社会道德、**无视**法律、个人至上等一系列问题。

【解释】无视：动词，意思是：当作没有看见；漠视；蔑视；不认真对待。通常只作谓语；后头不带"着、了、过"；后头一定带宾语，但宾语不能是人。

【举例】**无视**课堂纪律 / **无视**国家法律 / **无视**用户利益 / **无视**群众利益 / **无视**单位的规定 / **无视**父母的要求 / **无视**别人的存在 / **无视**医生的劝告 / **无视**员工的权益 / **无视**大家的请求 / **无视**季节的变换 / **无视**安全第一的原则

【练习】选用上面例子中的词语完成句子:

(1) 这家公司片面追求利润,＿＿＿＿＿＿＿＿＿＿＿＿＿＿＿,难怪名声不好。

(2) 在办公室里,她常常＿＿＿＿＿＿＿＿＿＿＿＿＿＿,想做什么就做什么。

(3) 因为这几个学生＿＿＿＿＿＿＿＿＿＿＿＿,影响了别人的学习,所以老师下课以后把他们叫到了办公室。

(4) 这位病人＿＿＿＿＿＿＿＿＿＿＿＿,照旧抽烟喝酒打麻将。

(5) 牛仔裤的好处之一就是可以＿＿＿＿＿＿＿＿＿＿＿＿＿,一年四季都可以穿。

综合练习

I 词语练习

一、填入合适的名词

翻天覆地的（　　）	草根（　　）	萌发（　　）
与众不同的（　　）	关注（　　）	推行（　　）
艰苦朴素的（　　）	审视（　　）	本土（　　）
公正的（　　）	扩展（　　）	开拓（　　）
（　　）分化	施展（　　）	藐视（　　）
（　　）通畅	（　　）至上	振兴（　　）
（　　）淳厚		

二、填入合适的动词

（　　）藩篱	得以（　　）	（　　）群体
（　　）路径	（　　）机制	蓬勃（　　）
（　　）雏形	（　　）基金会	（　　）主流
（　　）摊点	（　　）时尚	发奋（　　）
（　　）弊病	凭空（　　）	有序（　　）

三、填入合适的形容词

（　　）的历程	（　　）的路径	（　　）的实例
（　　）的机制	（　　）的异端	（　　）的参照

（　　　）的弊病　　　（　　　）的疆土　　　（　　　）的向心力

极度（　　　）

四、填入合适的量词

一（　　）加速器　　　一（　　）实例　　　一（　　）准则

一（　　）群体　　　一（　　）兆头　　　一（　　）缝纫机

一（　　）音响　　　一（　　）别墅　　　一（　　）摊点

一（　　）疆土　　　一（　　）博弈

五、写出下列词语的近义词或反义词

（一）写出近义词

路径_____	攀升_____	兴旺_____
觉醒_____	准则_____	参照_____
疆土_____	终结_____	公正_____
施展_____	窥视_____	认同_____

（二）写出反义词

停滞_____	开工_____	群体_____
民办_____	兴旺_____	关注_____
莽撞_____	终结_____	通畅_____
主流_____	向心力_____	

六、选词填空

| 历程　过程　停滞　停止　截至　截止 |
| 品位　品味　时尚　时髦　反省　反思 |

1. 由于观念落后,这个地区的工业(　　　)不前。

2. 在朋友的劝说下,他们终于(　　　)了争吵。

3. 这件事的操作(　　　)并不复杂,但也不能不给予重视。

4. 这部电影再现了这位著名的将军的战斗(　　　)。

5. "艺术人生"栏目是通过艺术来(　　　)艺术家的人生。

6. 如果只出言情小说,出版社的(　　　)就很难提高。

7. 申请奖学金的时间到 10 月底(　　　)。

8. (　　　)10 月底,申请奖学金的人数已达 913 人。

9. 在这本著作中,张教授对八十年代的社会思潮进行了(　　　)。

10. 不知道(　　　)自己的错误的人,朋友会越来越少。

11. (　　　)杂志比较受年轻女士的欢迎。

12. 那套衣服前几年还是很(　　　)的呢,现在已经过时了。

七、解释句中画线词语的意思

1. 社会组织蓬勃发展,已经形成公民社会的雏形。
   A. 初步形成的状态　　B. 完善的状态　　　C. 简单的状态

2. 当前社会组织的兴旺与发展是中国实现民主政治和民主社会的好兆头。
   A. 现象　　　　　　　B. 预兆　　　　　　C. 趋势

3. 越来越多的人开始学会"与国际潮流接轨"。
   A. 联系　　　　　　　B. 连接　　　　　　C. 接触

4. 在"文革"刚刚结束的时候,刻苦学习、发奋图强是青年人的行为准则。
   A. 十分兴奋的样子　　B. 发扬奋斗的精神　　C. 下定决心努力

5. 中国的社会发展是自我<u>反省</u>、自觉改革、自主努力和发奋自强的过程。

    A. 回想并自我检查错误

    B. 回想并自我了解

    C. 反复回想过去

6. 迫使中国认真地<u>审视</u>和考虑中国发展的路径与过去的教训。

    A. 严肃地看　　　　　B. 仔细地看　　　　　C. 快速地看

7. 采取了慎重对待社会和政治变革的举动,以避免<u>莽撞</u>的政治和社会变革导致中国社会的混乱。

    A. 冒失粗鲁　　　　　B. 过于突然　　　　　C. 强有力

8. ……也没有<u>疆</u>土开拓中外来移民与当地土著民众之间的矛盾。

    A. 边疆　　　　　　　B. 领土　　　　　　　C. 土地

9. ……从理论上讲与现代化社会的特点是<u>格格不入</u>的。

    A. 有限制　　　　　　B. 有距离　　　　　　C. 有抵触

10. 使得中国社会出现了无公理、无原则、<u>蔑视</u>基本社会道德……一系列问题。

    A. 无视　　　　　　　B. 轻视　　　　　　　C. 敌视

八、选择正确的答案

1. 这个变化不仅(　　　　)在经济上,更重要的是导致了社会的变化。

    A. 反应　　　　　　　B. 反映　　　　　　　C. 反衬

2. 2006 年春运(　　　　),全国流动人口规模为 3.3 亿人

    A. 时候　　　　　　　B. 时期　　　　　　　C. 期间

3. 改革开放前,中国采用(　　　　)个人的家庭出身、城乡户口、单位制、所有制等先赋性或类似于先赋性的制度安排,决定人们的社会阶层与社会地位。

    A. 比如　　　　　　　B. 诸如　　　　　　　C. 例如

4. 这种先赋性的社会流动机制限制了人们(　　　)努力奋斗实现向上流动的积极性。

　　A. 经过　　　　　　B. 通过　　　　　　C. 经历

5. 社会不同阶层的客观存在和它们之间的差距,是导致人们采取竞争、奋斗等手段使(　　　)向上攀升的动力。

　　A. 本身　　　　　　B. 亲身　　　　　　C. 自身

6. 以自致为主的社会流动机制正在建立起来,并越来越成为人们获得职业、社会地位和其他(　　　)的手段。

　　A. 资源　　　　　　B. 资料　　　　　　C. 来源

7. (　　　)2004 年底,全国共有民间社会组织 28.3 万个……

　　A. 截止　　　　　　B. 为止　　　　　　C. 截至

8. 当前社会组织的兴旺与发展是中国实现民主政治和民主社会的好兆头,真正体现了民众公民意识的觉醒和社会责任的萌发,是中国建立现代和谐的民主政治和社会的(　　　)基础。

　　A. 坚实　　　　　　B. 坚定　　　　　　C. 坚决

9. 并且一些"新富"家庭开始以名牌服装和私人别墅、私家汽车来(　　　)自己与众不同的"档次"和"品位"。

　　A. 出示　　　　　　B. 提示　　　　　　C. 显示

10. 从 1980 年代开始,人们(　　　)消费的关注逐渐增加。

　　A. 出于　　　　　　B. 对于　　　　　　C. 关于

11. 今天中国社会的变化与发展,不是世界社会发展的"异端",(　　　)"大同"与"求和"。

　　A. 而是　　　　　　B. 就是　　　　　　C. 但是

12. 中国社会的变化是在中国原有的空间中发生和展开的,它的动力和主要资源来自中国民间与公认的国际正常交往等(　　　)。

　　A. 通道　　　　　　B. 管道　　　　　　C. 渠道

13. ……如人力资源(　　　)于中国的人口本身。

　　A. 来源　　　　　　B. 起源　　　　　　C. 发源

14. 虽然没有这些矛盾与冲突,中国工业化和现代化的(　　　)也依然迅速与强劲。

    A. 步调　　　　　B. 步伐　　　　　C. 步骤

15. 中国如果要实现农业现代化,农村中的劳动力转移依然是一个(　　　)的问题。

    A. 严格　　　　　B. 严厉　　　　　C. 严峻

16. 建立、提供、(　　　)公共产品和公共服务体系的问题。

    A. 完全　　　　　B. 完备　　　　　C. 完善

17. 如何树立符合中国社会的主流价值系统,成为中国社会(　　　)高度向心力的基本前提。

    A. 具有　　　　　B. 拥有　　　　　C. 享有

九、选词填空,并选择 5 个模仿造句

翻天覆地　与众不同　艰苦朴素　发奋图强　格格不入

1. 这些年轻人,在困难中,不是低头叹气,而是(　　　),这种精神真让人佩服!

2. 二十年没回来了,家乡发生了(　　　)的变化,他都不敢相信自己的眼睛了。

3. 这位作家看问题的角度总是(　　　),她的作品有其独特的风格。

4. 妈妈说:八十年代以前,我们都是强调要(　　　),哪像现在的年轻人,左一件衣服右一件衣服,有的穿几次就扔一边不穿了。

5. 因为跟现在的上司(　　　),他只好请求调离现在的岗位。

Ⅱ　课文理解练习

一、根据课文内容判断正误

改革开放后中国社会的变化

1. 1979 年以后,中国的人口开始了有限的流动。　　　（　　）
2. 20 世纪 90 年代以后,中国的人口流动依然有限。　（　　）
3. 文中所说的"两条腿走路",就是指大中城市和小城镇同步发展。　　　　　　　　　　　　　　　　　　　（　　）
4. 如今,中国的城市化率不足 40%。　　　　　　　　（　　）
5. 改革开放前,人口流动受制于人们的先赋性条件。　（　　）
6. 改革开放后,不再存在不同的社会阶层。　　　　　（　　）
7. 中国在城市化发展中出现了严重的"城市病"。　　（　　）
8. 非政府组织中包括大量的草根组织。　　　　　　　（　　）
9. 社会组织蓬勃发展有利于建立民主政治和民主社会。（　　）
10. "老三件"、"新三件"代表的是一定时期人们最看重的商品。
　　　　　　　　　　　　　　　　　　　　　　　（　　）
11. 时代虽然在变,但人们的价值观念并未改变。　　　（　　）
12. "新三年,旧三年,缝缝补补又三年"代表的是艰苦朴素的思想。
　　　　　　　　　　　　　　　　　　　　　　　（　　）

中国社会变化的世界意义

13. 中国社会的改革没有参照西方的理论。　　　　　　（　　）
14. 中国社会发展的动力是内生的,但空间是没有局限的。（　　）
15. 在中国社会变革中,一些不利条件被转化成了有利条件。
　　　　　　　　　　　　　　　　　　　　　　　（　　）
16. 目前外来务工人员与城市原住民的社会地位和待遇还存在差别。　　　　　　　　　　　　　　　　　　　　　　（　　）
17. 目前中国还有超过 3 亿的农村剩余劳动力。　　　　（　　）
18. 目前西部地区发展滞后。　　　　　　　　　　　　（　　）

19. 在发展中还存在收入差距过大等问题。　　　　　（　　）

20. 在多元价值体系中,不必有主流价值系统。　　　（　　）

二、根据课文内容,用指定的词语回答问题

1. 中国的人口流动机制在改革前后有何不同?这种变化对社会发展有何影响?

（改革开放前　城乡二元制度　停滞　1979 年　农村剩余劳动力　冲破　藩篱　有限的流动　1990 年代　大规模　跨区域　长距离　迁移　流动　提供　满足　劳动力需求　"世界工厂"　得以　开工）

2. 中国城市化道路有什么特点?

（采用　大中城市　小城镇　同步　路子　两条腿走路　与……不同　城市病　严重）

3. 改革开放这 20 多年中国人的日常生活方式和消费观念发生了巨变,从哪儿可以看出来?

（从……到……再到……　"老三件"　"新三件"　高档音响　大屏幕彩电　分体空调　并且　"新富"家庭　以……来显示……　与众不同　档次　品位　WTO　与……接轨）

4. 为什么中国社会的变革极其巨大,但过程又极其缓和?

（自我反省　认识　弊病　同时　采取　谨慎　举动　避免莽撞　导致　混乱　极其巨大　极其缓和　和平性　福音）

5. 怎样才能获得社会变革的合适条件和环境?

（社会发展的目标　现有社会间的距离　不是……　凭空　超越　而是……在……的基础上　化不利为……　化局限为……　在……的前提下　有序　有节　有利　推进　改革　这样才能避免……　获得）

6. 影响中国社会发展的问题有哪些?

（①外来劳动者　身份　待遇　②城乡差别　农村劳动力转移　③西部　不平衡　地区差异　④收入差距　社会公正　⑤腐败

社会利益集团　⑥公共产品　公共服务　体系　⑦多元价值体系　主流价值体系　⑧政府职能)

三、思考与讨论

1. 作者从哪几个方面概括了改革开放后中国社会的变化?
2. 作者说明了中国发展的哪些特点?你有没有要补充的?
3. 这篇文章中你最感兴趣的是哪一部分?
4. 政府如何才能在社会发展的过程中避免产生腐败问题?目前在此方面做得较好的国家或地区有哪些?它们的经验是什么?
5. 你们国家是否存在或存在过收入差距过大和社会分配不公的问题?你认为政府应当如何解决这一问题?
6. 对于中国的发展,国际上主要有哪几种声音?产生不同看法的原因是什么?
7. 谈谈你的国家的发展情况及其对世界的影响。

 阅读与理解

英积极面对中国发展:它为世界发展提供新机遇

中国经济的发展引起世界瞩目,有些西方国家散布中国威胁论,英国的态度如何?中国驻英国大使查培新说,对于中国的发展,英国总的态度是积极的。布莱尔首相一再强调,西方有些人把中国的发展看作威胁,但他认为,中国的发展既是挑战也是机遇,它不仅有利于中国13亿人民生活的改善,同样也有利于世界,它为世界的发展提供了新的机遇。英中经贸关系的发展,也加强了两国的政治关系,英国愿意在很多领域与中国合作,一起干很多事情,也希望中国把英国看作真正的伙伴。

中国也很重视英国,虽然两国的意识形态不同,但共同利益远远超过分歧。只要双方不断加深交往,以务实态度合作,经过双方的努力,完全可以把中英关系发展到新的水平。

英国对中国的看法主要有这样几点:

一、中国发展不可避免。中国现在的发展势头是不可遏制的。中国已是世界主要经济体,并将成为世界几大经济体之一。

二、中国的发展已对世界经济产生巨大影响,已成为世界经济增长的主要发动机之一。有一种说法,世界经济两大发动机,一个是美国,一个是中国。中国是世界经济增长的重要推动力。

三、中国发展会对英国形成挑战,但不是威胁。英国面对中国经济发展必然要做出相应的产业结构调整。

四、中国的发展为世界提供了巨大的机遇。因为中国的市场巨大,希望英国企业能够抓住机遇,乘上中国发展的快车。

五、中国现在已不仅是吸引外资的国家,也开始向外投资。英国很重视和欢迎中国来英国投资,希望把英国视为走向欧洲的优选点。

六、中国力量的增长,在国际上的作用和影响明显上升。他们希望中国在国际事务中发挥更大的作用。很多全球性问题,很多问题离开中国的参与很难解决。如气候变暖、环境。英国人关注、重视和借重中国的程度在增加。

实际上,中华民族历来是一个爱好和平的民族,中国的和平发展对世界和平有利。查培新说,中国发展至少有这些好处:

一、是世界经济的发动机之一。2004 年中国经济的增长为世界经济增长贡献了 10%,对带动世界贸易提供了 16%贡献。

二、给世界各国提供了巨大的市场。中国 1978 年的外贸总额是 206 亿美元,2004 年的进口额超过了 5000 亿美元,市场非常大。

三、 提供了很多合作的机会。中国吸引外资在发展中国家名列第一。投资的软、硬环境已极大改善,投资吸引力增大。

四、中国在海外的投资越来越多。这有利于投资国的经济发展。

五、中国的贫困人口在 20 世纪 70 年代是 2.5 亿人,现在已经减到 2600 万。不到 30 年减少了 2 亿多贫困人口,是世界上最大的减贫行动,也对联合国的千年减贫计划做出了巨大贡献。

六、中国生产的物美价廉的商品,为世界各国的消费者带来实实在在的好处,有利于改善世界各国人民的生活。

七、中国的发展模式也对许多发展中国家有越来越大的吸引力,这就是找到适合自己国情的发展道路和政策, 就能很快改变国家的面貌。发展中国家在学习和借鉴中国的发展经验,发达国家也在思考中国发展的原因。一些英国的企业家访问中国后说,在我们这里议论几年还没有决定的事,在中国已经实现了。中国的建设速度是惊人的。

查培新大使最后说,中国的发展对世界是双赢、共赢。和平、发展、合作,是我们的旗帜,走和平发展的道路是我们的选择。加快发展我们自己,同时,用我们的发展促进世界各国的共同发展。随着一个爱好和平的民族的发展壮大,必然会给世界和平带来巨大的促进作用。

作者:施晓慧(人民网驻英记者)

选自:人民网 www.people.com.cn 2005.11

一、根据文章内容判断正误

1. 布莱尔首相不赞同中国威胁论的说法。　　　　　　(　　)

2. 布莱尔首相认为中国的发展既是挑战也是机遇。　　(　　)

3. 中英两国的经贸关系的发展对两国的政治关系没有影响。

(　　)

4. 中英两国意识形态相同,有着共同的利益。　　　　(　　)

5. 中国已成为世界经济增长的主要发动机之一。　　　(　　)

6. 中国的发展不会影响到英国原有的产业结构。　　　(　　)

7. 中国尚未向海外投资。　　　　　　　　　　　　　(　　)

8. 英国希望中国积极参与国际事务。　　　　　　　　(　　)

二、谈一谈

1. 简单复述一下英国对中国发展的看法。

2. 简单概括一下查培新大使所说的中国发展的好处。

3. 从 20 世纪 70 年代到现在,中国的贫困人口有何变化? 说说你所知道的与减贫行动相关的人或事。

4. 你在国内买过哪些中国生产的产品?简单说明中国生产的产品在你的国家的情况。

课前思考

1. 你生活时间最长的城市是哪一座？那儿的气候怎么样？这些年气候有什么变化吗？

2. 你听说过"城市气候"这个词吗？如果一个城市的气候发生诸如降水量减少、平均气温升高之类的异变，你认为可能有哪些人为的因素？

3. 本文通过说明城市建设与城市生态气候的关系，提出了保护城市生态的重要性。请你读一读，想一想作者是怎么阐述自己的观点的，对保护城市生态你有什么看法。

課 文

保护城市生态刻不容缓

　　城市建设与城市生态气候，乍一看风马牛不相及，其实关联极为密切，不可不察。

欲究其详①,需先搞清楚"城市生态气候"的概念。按照传统陈旧观念,气候覆盖天下,并无城市、农村之分★。在城市规模较小、发达程度较低的场合确实没有必要关心"城市气候",因为在那种场合,"城市气候"并不存在多少特殊性。但是,随着城市规模不断扩张、城市发达程度不断提高,城市气候越来越表现出独有的特征。气候因城市发展而骤变。像北京这样的超级大都市,气候异变,已经达到不容★忽视的地步。

异变的内容现在已知的主要表现在两方面,一是降水量减少,一是热效应②。

气候的第一决定因素是地貌。海洋性气候③、大陆性气候④等都是根据不同地貌形成的。山林与平原气候迥异,也是因地貌性质不同而造成的。大海、山林、平原,这些都属于天然地貌。如果我们人为地制造出某种地貌,同样会影响气候,与自然地貌影响气候一般无二。城市就是人为制造出的一种地貌。在城市发达程度较低、规模较小的场合,城市对气候的影响并不明显,不会引起注意。然而,当高楼林立、道路纵横、城市不断扩张的时候,情形就不一样了。足够大的面积形成一个独立的地貌,就像一片山林或一块沙漠一样,必然要影响到气候,导致气候的变异。当然,气候异变会引发一系列连锁反应,最终影响到居住环境的质量,应引起高度重视。

北京人的生活体验与北京的气候资料同时揭示了这样一个可怕的趋势:近十多年来,北京的降雨逐年减少。2001 年 7 月的降雨量之低,在历史上也是罕见的。历史上北京不乏★干旱之年,但降雨逐年减少持续时间如此之★长,这一切绝不能归于"偶然"。

少雨的十多年恰恰是北京城市发展速度最快的时期。这绝非巧合,而是一种必然。这说明,人为制造的地貌已经反作用于气候了,我们已经初尝了气候给予我们的惩罚。

表面上看,雨从天降,实际上水库在地下,地面蒸发多少水,天就返还给我们多少水,天也不可能做出无米之炊。城市规模过大,地面过硬(水泥化),就形成了一个相对独立的硬地貌,这个硬地貌无法有效地涵养水分,无法把雨水涵养在地下,让其慢慢蒸发,大部分雨水进入下水系统,白白流失了。地面存不住水,自然也就无水可降。湿热的七八月不降雨,人们熬不住,纷纷安装空调,空调的增多进一步加剧气候的恶化,形成恶性循环。更严重的潜在危险在于:地下水是地层的一个组成部分。地下水消耗殆尽之后,若得不到及时补给,地下水层面就会在其上土层的压迫下发生塌陷。地表的建筑物就会下沉。轻微的下沉不会造成严重后果,但严重了后果不堪设想。连续多年不降雨或降雨严重不足,很有可能导致地下水枯竭,地下水层面塌陷,从而造成地表下沉。地表下沉,必然殃及地面建筑物。这并非危言耸听。许多发达城市在没有认识到问题严重性的时候都曾发生过地面下沉问题,幸亏及时纠正了。

可以这样说,地面的水泥或钢铁设施越多越密,地表的通透性⑤就越差,水分涵养就越困难,地表下沉的可能性也随之★加大。地面建筑物越多越密,一旦发生下沉,后果也越严重。所以,发达城市普遍采用三种办法解决这些难题。

第一是绿化。许多人——包括专业园林工作者与市政管理者——至今仍有一个错误观念,认为绿地的首要功能是美化环境。此大谬也。实际上,绿地的第一功能是保护生态,营造正常的气候环境。城市美与不美并不是第一位的,生存才是第一位的。否则,气候异变,城市就不再适于人类居住了。现在已经没有人不知道保护环境的重要性了,但许多人并不知道广义的"环境"包括气候,而且气候在"环境"中占据十分重要的地位。没有良好的气候,人类是无法生存的。

英国、德国等国家的大城市,都是以绿色为基本色调的,水泥的灰色与钢铁的黑色只不过是一种搭配色。美国迪士尼乐园⑥的路许多都是软地,保持着良好的通透性。人们在软地上行走格外舒适。发达的现代城市,绿地比例高得惊人,到处都是草地。有限的水泥建筑物与柏油马路改变不了城市的地貌品质,因为从整体上看,地面是松软的,地面保持着与"天空"的联系。这种联系乃人类的生命线。那里一般都没有过多的立交桥等占据大量硬地的设施,马路也都尽量修筑得窄些,尽一切可能给软地留出空间。在寸土寸金的大都市,把上好的土地留给绿地,并不是单纯为了美,而是为了人类长久地在城市中生存下去。如果单纯为了美,不去解决生态气候的根本问题,天不降雨,人工种植的草木都由人工灌溉,成本昂贵,而且本来就缺水,绿化事业也将无以为继。绿化的标准是什么?就是形成良性循环,绿地涵养了水分,天然降雨又涵养了绿地,周而复始。

第二是转移部分城市功能。对于特大城市来说,转移一部分功能是行之有效的。具体做法有卫星城与疏散居住人口两种模式。所谓卫星城,一定是指小城与母城之间有隔离,连在一起就不能称作卫星城了。疏散居住人口是比较流行的做法。一部分工薪阶层在大城市上班,居住在远离城市的小城镇。之间由轻轨⑦等高速交通工具相连接,路程耗时不超过一个半小时(发达国家普遍认为上班路程超过两小时无法接受)。这样就能避免城市规模的无限扩张。如果规模被控制住了,即使软地比例不足,也不至于严重地影响气候。

第三是尽量减少硬地表的铺设。道路尽量窄些(交通效率与路宽并没有必然联系),交通设施尽量简洁些,尽量少建立交桥。由于一个立交桥使得一片地面硬化,"杀伤力"极强,许多国家已经不再考虑用这个方法提高运输效率。有的城市还把已经修建的立交桥拆除。总之要留下足够的软地面,以与"天"交流,保持正常的生态气候平衡。

北京城的软土面积比例越来越小,虽然年年种树植草,但还是赶不上铺设水泥的速度。有些草地是铺在斜坡上,起不到渗水作用,只有美化市容这样一项功能,有些草坪地势过高,雨水流入周边硬地的下水道。北京的道路越修越宽，道路占地的比例越来越大，加之★立交桥越来越多，桥的构造越来越复杂，占地也越来越多，此外还有大量的水泥停车场、水泥广场。相比之下，软地显得不足。

更重要的是，北京的规模越来越大。四环通车之后，紧接着是五环⑧，而且五环并不是尽头，后面还有更宏大的规划。这样无止境地发展下去，恐怕离城市极限规模越来越接近了。北京的气候异变已经不仅表现在降雨少这一方面，北京的城市热效应也是十分明显的。盛夏难熬，从北京向各个方向走，只要走出了北京，立即会感到凉爽许多。城市地貌在悄悄影响着气候，已经是不争的事实。持续高温成为北京人的一块心病，根子就在于已经发生了气候异变。而这种异变在很大程度上是我们人为制造出来的。我们的许多城市杰作原来是需要付出代价的，这一点千万不能忘记！

翻开历史，无论世界哪一个大洲，都发生过大城市文明突然消逝的事情。人们至今感到蹊跷，不解个中原因。其实，城市发展由不得★人率性而为，必须尊重规律，服从规律。城市与自然生态气候的关系可以发生一定程度背离，但要有限度，超过了限度，城市就无法存在下去了。用这个观点完全可以解释古代大城市突然沉沦消失的原因。那些神秘消失的城市，肯定破坏了规律，消失正是吞服破坏规律的苦果。

城市像是有感知⑨的生灵，需要若干基本生存要素，才能维持生存。西方人认为，上帝创造了农村，人创造了城市。这一说法提示我们：城市是由人造出来的！人能造城市，就一定也能毁城市。一位哲人早就说过，一切人为的建制都具有可错性。诚哉斯言⑩。凡人造的东西都要受制于种种规律，破坏了规律就会酿成不良后果，世间唯有纯自然是永远正确的，而我们注定要不断犯错误。当城市发展与自然规律发生抵触时，我们千万不要与自然规律争个鱼死网破！

把防止环境污染作为城市发展重要课题是必要的，但仅仅防止污染还远远不够。城市是人类迄今为止最大的工程，综合性极强，设计规划非常容易挂一漏万。所以世界上至今不存在一座十全十美的城市。只要是城市，一定有缺失，一定存在"可错性"，哪一座城市都不例外。

城市生态气候的变异已经无声无息地浮出水面，露出了冰山一角。现在该是认真应对的时候了。

当前，城市规划与管理急迫需要解决的问题主要有：因特殊地貌形成而发生气候恶性改变的城市临界规模是多大？都有哪些异变特征？这种改变对城市具有哪些危害？会发生哪些连锁反应？应该采取哪些对策以防患于未然⑪(现在说"未然"恐怕已有不妥)？归根结底，问题在于：城市的极限规模究竟该定为多大？城市的软地占多大比例才能保证城市生态气候平衡？城市温度高出周边地区多少算"正常"……

限于能力，我无力给这一系列问题以圆满回答。本文只是抛砖引玉，目的在引起重视，切望方家解除我的疑虑，更愿我的疑虑是杞人忧天。

作者：王文元
选自《书摘》2004.5 个别语句有改动

词语

1. 生态	shēngtài	名	指生物在一定的自然环境下生存和发展的状态。ecology
2. 刻不容缓	kè bù róng huǎn	成	片刻也不能拖延。形容形势紧迫。afford no delay
3. 乍	zhà	副	刚刚开始,起初。
4. 风马牛不相及	fēng mǎ niú bù xiāng jí	成	风:牲畜公母相追逐;及:到。两方距离很远,马、牛发情追逐也不会碰到。比喻两者毫不相干。
5. 关联	guānlián	动	事物之间发生相互联系和影响。
6. 极为	jíwéi	副	表示程度达到极点。
7. 陈旧	chénjiù	形	时间久的,过时的。
8. 骤	zhòu	副	骤然;突然。
9. 不容	bùróng	动	不许;不让。
10. 降水量	jiàngshuǐliàng	名	从大气中落到地面的固体或液体形式的水,主要有雨、雪、霰、雹等。
11. 地貌	dìmào	名	地球表面的形态。
12. 迥异	jiǒngyì	形	大不相同。
13. 造成	zàochéng	动	构成;形成。give rise to, cause
14. 一般无二	yì bān wú èr		完全一样,没有区别。
15. 林立	línlì	动	像树林一样成片竖立着,形容数目众多。stand in great numbers.

16. 纵横	zònghéng	形	竖一道横一道,交错的样子。vertically and horizontally.
17. 引发	yǐnfā	动	引起;触发。
18. 连锁反应	liánsuǒ fǎnyìng		相关的事物中,只要一个发生变化,其他的也都跟着发生变化。
19. 揭示	jiēshì	动	把不容易看清的事理指出来。
20. 趋势	qūshì	名	事物发展的倾向。
21. 逐年	zhúnián	副	一年一年地。
22. 罕见	hǎnjiàn	形	少见;难遇;难得见到。
23. 不乏	bùfá	动	不缺少;相当多。
24. 巧合	qiǎohé	动	凑巧相合。
25. 反作用	fǎnzuòyòng	名	相反的作用。
26. 返还	fǎnhuán	动	归还;退还。
27. 无米之炊	wú mǐ zhī chuī	成	没有米,做不出饭。比喻缺少必要条件,做不成事。出自俗语"巧妇难为无米之炊"。
28. 涵养	hányǎng	动	蓄积并保持(水分)。
29. 流失	liúshī	动	水、土壤、矿石、油脂等有用物质没有被利用而流散或随风、水散失。(流失——流逝)
30. 加剧	jiājù	动	变得比原来更严重。
31. 恶性循环	èxìng xúnhuán		若干事物互为因果,循环不止,越来越坏。
32. 潜在	qiánzài	形	存在于事物内部未显现出来的。
33. 地层	dìcéng	名	地壳发展过程中所形成的一层层的岩石的总称。stratum, layer.
34. 殆	dài	副	〈书〉将近,几乎,差不多。

35. 补给	bǔjǐ	动	补充供给。
36. 层面	céngmiàn	名	层次和方面。
37. 塌陷	tāxiàn	动	坍塌;下陷。
38. 地表	dìbiǎo	名	地球的表面，也就是地壳的最外层。
39. 下沉	xiàchén	动	向下沉没;向下降落。
40. 不堪设想	bù kān shèxiǎng	成	堪:能够。不能够想象会出现什么情况。形容事情发展下去后果十分严重。
41. 枯竭	kūjié	形	(水源)干涸;断绝。dried up.
42. 殃	yāng	动	使遭受祸害。
43. 危言耸听	wēi yán sǒng tīng	成	危言:使人吃惊的话;耸听:使听话的人吃惊。故意说些惊人的话，让人听了害怕。
44. 市政	shìzhèng	名	指城市管理工作，包括工商业、基本建设、文化教育、公用事业、交通、公安、卫生等。municipal administration.
45. 首要	shǒuyào	形	摆在第一位的；最重要的。(首要——重要)
46. 谬	miù	形	错误;荒诞。
47. 广义	guǎngyì	名	一般指范围较广的或宽泛的定义(跟"狭义"相对)。broad sense, generalized.
48. 色调	sèdiào	名	绘画的色彩明暗、浓淡、冷暖等调子。
49. 柏油	bǎiyóu	名	有机化合物的混合物，黑色或棕黑色,呈胶状。用来铺路面,也用做防水材料、防腐材料等。pitch, tar.

50. 生命线	shēngmìngxiàn	名	比喻保证生存和发展的最根本的因素。
51. 立交桥	lìjiāoqiáo	名	架在道路交叉处的立体交叉桥梁。
52. 寸土寸金	cùn tǔ cùn jīn		比喻土地非常贵。
53. 上好	shànghǎo	形	最好(多指物品的质量)。
54. 昂贵	ángguì	形	价格很高。
55. 无以为继	wú yǐ wéi jì		没有可以再继续下去的了。
56. 良性	liángxìng	形	能产生好的结果的。
57. 周而复始	zhōu ér fù shǐ	成	周:环绕一圈;复始:重新开始。一圈又一圈地轮转。形容不断循环。
58. 行之有效	xíng zhī yǒu xiào	成	实行起来有效验,多指已经实行过的方法、措施。
59. 卫星城	wèixīngchéng	名	围绕大城市建设的中小城市。
60. 疏散	shūsàn	动	把密集的人或东西散开。(疏散——分散)
61. 耗	hào	动	减损,消耗。
62. 铺设	pūshè	动	修(铁路等)。
63. 硬化	yìnghuà	动	物体由软变硬。
64. 杀伤力	shāshānglì	名	(武器)的破坏和伤害能力。
65. 拆除	chāichú	动	拆掉(建筑物等)。
66. 渗	shèn	动	液体慢慢地透过或漏出。
67. 市容	shìróng	名	城市的面貌(指街道、房屋建筑、橱窗陈列等)。
68. 周边	zhōubiān	名	周围。
69. 下水道	xiàshuǐdào	名	排除雨水和污水的管道。
70. 加之	jiāzhī	连	表示进一步的原因或条件。
71. 尽头	jìntóu	名	末端;终点。
72. 盛夏	shèngxià	名	夏天最热的时候。

73. 止境	zhǐjìng	名	终点;最后的界限。
74. 极限	jíxiàn	名	最高的限度。
75. 难熬	nán'áo	形	难以忍受(疼痛或艰苦的生活等)。
76. 凉爽	liángshuǎng	形	清凉爽快。
77. 心病	xīnbìng	名	隐藏在内心的心事或伤痛。
78. 根子	gēnzi	名	事物的本原。
79. 杰作	jiézuò	名	超出同类一般水平的杰出作品。
80. 蹊跷	qīqiāo	形	奇怪。(蹊跷——奇怪)
81. 个中	gèzhōng	名	〈书〉此中;其中。
82. 由不得	yóubude		不能依从;不能由……做主。
83. 率性	shuàixìng	形	由着性子;任性。
84. 背离	bèilí	动	违背,违反。
85. 沉沦	chénlún	动	陷入罪恶的、痛苦的境界。
86. 生灵	shēnglíng	名	指有生命的东西。
87. 建制	jiànzhì	名	机关、军队的组织编制和行政区划等制度的总称。organizational system,organizational structure.
88. 受制	shòuzhì	动	〈书〉受辖制。
89. 酿	niàng	动	逐渐形成。
90. 注定	zhùdìng	动	(某种客观规律或所谓命运)预先决定。
91. 抵触	dǐchù	动	跟另一方有矛盾。
92. 鱼死网破	yú sǐ wǎng pò	成	比喻经过拼命搏斗,结果两败俱伤。
93. 迄今	qìjīn	动	到现在。
94. 挂一漏万	guà yī lòu wàn	成	挂住一个,漏掉一万个。形容列举得很不完备。
95. 应对	yìngduì	动	答对。reply, answer, response.

96. 临界	línjiè	动	由一种状态或物理量转变为另一种状态或物理量的。
97. 对策	duìcè	名	对付的策略或办法。
98. 归根结底	guī gēn jié dǐ	成	归结到根本上。
99. 抛砖引玉	pāo zhuān yǐn yù	成	谦辞。比喻用粗浅的、不成熟的意见引出别人高明的、成熟的意见。
100. 方家	fāngjiā	名	"大方之家"的简称,本义是深明大道的人,后多指精通某种学问、艺术的人。
101. 杞人忧天	Qǐ rén yōu tiān	成	传说杞国有个人怕天塌下来,吃饭睡觉都感到不安(见于《列子·天瑞》)。比喻不必要的忧虑。

注 释

① 欲究其详 yù jiū qí xiáng:想仔细探求它详细的情况。

② 热效应 rèxiàoyìng:指物理的或化学的作用所产生的发热的效果。thermal effect

③ 海洋性气候 hǎiyángxìng qìhòu:近海地区受海洋影响明显的气候,全年和一天内的气温变化较小,空气湿润,降水量多,分布均匀。

④ 大陆性气候 dàlùxìng qìhòu:大陆上受海洋气流调节不明显的气候。特点是空气干燥,冬夏和昼夜温差较大,雨量少而分布不均匀。

⑤ 地表的通透性 dìbiǎo de tōngtòuxìng:指地表的渗透能力。

⑥ 迪士尼乐园 Díshìní Lèyuán:Disneyland.

⑦ 轻轨 qīngguǐ:即轻轨铁路,全称为"轻型轨道交通"。一种城市有轨公共交通。是吸收地铁车辆制造、信号和管理等技术,将有轨电车改进而成。20世纪60年代在德国出现。有三种类型:(1)预地铁型——市

中心的线路埋设在地下,将来可发展为地铁;(2)高架型——全线设在高架桥上;(3)地面型——全线设在道路中央或两侧。发展趋势是后两种的混合。

⑧ 四环、五环 sìhuán、wǔhuán:即北京的四环路、五环路,都是环北京的公路。

⑨ 有感知 yǒu gǎnzhī:有感觉。

⑩ 诚哉斯言 chéng zāi sī yán:这话说得真对啊!

⑪ 防患于未然 fáng huàn yú wèi rán:出自《汉书·孝成赵皇后传》。意思是:在祸患未发生前就应当加以防止。

词语辨析

1.  流失——流逝

语义

都有有价值的东西在数量上流散、消失的意思。“流失”泛指有用的东西流散失去,“流逝”比喻时间像流水一样消失,使用范围比较窄。

例:(1) 黄河流域水土**流失**问题已引起了社会的关注,越来越多的人正参与到“绿化母亲河”活动中来。

(2) 一些单位国有资产**流失**如此严重,该追究谁的责任?

(3) “一寸光阴一寸金”,怎么能让光阴白白地**流逝**呢?

(4) 岁月**流逝**,昔日的少女如今已白发苍苍。

用法

词性:都是动词。“流失”使用范围比较广,可用于自然界的矿石、土壤和水等,也可用于社会中的资产、资金、文物、人才等;“流逝”用于表示时间的词。“流失”可带宾语,“流逝”不能。

例:(5) 为了不**流失**人才,公司决定逐年提高员工待遇。

练习：把"流失"、"流逝"填入下面的句子

(1) 这一地区因为工资偏低,人才(　　　)情况相当严重。

(2) 谁能阻止岁月(　　　),让青春永驻呢?

(3) 为了防止国家珍贵文物(　　　)海外,海关加大了检查力度。

(4) 他静静地坐在长椅上,追忆像河水一般(　　　)的年华。

2. 首要——重要

语义

都可表示人或事物的地位或作用十分突出,不可忽视,但"首要"语义较重。"首要"侧重于在相关事物中占最突出地位,强调能起决定性的作用,与"次要"相对;"重要"侧重在关系大,影响深,与"一般"相对。

例:(1) 学生的**首要**任务是学习,不是游山玩水,也不是打工赚钱。

(2) 这次老板把这么**重要**的任务交给了你,说明你的工作能力得到了认可。

用法

词性:都是形容词。但"重要"前可以加"不"或"最"、"很"、"十分"等,"首要"不能。

例:(3) 你应该分清楚什么事是最**重要**的,什么是比较**重要**的,什么是不**重要**的。

"首要"常作定语,如:首要条件/首要问题/首要(的)工作/首要(的)前提;"重要"除了作定语外,也能单独作谓语,"首要"则不能。

例:(4) 这个证据**重要**,那个不**重要**。

练习：把"首要"、"重要"填入下面的句子

(1) 他习惯先做不(　　　)的事。

(2) 当前(　　　)的工作是解决灾民的吃住问题。

(3) 有一个安定的环境是发展的(　　　)条件。

(4) 这篇文章十分(　　　),务必认真阅读。

3. 疏散——分散

语义

都有散开的意思。但"疏散"侧重在有计划、有组织地把原来密集的人或东西分开;"分散"侧重在变得不集中。

例:(1) 领导决定先**疏散**老人、儿童和妇女,再**疏散**其他人员,最后**疏散**物资。

(2) 据老师反映,这个孩子上课时思想不集中,很容易**分散**注意力。

用法

词性:都是动词。"疏散"多用于人和具体事物;"分散"可用于人,也可用于各种事物,使用范围比"疏散"大。

例:(3) **疏散**学生 / **疏散**物资 / **疏散**粮食和牲畜

(4) **分散**力量 / **分散**注意力 / **分散**兵力 / **分散**自己的感情 / **分散**了文章的主题

"分散"还可做形容词。

例:(5) 毕业以后,老同学们都住得很**分散**,很不容易聚在一起。

练习：把"疏散"、"分散"填入下面的句子

(1) 他们家兄弟姐妹5人,如今(　　　)在好几个国家,平时只能靠电话联系。

(2) 地震警报响起,老师马上(　　　)学生。

   (3) 现在你应该集中力量准备考试,打工会( )精
    力。

   (4) 战争期间,他们曾被( )到了乡下。

4. 蹊跷——奇怪

语义

  "蹊跷"侧重在内心感觉奇怪,可疑;"奇怪"侧重在跟平常不一样,可以是也可以不是内心的感觉。

  例:(1) 小区里一连死了八只猫,大家都觉得有些**蹊跷**/**奇怪**。

   (2) 这些花的样子都很**奇怪**。

用法

  词性:都是形容词。"蹊跷"使用范围比"奇怪"小,一般用于:觉得很蹊跷/蹊跷事/蹊跷话/蹊跷玩意儿。下面使用"蹊跷"的地方也可用"奇怪"。

  例:(4) 最近班里发生了一件**蹊跷事**/**奇怪**的事。

   (5) 她说了一些**蹊跷话**/**奇怪**的话就走了,谁也搞不懂她到底是什么意思。

   (6) 究竟这是些什么**蹊跷玩意儿**/**奇怪**的玩意儿?……这就是非洲有名的蚁山。

  "奇怪"还有其他很多用法,一般不能换"蹊跷"。

  例:(7) 灯光和音响人员创造出一种**奇怪**的声光效果。

   (8) 资金在不停地流失,**奇怪**的是经理竟然没有发现。

   (9) 看到他有这么大的变化,不由得我们不**奇怪**。

语体

  "蹊跷"多用于口语,"奇怪"口语、书面语都可。

  练习:把"蹊跷"、"奇怪"填入下面的句子

   (1) 冰箱里的食品突然都不见了,你不觉得( )吗?

(2) 真是些(　　)话！谁搞得懂？

(3) 李苹平时不怎么学习,(　　)的是她每次都考全班第一。

(4) 自从他住进这间"鬼屋"后,就发生了一连串的(　　)事。

语言点

1. 按照传统陈旧观念,气候覆盖天下,并<u>无</u>城市、农村<u>之分</u>。

【解释】无……之分:没有……的分别。中间通常是具有相反或相对意义的一两组词语。多用于书面语。提问时用:……有无……之分?

【举例】无男女之分 / 无内外之分 / 无好坏之分 / 无高下之分 / 无长短之分 / 无厚薄之分 / 无是非之分 / 无优劣之分 / 无美丑之分 / 无城乡之分 / 无东方模式与西方模式之分 / 无高低贵贱之分 / 无性别之分 / 无国界之分 / 无种族之分 / 无年龄之分 / 无季节之分

【练习】用"有无……之分"、"无……之分"完成句子或对话

(1) 科学_____,但科学家有自己的祖国。

(2) 人种_____,我们反对任何形式的种族歧视行为。

(3) 据报道,中国将逐步取消农业、非农业的二元户口登记制度,户口将_____,一律统称居民。

(4) 我们常以"外国的月亮比中国的圆"比喻某些崇洋媚外者的心理。外国的月亮难道真的比中国的圆吗?月亮只有一个,并_____,所以,圆的不是月亮,而是金钱,是各种各样的物质条件。

2. 像北京这样的超级大都市,气候异变,已经达到<u>不容</u>忽视的地步。

【解释】不容:意思是"不许、不让"。后面一般跟双音节动词。语气较强,常用于书面语。

【举例】**不容**忽视 / **不容**拖延 / **不容**置疑 / **不容**回避 / **不容**错过 / **不容**忘却 / **不容**拒绝 / **不容**乐观 / **不容**侵犯 / **不容**践踏 / **不容**歪曲 / **不容**篡改(cuàngǎi,用作伪的手段改动或曲解(经典、理论、政策等))/ **不容**削弱 / **不容**诋毁(dǐhuǐ,毁人名誉,污蔑)

【练习】选用上面的词组完成句子

(1) 专家指出:室内空气污染＿＿＿＿＿＿＿＿＿＿,房屋装修后不宜立刻入住。

(2) 这是我的"领土",＿＿＿＿＿＿＿＿＿＿。

(3) 据调查,明年的人才需求量预计大幅下降,大学毕业生的整体就业形势＿＿＿＿＿＿＿＿＿＿。

(4) 任务紧迫,＿＿＿＿＿＿＿＿＿＿。

(5) 这可是千载难逢的机会,当然＿＿＿＿＿＿＿＿＿＿。

(6) 部长用＿＿＿＿＿＿＿＿＿＿的语气命令道:"无论如何,明天就要把报告交上来。"

3. 历史上北京<u>不乏</u>干旱之年,但降雨逐年减少持续时间如此之长则是第一次。

【解释】不乏:意思是"不缺少",表示有相当数量。常用于书面语。

【举例】(1) 欧洲央行的有关人员表示:欧元区利率仍处于低水平,为经济增长提供了支持,欧元区经济增长**不乏**动力。

(2) 赛场上,这些运动员在高强度对抗中也**不乏**超级搞笑的动作。虽不是有意摆造型,却足以让人捧腹喷饭。

(3) 这位官员称:工薪阶层中**不乏**高收入者,对他们征收个人所得税的人均税额远远高于其他工薪收入者。

(4) 中国历史上**不乏**像闻一多先生这样的志士仁人,正是这些人,一次次唤醒了中国大地上沉睡的众生。

(5) 青藏高原之旅,**不乏**奇特、艰险、刺激、梦幻,可以说是一山一个景,一步一声奇。

(6) 这部电影利用最新的电脑特技营造恐怖的视觉冲击,但恐怖中**不乏**幽默、浪漫,吸引了不少年轻观众。

【链接 1】四字词语:不乏先例(有不少从前的事可以作为例子。)/ 不乏其人(那样的人为数并不少)

(7) 跨国汽车公司在中国国内设有两家合资企业并且形成正面竞争的事**不乏先例**。众所周知,德国 VW 所设立的上海大众与一汽大众,几乎每一款车型都形成竞争。

(8) "平时不烧香,临时抱佛脚。"上课时不认真听,考试前才去复印同学的笔记,这样的大学生,**不乏其人**,我的同屋就是其中之一。

【链接 2】乏:意思是"缺少"。常用于以下词语:乏力 / 乏味 / 贫乏 / 进攻乏术等。

【练习】 用"不乏"改写句子

(1) 此次瓷器展览中,共展出 300 多种精品,其中国家级文物也不少。

_____。

(2) 我们的生活虽然平凡,但也不缺少精彩之处,很多事情,值得我们仔细地品味。

_____。

用"不乏其人"、"不乏先例"改写句子:

(3) 像这种一步一个脚印,走在梦想之路上,实践自己生命追求的,古今中外都有很多人。

_____。

(4) "周末一起骑车去承德!"我在网上发了一个帖子寻找同伴,没想到有很多志同道合者。

_____。

(5) 由于移民而导致贫困,在历史上这样的事并不少见,三峡工程百万移民更是世界级难题,如何让移民安稳致富,成为政府极为重视的一个问题。

_____。

4. 历史上北京不乏干旱之年,但降雨逐年减少持续时间<u>如此之</u>长则是第一次。

【解释】 如此之……:意思是"这样的……",后面多跟单音节形容词。

【举例】 如此之多 / 如此之少 / 如此之快 / 如此之慢 / 如此之远 / 如此之近 / 如此之高 / 如此之低 / 如此之重 / 如此之轻 / 如此之强 / 如此之弱 / 如此之深 / 如此之浅 / 如此之难 / 如此之累 / 如此之美 / 如此之贵 / 如此之细

【链接】 如此 + 形容词 / 动词:"如此"后多为双音节形容词或动词。

【举例】 如此友好 / 如此小气 / 如此平等 / 如此重要 / 如此热心 / 如此耐心 / 如此温柔 / 如此蹊跷 / 如此详细 / 如此糊涂 / 如此有趣 / 如此感动 / 如此喜爱 / 如此迷恋 / 如此关心 / 如此爱护

【练习】 选用上面的"如此之……"中的例子填空

(1) 此刻,死亡离他_____,他反倒平静了。

(2) 听导游介绍说:有据可查的面食,在山西就有 280 种之多。从熟制方法上可以分为蒸、煮、煎、烤、炸、焖等几大类。……真没想到,山西人做面食竟然有_____的讲究。

(3) 战争的花费_____,代价_____,从来都没有听说过,仗打得越久,对国家越有利的事。

(4) 深圳,从落后的渔村到现代化的都市,发展步伐为什么___ _____?

(5) 公司管理如此混乱,薪水_____,人才怎能不流失?

(6) 多修路,堵;多修地铁,还是堵。改善交通状况为何_____
_____?

5. 地面的水泥或钢铁设施越多越密,地表的通透性就越差,水分涵养就越困难,地表下沉的可能性**也随之**加大。

【解释】……随之……:"随之"意思是"随着它";"之"代表前面句子所指内容。"随之"前常有"也、也会、就会、将会"等词。

【举例】(1) 在金融业日趋市场化的今天,人们的金融意识也**随之**增强,债券、股票、房地产、收藏、保险等投资理财工具正在快速走进城乡家庭,成为人们经济生活中必不可少的组成部分。

(2) 立场改变了,看法也会**随之**改变。在和别人发生冲突时,不妨"换位思维"。

(3) 当学习、思考、尝试成为习惯,成功就会**随之**而至。

(4) "换个发型吧,也许一切将会**随之**改变。"诸事不顺的她告诉着自己。

【练习】用"随之"完成句子

(1) 改变了自己的心态,_____。
(2) 体力和集中能力提高了,_____。
(3) 油价又涨了!_____。
(4) 国家经济增长放缓了,_____。
(5) 如果有一天森林消失了,那么_____。

6. 北京的道路越修越宽,道路占地的比例越来越大,**加之**立交桥越来越多,桥的构造越来越复杂,占地也越来越多,此外还有大量的水泥停车场、水泥广场。相比之下,软地显得不足。

【解释】……加之……:"加之"是连词,表示进一步的原因或条件。常与"因此"、"难怪"等连用。

【举例】(1) 寒流来袭,**加之**暖气已停,房间里冷极了。

(2) 由于有些青年人不注意休息,**加之**长时间使用电脑,因此现在因"失写症"到医院咨询的青年人已不罕见。

(3) 由于出口潜力巨大,**加之**土耳其拥有地区优势,因此,汽车零配件业正在吸引越来越多的世界龙头企业来土投资。

(4) 秋夜确实能给人一种遐思与意境,**加之**如洗的明月当空高挂,难怪历代文人墨客都纷纷以明月为材,抒发内心所感。

(5) 这部所谓的恐怖片乍一看也许不像恐怖电影,缓慢的节奏、平淡的对白,似乎很难引发观众兴趣。**加之**看不到那些在好莱坞电影中常见的血腥暴力,难怪很多观众都觉得不像恐怖片。

【练习】用"加之"完成句子

(1) 由于他文笔不错,_____,因此_____

(2) 大风降温,_____,难怪_____

(3) 本人摄影水平有限,_____

(4) 这首歌旋律优美,_____

(5) 这家企业由于资金紧缺,_____

7. 城市发展**由不得**人率性而为,必须尊重规律,服从规律。

【解释】由不得:动补结构,意思是不能依从;不能由……做主。也可说成"由不了"。

【举例】(1) 进了新单位,在什么人手底下工作,这**由不得**你。大部分时候都是别人挑你而不是你挑别人。

(2) 孩子大了,干什么都有自己的主意,**由不得**家长了!

(3) 天晴天阴,**由不得**你我控制,但我们能控制的是自己心情的好坏。

(4) "现在是法制社会,**由不得**你乱来。"面对这种不讲道理的人,我只好拿法律来为自己助威。

【链接 1】由得了:是"由不得"的肯定形式。一般用于反问句。

【举例】(5) 那时候的婚姻由父母做主,还**由得**了自己吗?

【练习】用"由不得"完成句子或对话

(1) 有了同屋以后,凡事都要为对方考虑考虑。以前,我想几点睡就几点睡;现在,_____。

(2) 股市什么时候从熊市转为牛市,_____,它有自己的规律。

(3) 我不是公司事务的决策人,_____。

(4) A:他为什么一直不结婚?

　　B:_____。

(5) A:我能不能不去考试?

　　B:_____。

(6) A:都推迟 2 个小时了,我们的飞机什么时候才能起飞?

　　B:_____。

综合练习

I 词语练习

一、填入合适的名词

陈旧的（　　）	罕见的（　　）	潜在的（　　）
广义的（　　）	凉爽的（　　）	蹊跷的（　　）
（　　）迥异	（　　）林立	（　　）纵横
（　　）流失	（　　）加剧	（　　）塌陷
（　　）枯竭	（　　）硬化	引发（　　）
揭示（　　）	返还（　　）	疏散（　　）
铺设（　　）	拆除（　　）	背离（　　）

二、填入合适的动词

（　　）生态平衡	不容（　　）	（　　）连锁反应
（　　）热效应	（　　）趋势	逐年（　　）
（　　）恶性循环	（　　）卫星城	（　　）轻轨
（　　）对策	（　　）市容	（　　）下水道

三、填入合适的形容词

（　　）的地貌	（　　）的连锁反应	（　　）的趋势
（　　）的色调	（　　）的卫星城	（　　）的轻轨
（　　）的市容	（　　）的下水道	（　　）的盛夏
（　　）的生灵	（　　）的对策	

四、写出下列词语的近义词或反义词

(一) 写出近义词

关联 _____　　引发 _____　　返还 _____

流失 _____　　加剧 _____　　塌陷 _____

下沉 _____　　周边 _____　　尽头 _____

蹊跷 _____　　率性 _____　　背离 _____

(二) 写出反义词

迥异 _____　　罕见 _____　　加剧 _____

恶性 _____　　下沉 _____　　广义 _____

疏散 _____　　硬化 _____　　抵触 _____

五、选词填空

流失　流逝　首要　重要　疏散　分散　蹊跷　奇怪

1.战时曾经(　　)了一批城市居民到这一带的山区。

2.因为水龙头无法关紧,大量的水就这样白白(　　)了。

3.时间(　　)得真快!一转眼又是一年!

4.他们俩由相恨变成了相爱,这不(　　),我早就知道会这样。

5.这位老画家的弟子(　　)在全国各地。

6.怎么我桌子上的蛋糕一下子就没了呢?这可真是件(　　)事。

7.当前(　　)的工作是努力安置好下岗职工,帮助他们解决基本生活问题。

8.这项工作十分(　　),必须全力以赴地去做才行。

六、解释句中画线词语的意思

1.城市建设与城市生态气候,乍一看风马牛不相及……

A.两者毫不相干　　　B.两者不在一处　　　C.两者关系不好

2. 如果我们人为地制造出某种地貌,同样会影响气候,与自然地貌
影响气候<u>一般无二</u>。

    A. 相类似   B. 完全一样   C. 有所不同

3. 北京人的生活体验与北京的气候资料同时揭示了这样一个可怕的
<u>趋势</u>。

    A. 事物发展的倾向

    B. 事物发展的原因

    C. 事物发展的结果

4. 历史上北京<u>不乏</u>干旱之年……

    A. 不清楚   B. 不够充足   C. 不缺少

5. 天也不可能做出<u>无米之炊</u>。

    A. 比喻不可能成功

    B. 比喻缺少必要条件

    C. 比喻没有结果

6. 地下水消耗<u>殆</u>尽之后,若得不到及时补给,地下水层面就会在其
上土层的压迫下发生塌陷。

    A. 几乎   B. 可能   C. 已经

7. 这并非<u>危言耸听</u>。

    A. 故意说些惊人的话,引起人们的重视

    B. 故意说些惊人的话,让人听了害怕

    C. 告诉人们危险的事,让人认真听

8. 此大<u>谬</u>也。

    A. 可笑   B. 无耻   C. 错误

9. 人们至今感到蹊跷,不解<u>个中</u>原因。

    A. 此中   B. 中间   C. 个别

10. 地面保持着与"天空"的联系。这种联系<u>乃</u>人类的生命线。

    A. 成为   B. 当   C. 是

11. <u>凡</u>人造的东西都要受制于种种规律,破坏了规律就会酿成不良后果,世间惟有纯自然是永远正确的,而我们注定要不断犯错误。
　　A. 凡是　　　　B. 普通　　　　C. 总共

12. 城市是人类<u>迄今</u>为止最大的工程,综合性极强,设计规划非常容易挂一漏万。
　　A. 如今　　　　B. 到现在　　　　C. 从今天开始

13. <u>归根结底</u>,问题在于……
　　A. 找到根本目标　　B. 进行到最后　　C. 归结到根本上

七、选择正确的答案

1. 城市建设与城市生态气候,乍一看风马牛不相及,(　　)关联极为密切,不可不察。
　　A. 但是　　　　B. 其实　　　　C. 结果

2. 随着城市规模不断(　　)、城市发达程度不断提高,城市气候越来越表现出独有的特征。
　　A. 扩张　　　　B. 放大　　　　C. 夸张

3. 像北京这样的超级大都市,气候异变,已经(　　)不容忽视的地步。
　　A. 达成　　　　B. 到达　　　　C. 达到

4. 足够大的面积形成一个独立的地貌,就像一片山林或一块沙漠一样,(　　)要影响到气候,导致气候的变异。
　　A. 必要　　　　B. 必须　　　　C. 必然

5. 气候异变会引发一(　　)连锁反应,最终影响到居住环境的质量,应引起高度重视。
　　A. 系列　　　　B. 系统　　　　C. 联系

6. 北京人的生活体验与北京的气候资料同时(　　)了这样一个可怕的趋势。
　　A. 揭露　　　　B. 揭示　　　　C. 揭发

7. 历史上北京不乏干旱之年,但降雨逐年减少持续时间如此(　　)长,这一切绝不能归于"偶然"。

　　A. 乎　　　　　　B. 其　　　　　　C. 之

8. 这绝(　　)巧合,而是一种必然。

　　A. 不　　　　　　B. 非　　　　　　C. 否

9. 这说明,人为制造的地貌已经反作用于气候了,我们已经初尝了气候(　　)我们的惩罚。

　　A. 给予　　　　　B. 赋予　　　　　C. 授予

10. 湿热的七八月不降雨,人们熬不住,(　　)安装空调。

　　A. 纷纷　　　　　B. 一连　　　　　C. 逐渐

11. 更严重的潜在危险(　　):地下水是地层的一个组成部分。地下水消耗殆尽之后,若得不到及时补给,地下水层面就会在其上土层的压迫下发生塌陷。地表的建筑物就会下沉。

　　A. 在于　　　　　B. 在乎　　　　　C. 关于

12. (　　)多年不降雨或降雨严重不足,很有可能导致地下水枯竭,地下水层面塌陷,从而造成地表下沉。

　　A. 继续　　　　　B. 连续　　　　　C. 连接

13. 地面建筑物越多越密,(　　)发生下沉后果也越严重。

　　A. 一向　　　　　B. 一下　　　　　C. 一旦

14. 一部分工薪阶层在大城市上班,居住在远离城市的小城镇。之间由轻轨等高速交通工具相(　　)。

　　A. 连接　　　　　B. 接连　　　　　C. 连锁

15. 总之要留下足够的软地面,(　　)与"天"交流,保持正常的生态气候平衡。

　　A. 就　　　　　　B. 而　　　　　　C. 以

16. 北京的道路越修越宽,道路占地的比例越来越大,(　　)立交桥越来越多,桥的构造越来越复杂,占地也越来越多,(　　)还有大量的水泥停车场、水泥广场。相比之下,软地显得不足。

　　A. 加之……而外　　B. 加之……此外　　C. 加入……另外

八、选词填空,并选择 5 个模仿造句

> 刻不容缓　风马牛不相及　无米之炊　危言耸听　寸土寸金
> 无以为继　周而复始　行之有效　鱼死网破　挂一漏万
> 归根结底　抛砖引玉　杞人忧天

1. 巧妇难为(　　　　　),企业发展不能没有资金的支持。没有资金的支持,公司的发展将会(　　　　　)。

2. 这一带客流量大幅增长,营业额直线上升,连沿街的小门面房租金都翻了四五倍,真可谓是(　　　　　)。

3. 经过几千年来掠夺式的开发,现在,黄土高原的水土流失地区到处是荒山秃岭、沟壑纵横,创建绿色家园已经(　　　　　)。

4. 一张纸与一片云似乎(　　　　　),其实有着密切的关联。因为有云才会有雨,有雨树才能生长,有树才有木浆,有了木浆才能生产纸张。你能说纸与云毫无关系吗?

5. "气候变暖,海平面上升,不久的将来很多地区都将沉入海底。"这是不是有人故意在(　　　　　)呢?不,一些科学家已找到了证据:由于海平面上升,陆地正在下沉。如上海、广州、天津等大城市与上个世纪同期相比,大约下沉了 15cm 左右。

6. 他气急了,恨不得扑过去同他们拼个(　　　　　)。但他终于控制住自己,冷静了下来。

7. 这位学者指出:医疗、教育等方面暴露出的矛盾和问题(　　　　　)是由于资源紧缺,而资源紧缺的根子又在于人口爆炸,所以控制人口增长仍然是最最要紧的事情。

8. 为什么投入了大量人力财力的绩效管理体系却不能实现预期效果?今天,专家将为人力资源部的职员介绍(　　　　　)的绩效管理办法。

9. 因时间仓促,我的分析难免(　　　　　),在此我只是(　　　　　),相信下面的发言会越来越精彩。

10. 像你这么优秀的学生不会不及格的,你就不要(　　　　　)了,还是好好做你的作业吧。

11. 冬去春来,夏去秋到,春夏秋冬,(　　　　　),何必为季节的更替而伤感呢?

II 课文理解练习

一、根据课文内容判断正误

1. 无论多大的城市,都有必要关心"城市生态气候"问题。　(　　)
2. 地貌是决定城市生态气候的因素之一。　(　　)
3. 近十多年来北京的降雨量的逐年减少与城市快速发展不存在联系。　(　　)
4. 不降雨跟硬地貌有关,不能怪"天"。　(　　)
5. 地面建筑物过密是造成地面下沉的主要原因。　(　　)
6. 绿地的首要功能不是美化环境,而是保护生态。　(　　)
7. 在大城市,即使有大量软地,少量水泥建筑物与柏油马路也足以改变城市的地貌品质。　(　　)
8. 较之疏散居住人口,建设卫星城是更为流行的控制城市规模的做法。　(　　)
9. 为了防止地表硬化,不提倡修建立交桥。　(　　)
10. 北京种草植树的速度比铺设水泥的速度快。　(　　)
11. 城市热效应明显也是北京气候异变的表现之一。　(　　)
12. 城市与自然生态气候的关系不允许有丝毫背离。　(　　)
13. 人类应该尊重自然规律,而不是与之斗争,两败俱伤。　(　　)
14. 城市的设计规划很容易出现考虑不周的情况。　(　　)
15. 城市生态气候的异变已全部显示出来了,我们应认真应对。　(　　)

二、根据课文内容,用指定的词语回答问题

1. 城市建设与城市生态气候有无关联?

(乍一看　风马牛不相及　其实　密切　不可不　随着　扩张　骤变　达到……的地步)

2. 为什么城市规模不断扩大、高楼林立、道路纵横时,会对气候产生影响? 为什么这个问题应引起高度重视?

(独立　地貌　像……一样　必然　导致　引发　连锁反应　最终　居住环境)

3. 某些城市降雨量逐年减少,根本原因为什么在"地"而不在"天"?

(表面上看　实际上　蒸发　返还　无米之炊　硬地貌　涵养　下水系统　白白　流失)

4. 历史上一些大城市文明突然消逝给予了我们什么启发?

(蹊跷　个中原因　由不得　率性而为　尊重　服从　背离　限度　吞服　苦果)

三、思考与讨论

1. 文章中谈到了北京近年来降水量减少的问题,导致这个问题产生的具体原因有哪些? 对此你有什么建议?
2. "上帝创造了农村,人创造了城市。"你对这句话有何看法?
3. 全球气候变暖日益严重,简单说明一下该问题的重要性及应对策略。
4. 你还关注什么环境问题?
5. 在环境保护方面,作为普通人的我们,可以做什么?
6. 设计一句保护环境的公益广告语。例如:为了北京的蓝天,请您少开一天车。

阅读与理解

人类要把其他生命当作朋友

人是万物之灵,是生命最高的形式,是地球上万物的主宰——难道这还是个问题吗?

然而,在国外这些年的所见所闻,让我对这个问题有了越来越多的思考。而引起这类思考的都是一些平平常常、不经意中的所见所闻。

在一次阿尔卑斯山的远足中,我无意中走入了一处位于两千多米高山上的少年夏令营。营地坐落于一片疏密适中的森林中。巨大的百年老树像一把把撑开的绿伞,遮掩着孩子们在林间空地上支起的帐篷。那些十四五岁的男孩子有的在树荫下嬉戏,有的安静地坐在帐篷外的枯木干上聊天,轻松悠闲,犹如置身世外桃源。令我惊奇的是,就在这生活着二三十个活泼好动的男孩子的夏令营里,竟赫然存在着五六个直径一米有余、高半米多的巨大蚁穴!它们散落在树林里,由细小的松枝、树皮碎屑和腐殖土堆成,数不清的蚂蚁忙忙碌碌,在蚁穴堆上进进出出,在自己几十年聚沙成塔般建立起的家园中,不受外界干扰地过着自己的日子。我是第一次见到如此巨大和集中的蚁穴,自然惊奇不已。更让我感叹的是这些巨大但不堪人类一击的蚁穴竟能在孩子们的营地中安然无恙,与几十个正值顽皮年龄的男孩和平共处,互不妨碍。如果孩子们没有从小受到尊重生命、保护自然、与动物为友的教育,这些蚁穴的下场是可想而知的。

诸如此类的事其实都是日常小事,可贵的是当事人并没为自己的所作所为赋予什么重大深远的意义,他们只是按照自己的习惯,理所当然地做大家在相同境况下都会做的事。他们所爱护的也不是什么国宝级或国家几级保护动物。平常的人,平常的动物,平常的事,但贵在平常。

阿尔卑斯山绚烂、品种繁多的野花漫山遍野,却不见哪个游人去随手采摘一朵,连很小的孩子也不去动它们。因为人们都知道这些美丽的小花是受法律保护的。人们自觉地保护着野花野草在一两千米的高山上自由地生息。他们说:"一朵花儿插在自己家的花瓶里,只有你一个人欣赏它,而让它开在路边,就会有更多的人看到它。"

　　另一年夏天,我到加拿大一个国家野生公园旅游,扎营在湖畔的树林中。没想到树林里的蚊子蜂拥而来,防不胜防。一打听,原来因为蚊子给游人造成的烦扰,公园曾在湖水中喷洒一种除虫剂以消灭水中的孑孓,从而有效地解决了人们的烦恼。但后来发现蚊虫的消灭减少了湖中蛙类的食物来源,破坏了大自然的食物链,于是人们果断地停止使用除虫剂,为了蛙类的正常生活,游人甘受蚊虫的烦扰。

　　更有甚者,就连野生公园中的朽木枯枝也受到保护。一次与同事在魁北克一个野生公园宿营,为了生篝火,我自告奋勇去湖边树林里拾散落在地上和被波浪遗留在沙滩上的枯枝,却被同事阻止了。顺着他的指点,我发现在宿营点周围早已由公园为游人准备好了生篝火用的木柴。我感到莫名其妙:枯枝败叶,现成的废物不用,却由公园出钱在别处购买木柴,再免费提供给游人,简直多此一举。我百思不解,向同事请教之后才知道,原来人们认为这里的野生生态环境有着自己的生命循环:春天草木发芽、生长,秋天落下败叶枯枝,这些枯枝将慢慢化为泥土,孕育出新的草木。人类作为外来者来到这个环境之中,只有权欣赏大自然的美,却无权干扰它们的自身循环。拾取枯枝生火,便人为地破坏了大自然的自身循环,破坏了野生公园的环境。因此人们宁可从专门的伐木区运来木柴供生篝火用,也不从野生环境中拿取任何东西,不给其中添加什么异物。游人使用后的垃圾,全都回收又带出公园。可见人们对野生公园保护之精心!使之成为不折不扣的"野生"。

　　诸如此类的行为,当地人习以为常,这些日常小事在无形中慢慢地改变着人们对生命含义的理解,逐渐学会对所有生命形式的尊重。我懂得了生命没有高低贵贱之分,也不应该以一种生命形式去"主宰"它。人类对其他生命不负责任,也就是对自己的不负责任。人类如果真是"万物之灵"的话,那只意味着人类要把其他生命当作朋友,从而担负起自己对其他生命的更大的责任。

作者:清早

选自《做人与处世》2005.5.有删节

一、根据文章内容选择正确答案

1. 在阿尔卑斯山的远足中，作者_____

   A. 特意参观了一个夏令营

   B. 教育孩子们要与动物为友

   C. 惊奇于少年与蚁穴的和平共处

2. 作者认为可贵的是人们_____

   A. 爱护国家保护动物

   B. 习惯性地在保护环境

   C. 了解自己的行为的重大意义

3. 在作者去的加拿大的国家野生公园里，_____

   A. 很多人去扎营欣赏蛙类的生活

   B. 人们普遍抱怨受到了蚊虫的烦扰

   C. 曾因用除虫剂灭蚊而破坏了食物链

4. 作者在魁北克的野生公园宿营时，用来生篝火的是_____

   A. 公园地上的枯枝

   B. 从公园购买的木柴

   C. 公园免费提供的木柴

5. 在这篇文章中，作者想说的是人类_____

   A. 应尊重所有的生命

   B. 主宰其他生命的后果

   C. 是如何成为万物之灵的

二、谈一谈

1. 你去过野生公园吗？那儿有什么特点？跟普通的公园有什么不同？

2. 你的国家有野生公园吗？为了保护自然环境，野生公园一般有哪些规定？

3. 你认为有没有必要建立野生公园？

4. 在这篇文章中，作者提出"人类要把其他生命当作朋友"，你是否认同这个观点？你认为人类是否应该把蚊子、苍蝇、蟑螂当作朋友？为什么？

课前思考

1. "文化"是什么？通过查工具书了解这个词的含义。
2. 你接触过中国文化中的哪些内容？你最感兴趣的是什么？
3. 在本文中，作者表明了自己对中国文化的实质、内涵和特性的看法。请读完以后概括、总结一下作者的观点。

课文

中国文化到底是什么样子的

　　梁漱溟①老先生曾在《中国文化要义》中说，文化就是我们生活的依靠，文化其实是极其实在的东西。而在我看来，文化则意味着生活的方式、观念和主张。同样的，文化的目的就是要能改善我们的生活，包括生活方式、观念和主张。这样说来，中国文化就是中国人的生活方式、观念和主张。中国文化的目的是要改善中国人的生活方式、观念和主张。这是不用再废话了的。然而，怎么样才是中国的文化呢？或者说，怎么样的生活方式、观念和主张，才是中国人的生活方式、观念和主张呢？这个问题，似乎就不那么容易回答得上来了。

中国文化的实质

谈到中国文化，可以说，每一个人都会有每个人的看法和认识。这些看法和认识，大概可以归结为四大类别：一是赞美的态度，为五千年的中华文明而自豪，认为非常地了不起；二是诋毁的态度，把中国的落后归结为几千年的中国文化，认为如果不是传统文化的束缚，我们早就是世界第一强国了；三是既有肯定也有否定，总体上趋于肯定，认为可以继承和发扬光大；四是既有否定也有肯定，总体上趋向否定，认为传统文化最好还是作为古董文物才更有价值。这四种态度，应该说都有各自的道理和看问题的角度。

我们谈论中国文化的目的，不是为了逞口舌之利②，争一时的意气或逞什么个人的威风。我们的目的是要继承和发扬中国文化，因为这是我们中国人立身的根本。这就好像我们的身体，尽管这个身体时常会生个病，或碰个伤口什么的，不时地会让我们不舒服，让我们不好过。可我们还是得每天吃饭来喂养它，穿上衣服来保养它，时不时地还要去做体育锻炼来强健它。同样的道理，我们对待中国文化的态度，也应该是这样出于爱护和发扬光大的务实，积极而有效的态度才对。

那么，怎样才是务实、积极而有效的态度呢？

"务实"，就是我们最起码要去尊重历史，尊重事实，尊重大家的共同选择。

"积极"，就是尽量去避免戴着有色眼镜③来看问题，尽量去避免带着个人的情绪来看待问题，尽量去避免带着不可告人的恶意来混淆问题。带着有色眼镜，带着个人情绪，带着不可告人的恶意，这些都属于消极地对待问题，这样往往就会容易产生偏见和对抗，不利于问题的最终解决，反而会干扰和妨碍了问题的解决。

"有效",就是要以发现问题,提出问题,解决问题为目的。也就是说,提出问题是为了要解决问题,而不是去作无谓的争论,那是没有任何意义和价值的。

事实上,我们所要讨论的中国文化,在现实中一直就存在着两种区别很大的认识和看法。一个就是说中国文化应该包括中华民族内各民族的所有文化,各民族文化之间应该是相互尊重和平等存在的关系。还有一个,就是以汉文化为主,以其他各民族文化为辅的中国文化。正是这样一个主次分明的中国文化,所以才会形成诸如"炎黄子孙"、"华夏儿女"和"龙的传人"等等的说法。应该说,这两种认识和看法代表了两种不同的心态和立场。

一个是从务实出发,一个是以正统自居,各有各的道理。然而,究竟哪一种看法,是真正体现了中国文化的实质呢?

我们经常说中国文化博大精深。到底是怎么个博大精深呢?当然就是体现在它的多元化和包容性上。但是一旦回到现实当中来,往往会有很多人好像就有意无意地忽视了这样一个事实:我们所说的中国文化,不单单是指从炎黄时代开始的华夏文化,以及由华夏文化一直逐步演变成为后来的汉文化,还要包括中华民族内各个民族的所有文化,像蒙古④文化、西藏⑤文化、维吾尔⑥文化、满⑦文化、哈萨克⑧文化、傣家⑨文化和朝鲜⑩文化等等,有多少不同的民族就有多少不同的民族文化,有多少不同的山水风情就有多少不同的乡土文化,有多少不同的乡民就有多少不同的民俗文化。所有这些民族的、地方的和民俗的文化,都应该是包含在中华民族的范畴里的中国文化。也就是说,即便是汉文化,除了常见的经史典籍,也还有在民间口耳相传的民俗文化,也还有各地风采纷呈的乡土文化。例如:由于中华大地的辽阔广远,加上历史的悠久而逐步形成的河洛文化⑪、齐鲁文化⑫、燕赵文化⑬、三晋文化⑭、岭南文化⑮、徽文化⑯、湖湘文化⑰、荆楚文化⑱、闽南文化⑲、巴蜀文化⑳等众多丰富多彩的乡土地域文化。事实上,这些民间的地域乡土文化和民俗文化比经史典籍里的所谓秀才文化对人们生活的影响更大。而中国的老百姓们，常常更多地是通过民间传说、戏曲或小说，通过当地的道观寺庙和历史遗迹，通过祖祖辈辈的言传身教来感受中国传统文化的精髓和神韵的。

说到底，中国文化的深层内涵，就是如何让生活过得更舒适惬意，也就是所谓的怡情适性和陶然忘机的神仙境界。能够做到荣辱不惊、神定气闲，这才是真正的学问。能够把这种安详宁静让别人也感受到，并和大家一同分享生活的乐趣和喜悦，这才是真正的中国文化。

炎黄子孙、中华文明和中华民族的来历

要想弄清中国文化，就要先弄清中国的概念。想要弄清中国的概念，就要先去了解中国历史，从历史的事实真相中探源究本。然而历史的事实真相也不是那么容易就能了解清楚的。即便是正史的记载，它也多多少少地掺杂了编纂者的思想、观念和主张。如此一来，我们就要把放眼历史长河中的目光收回来，来看看当前脚踏实地的现实。毕竟很多历史中找不到的答案，往往就会深深地躲藏在现实生活中，不时地伺机来故伎重演。

就拿"炎黄子孙"这个说法来讲，早就不止一位历史学家指出，要慎重使用这样一个不合时宜的旧说法，可一直还是会有人不时地挂在嘴边★，生怕不这样说会显得他没学问似的。那么为什么说这是不合时宜的旧说法呢？还是让我们先来看看"炎黄子孙"这个说法是怎么来的吧。

"炎黄子孙"的说法，来自远古时期炎帝与黄帝的传说。那时大约是在公元前 3000 年左右，当时有三个较大的部落，他们分别是蚩尤②部落、黄帝部落和炎帝部落。这三个部落所居住的地方，大约

就是中国的黄河㉒一带,也就是人们常说的中原地区㉓。大约是由于天灾人祸,先是部落的迁移引发了冲突,然后冲突不断地升级就导致了大规模的决战,最后就产生了炎黄部落。

炎帝和黄帝的部落又经过一系列的战争,最后还是炎帝打败了,归服了黄帝部落。由于黄帝部落的影响越来越大,于是中原地区的居住民们,就都自认为是黄帝的子孙。炎帝也作了很多的贡献,在传说中被称为神农氏㉔,就是日尝百草,发明了许多农作物和中药的那位古人。为了纪念炎帝和黄帝的伟大贡献,发源于中原地区的华夏族人,也就是汉朝㉕以后的汉族人,渐渐地就开始自称是"炎黄子孙"。

根据当代历史学㉖与考古学㉗的专家们已公布的《夏商周年表》㉘,确定夏代始年约为公元前2070年。这样,根据史书上的记载,黄帝大约是在夏朝之前一千年左右。如此一来,中华文明从黄帝时算起,就有大约5000年左右的历史了。这也就是"5000年中华文明"一说的由来。

但是,为什么现在再用这样一个说法已经不合时宜了呢?这就是我们在一开始就提到的,如今的中华民族和中华文明乃至中国文化,已经远远不是一个汉文化所能全部概括和代表的了。

那么,"中华"这个称呼又是怎么来的呢?"中华民族"的称呼又是从何而来的呢?

早在周朝㉙,也就是西周㉚初年,周成王㉛即位后,辅助成王治政的周公㉜便在原先的洛邑㉝城(约为现在的河南洛阳地区)的基础上,重新营建了一座规模宏大的新都城,这就是史称"周公建洛邑"后的"新洛",又被称为"中土"或"中国"。后来到了春秋时代㉞,中原地区的居民们经过长期的融合变化,已经形成了一个大的主要部族,也就是汉族的前身:华夏族。这样,"中土"、"中国"和"华夏族"合在一起,就被称为"中华"。由此以后,"中华"也便逐渐成为整个中国的代称。

由于汉朝时期的辉煌强大，生活在中原地区的人们渐渐地开始被统称为"汉人"，以致包括华夏族在内的汉朝各民族，也就渐渐地演变成了至今的汉族。到了现代，以汉民族人数为最多的中华民族，就成了中国各个民族的总称。

然而我们知道，现在中华民族是由一共五十六个民族所组成的。除了汉族，还有五十五个民族。因此，来源于炎黄二帝、华夏族和汉族的"炎黄子孙"和"华夏儿女"，实际上确实已经不太适合作为整个中华民族的代称了。

例如，在《统一与分裂》这本非常有影响的学术专著里，作者葛剑雄教授[35]就特别强调地说道："近年来，'炎黄子孙'的使用频率越来越高，范围越来越广，由文人学者扩大到社会各界，并进入了政府要人的谈话和官方文件，大有取代'中华民族'或'中国人民'二词的势头。这不能不引起稍有历史常识的人的不安。"为什么会感到不安呢？就是因为如今的中华民族早已经不能简单地用"炎黄子孙"来概括了。作者紧接着继续论证说：

从秦汉[36]以来，由北方进入黄河流域的非华夏民族至少有匈奴[37]、乌桓[38]、鲜卑[39]、女真[40]、蒙古、维吾尔、回[41]、满等，其中有的来自遥远的中亚[42]和西亚[43]。这些民族中，一部分又迁回了原地或迁到中国以外去了，但相当大一部分加入了汉族，有的整个民族都已经消失在汉人之中了。在南方，随着汉人的南迁，原来人数众多、种族繁杂的夷、蛮、越、巴、棘、僚、俚[44]等等，有的已经完全消失，有的后裔的居住区已大大缩小，原来他们的聚居区大多已成为汉人聚居区。南方的汉人事实上有相当大一部分是他们的子孙。所以，在今天的十亿汉人中，地道的炎黄子孙反而是"少数民族"。即使是汉人，如果只认炎帝、黄帝这两位老祖宗的话，也有点对不起自己的亲祖宗了。

由此，我们说，既然中华民族是中国国内各民族的大融合，那么，中国文化也应该是中国国内各种文化的大融合。当然，我们并不否定具有 5000 年历史的中华文明在其中的积极和主导作用。实际上，正是中华文明有着这种"海纳百川"的胸怀，这种"吐故纳新"的特性，才会一直延续到今天，而且依然具有强盛的生命力，继续不断地吐故纳新，进而发扬光大。

在这个问题上，葛剑雄教授总结得非常好，他说："世界上大概不存在绝对纯血统的民族；如果有，也必定会退化以至消亡。华夏族由世界上最古老的民族之一发展到今天这样一个世界上人口最多的民族，并非只是依靠了祖先的伟大或血统的优良，而是由于不断大量吸收了其他民族，凝聚了各民族的精华。同样，中华民族的伟大力量来自组成她的各个民族，来自各民族自身的创造力和共同的凝聚力。"

最为突出的一个例子，就是中华民族对佛教⁴⁵文化的继承和发扬。佛教的发源地是印度⁴⁶，流传到今天大致分为三大语系：汉传佛教⁴⁷、藏传佛教⁴⁸和南传佛教⁴⁹。这其中，中国就占了两个半之多★，中国云南省⁵⁰的傣族、德昂族⁵¹和布朗族⁵²等民族信仰的佛教就属南传佛教。中国西藏和青海省⁵³等地的佛教就属藏传佛教。而遍布中国内地、台湾⁵⁴、香港⁵⁵和澳门⁵⁶的汉传佛教，不但形成了自成一统的大乘佛教⁵⁷体系，而且还产生了法性宗、瑜伽宗、天台宗、华严宗、禅宗、净土宗、律宗和密宗等八大流派⁵⁸。尤其是有着中国特色的禅宗，一直影响和扎根到了日本⁵⁹、朝鲜⁶⁰和越南⁶¹，甚至现在欧美⁶²也逐渐有越来越多的人对禅发生兴趣。

如此看来，即便是被称为正统的中华文明，例如其中的汉文化，也不单单只是华夏文化一脉因循的结果。我们现在所看到的中华文明，早就已经是包括了汉文化、藏文化、蒙古文化和维吾尔文化等多种文化在内的多元化文明，是各个地区、各个民族和各地居民等各种文化的共同累积和沉淀。

也就是说，我们一定要弄清楚，传统的中华文明与新中华文明（即新时代的中国文化），还是有着很大区别的。区别就在于：传统的中华文明是以继承了华夏文化的汉文化为正统，有"夷汉"之别★。而新中华文明则不存在什么"夷汉"之别,是基于★相互尊重和平等对待的各民族文化的共同融合。这个新中华文明,不但继承了传统的中华文明和中华民族内各民族的传统文化,而且还吸收了全世界各个国家民族的先进文明。就像传统的中华文明是吸收了中华民族内各民族的精华一样,新中华文明也将是同样地吸收了全世界各个国家民族文化精华的结果。

作者:蒋清越

(选自《你是中国人吗?——解构中华魂》,

中国致公出版社 2006 年 1 月出版。有删改)

词 语

1. 要义	yàoyì	名	重要的内容或道理。
2. 归结	guījié	动	总结而求得结论。
3. 诋毁	dǐhuǐ	动	捏造事实,说人坏话,败坏别人的名誉。
4. 强国	qiángguó	名	国力强大的国家。
5. 总体(上)	zǒngtǐ (shang)	名	若干个体所合成的事物。
6. 趋(向)(于)	qū (xiàng) (yú)	动	朝着某个方向发展。
7. 发扬光大	fāyáng guāngdà		发展提倡,使日益盛大。
8. 古董	gǔdǒng	名	古代留传下来的的器物。
9. 意气	yìqì	名	由于主观和偏激而产生的情绪。
10. 威风	wēifēng	名	使人敬畏的声势或气派。
11. 立身	lìshēn	动	自立、做人。
12. 喂养	wèiyǎng	动	给幼儿或动物东西吃,并照顾其生活,使能成长。
13. 保养	bǎoyǎng	动	保护调养。
14. 时不时	shíbushí		时常。
15. 强健	qiángjiàn	形	(身体)强壮。
16. 不可告人	bù kě gào rén		不能告诉别人,多指不正当的打算或计谋不敢公开说出来。
17. 恶意	èyì	名	不良的居心;坏的用意。 malice, evil intentions.
18. 偏见	piānjiàn	名	偏于一方的见解;成见。
19. 对抗	duìkàng	动	对立起来相持不下。
20. 利于	lìyú	动	对某人或某事物有利。
21. 最终	zuìzhōng	副、形	最后;末了。最后的。

22. 无谓	wúwèi	形	没有意义;毫无价值。
23. 辅	fǔ	名	辅助性的;非主要的。
24. 主次分明	zhǔcì fēnmíng		主要的和次要的区分得很清楚。
25. 诸如	zhūrú	动	举例用语，放在所举例子的前面,表示不止一个例子。
26. 炎黄子孙	Yán-Huáng zǐsūn		炎、黄是指炎帝神农氏和黄帝轩辕氏，是中国古代传说中的两个帝王，借指中华民族的祖先。"炎黄子孙"泛指中华民族的后代。
27. 华夏儿女	Huáxià érnǚ		"华夏":中国的古称。"华夏儿女":泛指中国人。
28. 龙的传人	lóng de chuánrén		"龙"是中国古代传说中的神异动物，封建时代用龙作为帝王的象征。"龙的传人"泛指中国人。
29. 正统	zhèngtǒng	形	谨守传统不变的;严守规矩的。
30. 自居	zìjū	动	自以为具有某种身份。
31. 博大精深	bódà jīngshēn		(思想、学说等)广博高深。
32. 多元化	duōyuánhuà	形	指多样的;不是集中统一的。
33. 一旦	yídàn	副	指不确定的时间，表示有一天。
34. 有意无意	yǒu yì wú yì		指看似无意实际上是有意的。
35. 单单	dāndān	副	只;仅仅(表示从一般的人或事物中指出个别的)。
36. 演变	yǎnbiàn	动	发展变化(指历时较久的)。
37. 山水风情	shānshuǐ fēngqíng		有山有水的风景和风土人情。

38. 乡土文化	xiāngtǔ wénhuà		指本乡本土的文化。
39. 乡民	xiāngmín	名	居住在乡村的老百姓。
40. 民俗	mínsú	名	民间的风俗习惯。
41. 范畴	fànchóu	名	人的思维对客观事物的普遍本质的概括和反映。category
42. 即便	jíbiàn	连	即使。表示假设的让步。
43. 经史	jīngshǐ	名	经:指古代儒家的经典和语言文字方面的著作;史:指古代各种历史著作和部分地理著作。
44. 典籍	diǎnjí	名	这里泛指古代图书。
45. 口耳相传	kǒu'ěr xiāng chuán		人与人之间用说和听的方式传播信息。
46. 风采	fēngcǎi	名	文章中指作品华丽的色彩。
47. 纷呈	fēnchéng	动	纷纷呈现。
48. 辽阔	liáokuò	形	广阔;宽广。
49. 广远	guǎngyuǎn	形	广阔辽远。
50. 众多	zhòngduō	形	很多。
51. 丰富多彩	fēngfù duō cǎi		内容丰富,形式多样。
52. 地域	dìyù	名	地方(指本乡本土)。
53. 秀才	xiùcai	名	泛指读书人。
54. 戏曲	xìqǔ	名	指中国传统的戏剧形式,以唱歌、舞蹈为主要表现手段。
55. 道观	dàoguàn	名	道士聚居和进行宗教活动的场所。
56. 寺庙	sìmiào	名	供神佛或历史上有名人物的处所。
57. 遗迹	yíjì	名	古代或旧时代的事物遗留下来的痕迹。
58. 祖祖辈辈	zǔzǔ bèibèi		世世代代。

59. 言传身教	yán chuán shēn jiào		一面口头上传授，一面行动上以身作则，指语行为起模范作用。
60. 精髓	jīngsuǐ	名	比喻事物最重要、最好的部分。（精髓——精华）
61. 神韵	shényùn	名	精神和韵味、情调（多用于艺术作品）。
62. 说到底	shuōdàodǐ		说到根本上。
63. 深层	shēncéng	形	深入的；更进一步的。
64. 惬意	qièyì	形	满意；称心；舒服。
65. 怡情适性	yí qíng shì xìng		文章中指心情喜悦、满足、舒服。
66. 陶然忘机	táorán wàng jī		形容心情喜悦舒畅，使人忘记了世俗的念头。
67. 神仙	shénxiān	名	神话中的人物，有超人的能力，可以超脱尘世，长生不老。
68. 境界	jìngjiè	名	事物所达到的程度或表现的情况。extent reached; plane attained; state; realm
69. 荣辱不惊	róng rǔ bù jīng		光荣和耻辱都不能使之不安。
70. 神定气闲	shén dìng qì xián		神情安定的样子。也说"气定神闲"。
71. 安详	ānxiáng	形	从容不迫；稳重。
72. 宁静	níngjìng	形	（环境、心情）安静。
73. 乐趣	lèqù	名	使人感到快乐的意味。（乐趣——趣味）
74. 来历	láilì	名	人或事物的历史或背景。
75. 真相	zhēnxiàng	名	事情的真实情况。

76. 探源究本	tàn yuán jiū běn		追究事物产生的根源。也说"追本溯源"、"探本穷源"。
77. 正史	zhèngshǐ	名	指《史记》、《汉书》等纪传体史书,为官方组织编撰的。
78. 掺杂	chānzá	动	混杂。
79. 编纂	biānzuǎn	动	编辑(多指资料较多、篇幅较大的著作)。
80. 放眼	fàngyǎn	动	放开眼界(观看)。
81. 长河	chánghé	名	比喻长的过程。
82. 脚踏实地	jiǎo tà shídì		形容做事踏实认真。
83. 躲藏	duǒcáng	动	把身体隐蔽起来,不让人看见。
84. 伺机	sìjī	动	观察、等待时机。
85. 故伎重演	gù jì chóng yǎn		再一次使用过去用过的手段、方法。"故伎"也作"故技"。
86. 不合时宜	bù hé shíyí		不符合当时的情势。
87. 生怕	shēngpà	动	很怕。
88. 远古	yuǎngǔ	名	遥远的古代。
89. 部落	bùluò	名	由若干血缘相近的氏族结合而成的集体。
90. 天灾人祸	tiān zāi rén huò		自然灾害和人为的灾害。
91. 迁移	qiānyí	动	离开原来的所在地而另换地点。
92. 升级	shēngjí	动	指战争的规模扩大,事态的紧张程度加深等。
93. 决战	juézhàn	名	敌对双方使用主力进行决定胜负的战役或战斗。
94. 归服	guīfú	动	归顺并服从。
95. 发源	fāyuán	动	开始发生。(发源——起源)
96. 自称	zìchēng	动	自己称呼自己。

97. 史书	shǐshū	名	记载历史的书籍。
98. 由来	yóulái	名	事物发生的原因。
99. 乃至	nǎizhì	连	甚至。也说"乃至于"。
100. 远远	yuǎnyuǎn	副	强调程度很高。
101. 从何而来	cóng hé ér lái		从哪里来。
102. 融合	rónghé	动	几种不同的事物合成一体。
103. 部族	bùzú	名	部落和氏族的合称。
104. 前身	qiánshēn	名	指事物演变中原来的组织形态或名称等。
105. 即位	jíwèi	动	指开始做帝王或诸侯。
106. 辅助	fǔzhù	动	从旁边帮助。
107. 治政	zhìzhèng	动	管理政治。
108. 营建	yíngjiàn	动	营造;建造。
109. 宏大	hóngdà	形	巨大;宏伟。(宏大——巨大——庞大)
110. 都城	dūchéng	名	首都。
111. 史称	shǐchēng		历史上称为。
112. 由此	yóucǐ		从这里。
113. 代称	dàichēng	名	代替正式名称的另一名称。
114. 统称	tǒngchēng	动	总起来叫做。
115. 总称	zǒngchēng	名	总括起来的名称。
116. 来源(于)	láiyuán(yú)	动	(事物)起源;发生。
117. 学术专著	xuéshù zhuānzhù		研究有系统的、较专门的学问的著作。
118. 频率	pínlǜ	名	在单位时间内某种事情发生的次数。
119. 文人学者	wénrén xuézhě		读书人和在学术上有一定成就的人。
120. 各界	gèjiè	名	各个领域;各个行业。
121. 要人	yàorén	名	指有权势有地位的人物。
122. 官方	guānfāng	名	政府方面。

123. 取代	qǔdài	动	排除别人或别的事物而占有其位置。
124. 势头	shìtóu	名	事物发展的状况。
125. 论证	lùnzhèng	动	论述并证明。
126. 繁杂	fánzá	形	(事情)多而杂乱。
127. 后裔	hòuyì	名	已经死去的人的子孙后代。
128. 聚居	jùjū	动	集中地居住在某一区域。
129. 大多	dàduō	副	大部分;大多数。
130. 祖宗	zǔzong	名	一个家族的上辈,多指较早的。也指民族的祖先。
131. 主导	zhǔdǎo	形	主要的并且引导事物向某方面发展的。
132. 海纳百川	hǎi nà bǎi chuān		大海可以容纳无数的河流。文章中比喻某种事物宽容地接纳其他事物。
133. 胸怀	xiōnghuái	名	心胸;心怀。mind;heart(胸怀——心胸)
134. 吐故纳新	tǔ gù nà xīn		本来指人体呼吸。现比喻扬弃旧的、不好的,吸收新的、好的。
135. 特性	tèxìng	名	某人或某事物所特有的性质。
136. 延续	yánxù	动	照原来的样子继续下去;延长下去。
137. 强盛	qiángshèng	形	强大而昌盛(多指国家)。
138. 生命力	shēngmìnglì	名	指事物具有的生存、发展的能力。
139. 进而	jìn'ér	连	表示在已有的基础上进一步。(进而——从而)
140. 血统	xuètǒng	名	人类因生育而自然形成的关系,如父母与子女之间、兄弟

			姐妹之间的关系。blood relationship；blood lineage
141. 退化	tuìhuà	动	泛指事物由优变劣，由好变坏。
142. 消亡	xiāowáng	动	消失；灭亡。(消亡——消失——消灭)
143. 并非	bìngfēi	动	并不是。
144. 精华	jīnghuá	名	(事物)最重要、最好的部分。
145. 发源地	fāyuándì	名	比喻事物发端、起源的地方。
146. 语系	yǔxì	名	有共同来源的一些语言的总称。
147. 信仰	xìnyǎng	动	对某人或某种主张、主义、宗教极度相信和尊敬，拿来作为自己行动的榜样或指南。
148. 遍布	biànbù	动	分布到所有的地方；散布到每个地方。
149. 自成一统	zì chéng yì tǒng		在某个领域或技术上有独创的见解或独特的做法，能够独立成为一个体系。
150. 流派	liúpài	名	指学术思想或文艺创作方面的派别。
151. 扎根	zhāgēn	动	比喻深入到人群或事物中去，打下基础。
152. 一脉因循	yí mài yīnxún		由一个血统或一个派别延续下来。
153. 累积	lěijī	动	层层增加；积聚。
154. 沉淀	chéndiàn	动	比喻凝聚，积累。
155. 基于	jīyú		据资料来考核、证实和说明。

注　释

① 梁漱溟 Liáng Shùmíng：1893—1988，中国哲学家、教育家。一生致力于研究儒家学说和中国传统文化，造诣颇深，多有论著。

② 逞口舌之利 chěng kǒu shé zhī lì：(劝说、争辩、交涉时)显示口齿的伶俐。

③ 有色眼镜 yǒu sè yǎnjìng：比喻有妨碍得出正确看法的成见或偏见。

④ 蒙古 Měnggǔ：指蒙古族，中国少数民族之一，主要分布在内蒙古。

⑤ 西藏 Xīzàng：即 Tibet。

⑥ 维吾尔 Wéiwú'ěr：指维吾尔族，中国少数民族之一。主要分布在新疆。

⑦ 满 Mǎn：指满族，中国少数民族之一。主要分布在辽宁、黑龙江、吉林、河北等省，在北京、成都、西安、呼和浩特等大城市亦有散居。

⑧ 哈萨克 Hāsàkè：指哈萨克族，中国少数民族之一。主要分布在新疆北部。

⑨ 傣家 Dǎijiā：指傣族，中国少数民族之一。主要分布在云南。

⑩ 朝鲜 Cháoxiǎn：指朝鲜族，中国少数民族之一。主要分布在吉林。

⑪ 河洛文化 Héluò Wénhuà：指黄河与洛水(今河南洛河)一带的文化。

⑫ 齐鲁文化 Qílǔ Wénhuà：指山东一带的文化。

⑬ 燕赵文化 Yānzhào Wénhuà：指北京、河北一带的文化。

⑭ 三晋文化 Sānjìn Wénhuà：指山西一带的文化。

⑮ 岭南文化 Lǐngnán Wénhuà：指广东、广西一带的文化。

⑯ 徽文化 Huī Wénhuà：指安徽一带的文化。

⑰ 湖湘文化 Húxiāng Wénhuà：指湖南一带的文化。

⑱ 荆楚文化 Jīngchǔ Wénhuà：指湖北一带的文化。

⑲ 闽南文化 Mǐnnán Wénhuà：指福建一带的文化。

⑳ 巴蜀文化 Bāshǔ Wénhuà：指四川、重庆一带的文化。

㉑ 蚩尤 Chīyóu：传说中制造兵器的人，又传为主兵之神。一说为原始部族的首领，相传以金属做兵器。后与黄帝发生战争时被杀。

㉒ 黄河 Huáng Hé：Yellow River。

㉓ 中原地区 Zhōngyuán dìqū：一般指今河南省一带。

㉔ 神农氏 Shénnóngshì：传说中农业和医药的发明者。一说神农即炎帝。

㉕ 汉朝 Hàncháo：朝代名。公元前 206 年至公元 220 年。

㉖ 历史学 lìshǐxué：研究和阐述人类社会发展的具体过程及其规律性的科学。

㉗ 考古学 kǎogǔxué：根据古代人类活动遗留下来的实物史料研究人类古代情况的一门学科。

㉘《夏商周年表》Xià Shāng Zhōu niánbiǎo：2000 年 11 月 9 日，"夏商周断代工程"（国家重点科研项目）正式公布了《夏商周年表》，把中国的历史纪年由西周晚期的共和元年，即公元前 841 年向前延伸了 1200 多年，弥补了中国古代文明研究的一大缺憾。根据这份年表，中国的夏代始年约为公元前 2070 年；夏商分界约为公元前 1600 年；商周分界为公元前 1046 年。

㉙ 周朝 Zhōucháo：朝代名。公元前 1046 年至公元前 256 年。

㉚ 西周 Xīzhōu：周朝的前半段称为"西周"。公元前 1046 年至公元前 770 年。

㉛ 周成王 Zhōu Chéngwáng：西周国王。继位时年幼，由叔父周公摄政。后采取一系列措施巩固了西周王朝的统治。

㉜ 周公 Zhōugōng：西周初年政治家。

㉝ 洛邑 Luòyì：也写作"雒（Luò）邑"，古都邑名，周成王时周公营建。故址在今河南洛阳市洛水北岸。

㉞ 春秋时代 Chūnqiū shídài：时代名。因鲁国编年史《春秋》得名。一般认为是从公元前 770 年到公元前 476 年。这时出现了大国争霸的局面。

㉟ 葛剑雄教授 Gě Jiànxióng jiàoshòu：现任复旦大学中国历史地理研究所所长，《统一与分裂》是他 1991 年出版的历史学著作。

㊱ 秦汉 Qín-Hàn：古朝代名。秦，公元前 221 至公元前 206，是中国历史上第一个统一的国家政权；汉，公元前 206 至公元 220。

㊲ 匈奴 Xiōngnú：中国古代民族，主要活动在今河北、山西以北地区。

㊳ 乌桓 Wūhuán：中国古代民族，主要居住在今东北一带。

㊴ 鲜卑 Xiānbēi：中国古代民族，居住在今东北、内蒙古一带。

㊵ 女真 Nǚzhēn：中国古代民族，分布在今松花江一带。

㊶ 回 Huí：即回族，中国少数民族之一。散布在全国，与汉族杂居。信仰伊斯兰教。

㊷ 中亚 Zhōng Yà：中亚细亚的简称，指亚洲中部地区。

㊸ 西亚 Xī Yà：也叫西南亚，指亚洲西南部地区。

㊹ 夷 Yí、蛮 Mán、越 Yuè、巴 Bā、棘 Jí、僚 Liáo、俚 Lǐ：均为古代居住在中国南方的民族。

㊺ 佛教 Fójiào：世界主要宗教之一，相传为公元前 6 至前 5 世纪古印度迦毗罗卫国王子释迦牟尼所创，广泛流传于亚洲的许多国家，东汉时(一说西汉)传入中国。

㊻ 印度 Yìndù：India。

㊼ 汉传佛教 Hànchuán Fójiào：指东汉时流传到中国的佛教。

㊽ 藏传佛教 Zàngchuán Fójiào：即喇嘛教，亦称“西藏佛教”。是佛教与西藏原有的本教长期相互影响、相互斗争的产物。

㊾ 南传佛教 Nánchuán Fójiào：流传于斯里兰卡、缅甸、泰国、柬埔寨、老挝和中国傣族等居住地区佛教的统称。由印度向南传入而得名。

㊿ 云南省 Yúnnán Shěng：简称滇或云。在中国西南部。省会为昆明市。

(51) 德昂族 Dé'ángzú：中国少数民族之一，旧称崩龙族，主要分布在云南潞西、镇康等地。

(52) 布朗族 Bùlǎngzú：中国少数民族之一，主要分布在云南西双版纳勐海等地。

(53) 青海省 Qīnghǎi Shěng：简称青，在中国西北部。省会为西宁市。

(54) 台湾 Táiwān：Taiwan。

(55) 香港 Xiānggǎng：Hong Kong。

(56) 澳门 Àomén：Macao; Aomen。

(57) 大乘佛教 Dàchéng Fójiào：公元 1 世纪左右形成的佛教派别，主张普度众生，所以自命为大乘。

(58) 法性宗 Fǎxìngzōng、瑜伽宗 Yújiāzōng、天台宗 Tiāntáizōng、华严宗 Huáyánzōng、禅宗 Chánzōng、净土宗 Jìngtǔzōng、律宗 Lǜzōng、密宗 Mìzōng：都是中国的佛教宗派。佛教自东汉传入中国以来，开始与中国传统伦理和宗教观念相结合。到隋唐时达到鼎盛，产生了一系列具有中国特色的宗派，对于中国哲学、文学、艺术和民间风俗都有一定的影响。

(59) 日本 Rìběn：Japan。

(60) 朝鲜 Cháoxiǎn：Korea。

(61) 越南 Yuènán：Vietnam。

(62) 欧美 Ōuměi：指欧洲(Europe)和美洲(America)。

词语辨析

1. 精髓——精华

语义

这两个词都是指事物或思想的最重要、最美好的部分。都是褒义词。

例：(1)“仁”和“礼”是孔子思想的**精髓**。

(2) 这一段表演是这部电影中的**精华**,常常被人称道。

这两个词的差别主要表现在语义上：

a. 语义侧重点有所不同。“精髓”侧重在最能体现事物的本质,含有成为事物核心的意味;“精华”侧重在重要、精良、美好、宝贵。

例：(3) 要真正了解一种哲学思想,你首先得把握它的**精髓**。

(4) 这道菜的**精华**全在馅儿里面,吃的时候一定不能把它丢弃。

b.“精髓”有以骨髓作比喻的形象色彩,语义比“精华”重一些。试比较前面的句子。

c.“精髓”多用于思想文化方面,使用范围较小;“精华”常用于人或具体的事物,也可以用于思想文化方面,使用范围比较大。

例：(5) 这几个从外地引进的人才是我们公司的**精华**,公司要委以重任。

(6) 书里面的**精华**部分我都已经看过了,其他的不看也罢。

用法

这两个词都是名词。但它们在搭配上稍有不同。

a. "精华"可以说"精华部分","精髓"没有这种搭配。(见例6)

b. "精华"还可以组合成"精华素"、"精华露"、"精华液"等词语,"精髓"没有这种组合能力。

语体

这两个词都常用于书面语。

练习:把"精髓"、"精华"填入下面的句子

(1) 老庄思想的(　　)就是主张人生一切顺其自然,清净无为。

(2) 这种美容(　　)液有美白、祛斑和抗皱的功能,价格昂贵。

(3) 高水平的教师是我们学校的(　　),是学校发展的主要力量。

(4) 很多人吃芹菜时都把叶子扔掉,但其实那正是芹菜的(　　)部分,营养价值很高呢。

2. 乐趣——趣味

语义

这两个词都是指使人感到愉快的情趣。

例:(1) 在业余时间,收藏传统的工艺美术品是他最大的**乐趣**。

(2) 一到春天,颐和园的西堤莺飞草长,花红柳绿,漫步其中,极有**趣味**。

但这两个词的语义侧重点有所不同。"乐趣"着重指一种快乐的情趣,是在参与某种活动中的快乐感觉和精神享受,语义范

围较窄；"趣味"着重指使人愉快，感到有意思、有吸引力的情趣、意味，可以是人从事物中感受到情趣，也可以是事物本身有趣、吸引人，语义范围较宽。

例：(3) 外行人觉得下围棋枯燥无味，其实你如果深入地去了解它，就会发现其中有无穷的**乐趣**。

(4) 这个电脑游戏设计得很有**趣味**，以至于小明玩得废寝忘食，连饭也顾不上吃。

另外，这两个词语的感情色彩也有区别。"乐趣"是褒义词，而"趣味"是中性词。

例：(5) 我劝你别一天到晚沉浸在这种低级**趣味**的娱乐之中，多做些有意义的事情多好。

用法

这两个词都是名词。但它们在搭配上有明显的不同。

a. "乐趣"常做"是、有、富有、产生、享受、分享、缺乏、感到、尝到、充满、寻找"等词语的宾语；"趣味"则常做"有、带有、增添、增加、提高、显示出"等词语的宾语。

例：(6) 退休后的老王没有了工作压力，终于可以充分享受人生的**乐趣**了。

(7) 他在装饰一新的屋子里悬挂了一些以自然风景为题材的国画，更增添了房间里的**趣味**。

(8) 在老师的指导下，小强尝到了学习**乐趣**，从此再也不用父母督促了。

(9) 酒吧里的装饰、色调、音乐等都显示出了一种西方古典的**趣味**。

b. "乐趣"可以有"人生、工作、学习、教学、田园、助人"等词语作定语；而"趣味"的定语常常是"幽默、高雅、低级、小市民"等。

例：(10) 书房里摆放着琴棋书画各类物品,表现出主人的高雅**趣味**。

(11) 每到周末他们一家就会驱车到几十公里以外的乡间,感受田园生活的**乐趣**。

c. "乐趣"可以组合成"乐趣无穷";而"趣味"则除了也可以组合成"趣味无穷"外,还可以说"趣味横生"、"趣味相投"、"趣味性"、"趣味阅读"、"趣味汉语"、"趣味数学"、"低级趣味"等词语。

例：(12) 他们俩**趣味**相投,一见如故。

(13) 编写语言教材一定要讲究**趣味**性,这样才能引起学生的学习兴趣。

语体

这两个词都是书面语体。

练习：把"乐趣"和"趣味"填入下面的句子

(1) 这种填字游戏玩儿起来(　　)无穷,还可以锻炼智力呢。

(2) 退休后的爷爷在社区公益服务中找到了(　　),每天比上班还忙呢。

(3) 他们两个,一个喜欢书法,一个喜欢国画,(　　)相投,一见面好像有说不完的话。

(4) 刘老师的"(　　)阅读"课很有意思,阅读的内容幽默感十足,让学生们在快乐中学到了知识。

3. **发源——起源**

语义

这两个词都表示开始发生的意思。但它们所指的对象不同。"发源"多用于河流,引申义用于艺术、运动等;"起源"多用于人、动物、植物、艺术、文字、货币等事物。另外,"发源"的使用范围较窄;"起源"的使用范围较宽。

例:(1) 中国第一大河长江**发源**于青藏高原唐古拉山脉的各拉丹东雪山。

(2) 关于人类的**起源**问题,自古以来科学家们有各种各样的解释。

(3) 虽说现代足球**发源**于英国,但实际上早在唐代中国就有了用脚踢球的游戏了。

(4) 这种舞蹈**起源**于云南的少数民族,后来经过艺术家的加工,就成了现在这个样子。

用法

这两个词都是动词。它们做动词用时,后面都要加介词"于"。它们在用法上的不同是:

a. 词性。"起源"还兼属名词。

例:(5) 一般认为,殷商时期刻在龟甲和兽骨上的文字是汉字的**起源**。

b. "发源"可以组成"发源地"。

(6) 几位历史学家和新闻记者组成一个小组,去探访古代文明的**发源**地。

语体

这两个词都是书面语体。

练习:把"发源"和"起源"填入下面的句子

(1) 你知道最早的货币是从什么时候(　　　)的吗?

(2) 这条浩浩荡荡、波涛汹涌的大河在它的(　　　)地只是一条涓涓细流。

(3) 根据现有资料来看,《诗经》是中国古代诗歌的(　　　)。

(4) 老师和学生们就艺术的(　　　)问题展开了热烈的讨论。

4. 宏大——巨大——庞大

语义

这三个词都是非常大,大得不同寻常的意思。它们在语义上的区别主要有:

a. 语义侧重点不同。"宏大"侧重于雄壮而伟大,大得有气魄,可以指具体或抽象的事物;"巨大"侧重在非常大,突出广度、高度、程度超过一般。可以用于人、具体事物或抽象的事物,使用范围最广;"庞大"侧重在特别大或过于大,多用于体积厚重,内容复杂的具体事物。

例: (1) 天安门广场周围的建筑物都显得雄伟、**宏大**,看起来很有气势。

(2) 一块**巨大**的广告牌矗立在车水马龙的马路旁边。

(3) 这种机器体积**庞大**,被人们戏称为"巨无霸",运送起来非常困难。

b. 感情色彩不同。"宏大"是褒义词;"巨大"和"庞大"是中性词,而"庞大"在用于机构、开支时常含贬义。

例: (4) "五岳"之首的泰山气势**宏大**,高入云天,历来是诗人们赞颂的对象。

(5) 听到母亲突然故去的消息,**巨大**的悲痛一下子把他击倒了。

(6) 政府机构**庞大**臃肿是办事效率低下的主要原因,必须加以改革。

用法

这三个词都是形容词。但它们搭配的对象有所不同。"宏大"常修饰建筑、广场、规模、志愿、理想、目标、气魄、胸怀等;"巨大"修饰的对象最为广泛;"庞大"常修饰形体、数量、计划、开支、组织、机构、编制、体系等事物。

例：(7) 公司有一个**宏大**的目标,就是五年内进入世界企业500 强。

(8) 王医生医术高超,妙手回春,把长在他腹中的一个**巨大**的肿瘤给彻底切除了,给了他第二次生命。

(9) 这次洪水给农民们造成了**巨大**的损失,半年的辛勤劳作毁于一旦。

(10) 2008 年北京奥运会所需要的志愿者的数字是**庞大**的,尤其需要小语种方面的人才。

另外,庞大还可以构成"庞然大物"。

例：(11) 这次考古挖掘发现,10 亿年以前这个地区生存着一种**庞然大物**——恐龙。

语体

这三个词都常用于书面语。

练习：把"宏大"、"巨大"、"庞大"填入下面的句子

(1) 你去过天坛吗?那里的建筑物大都气势(　　　),极具有震撼力。

(2) 我骑在大象的背上,它的(　　　)的身躯让我产生了一种非常新奇的感觉。

(3) 山顶有一块(　　　)的石头,形状非常奇特,像一只千年老龟匍匐着。

(4) 北京奥运会的主场地"鸟巢"规模(　　　),风格独特,已经成了北京的标志性建筑之一。

(5) 我认为公司刚成立就投入如此(　　　)的广告费用还为时尚早。

(6) 当相恋五年的男友向她求婚时,(　　　)的幸福几乎使她晕倒。

5. 胸怀———心胸

语义

这两个词都是指人的抱负和气量。

例:(1) 作为一个政治家,应该**胸怀/心胸**开阔,志向远大,
品德高尚。

语义上的不同之处在于:

a. 这两个词的程度有所不同。"胸怀"程度比较高,多用于正
式的场合;"心胸"的程度相对较低,适用于任何场合。试
比较:

例:(2) 邓小平同志有着政治家的博大**胸怀**,在他领导下制
订的一系列政策对中国的政治改革起到了前所未
有的巨大影响。

(3) 老李**心胸**开阔,为人厚道,跟他打交道让人感觉舒
服极了。

b. 这两个词的感情色彩不同。"胸怀"是褒义词,而"心胸"是
中性词。

例:(4) 他是个**胸怀/心胸**坦荡的男子汉,从来不做那种鸡
鸣狗盗的事情。

(5) 和心胸狭窄的人交朋友真累。

用法

这两个词都是名词。它们在用法上的不同主要体现在词性
上。"胸怀"还兼属动词,有"胸中怀着"的意思。

例:(6) 五四时期,一大批青年学生**胸怀**着救国救民的大志,
或投身革命,或到西方寻求拯救国家的良方。

语体

"胸怀"是书面语,"心胸"在书面语和口语中都可以使用。

练习:把"胸怀"、"心胸"填入下面的句子

(1) (　　)开阔一些,态度宽容一些,脾气温和一些,这三个"一些"是我的做人准则。

(2) 这么点儿小事他居然记了一辈子,(　　)未免太狭窄了。

(3) 高中毕业时,他(　　)治病救人的崇高理想,把医学院作为自己的唯一志愿。

(4) 这些慈善家为挽救癌症患者而捐出了巨额财产,他们的博大(　　)真让人肃然起敬。

6. 进而——从而

语义

这两个词都可以表示进一步的行动。

例:(1) 孩子先得了感冒,**进而**又发展成肺炎。

(2) 由于天气变化无常,加上着凉后抵抗力下降,**从而**使孩子患了感冒。

语义上的不同之处主要在于它们所表示的逻辑关系有所不同。"进而"侧重在表示在前述情况的基础上出现了另一行为或另一种情况,是单纯的递进;"从而"表示的是带有结果性质的行为,表示因果关系。试比较:

例:(3) 这个孩子从小不服从家长和老师的管教,后来与社会上的不良分子混在一起,**进而**走上了吸毒、贩毒的犯罪道路。

(4) 伤者被送来时失血过多,生命垂危,医生马上为他施行了手术,**从而**挽救了他的生命。

用法

这两个词都是连词,都用于后一个分句。用法上的差别有:

a. 搭配(一):"进而"的前面可以有"并"、"并且"、"又"、"必须"、"才能"等词,而"从而"只能用于后一个分句之首。

例:(5) 通过调查访问,他渐渐了解了事情的真相,并**进而**挖掘出了深藏在其中的原由。

(6) 学生必须先掌握好基础理论和知识,才能**进而**在工作中加以运用。

b. 搭配(二):"从而"后面可以加逗号。

例:(7) 由于采取了科学的管理方法,加上引进了世界上最先进的技术和设备,**从而**,使得企业的生产和产品产生了一个质的飞跃,具备了进入国际市场的实力。

c. 搭配(三):因为"从而"表示因果关系,所以在前面的句子中常常有"因"、"因为"、"由于"等词出现。(见例2、7)

例:(8) 因为每个人都在社会中生活,与家庭、社会有着千丝万缕的联系,**从而**我们可以得出这样的结论:婚姻往往不仅仅是两个人之间的私事。

语义

这两个词都常用于书面语。

练习:把"进而"、"从而"填入下面的句子

(1) 他先是得了全国羽毛球比赛的第一名,(   )又获得了一系列重要的国际赛事的冠军。

(2) 经过多年的刻苦研究,他获得了一系列的科研成果,(   )奠定了自己首席科学家的位置。

(3) 由于交通越来越发达和便利,(   )给我们的生活带来了极大的变化。

(4) 你应该先确定自己的学习目标，(　　)才能有效
地选择适合自己的学习内容和方法。

7. 消亡——消失——消灭

语义

这三个词都有事物逐渐减少到没有的意思。都是中性词。它们在语义上的区别主要有：

a. 语义侧重点不同。"消亡"侧重于表示衰亡，逐渐消失，多用于重大的或抽象的事物；"消失"侧重在表示逐渐减少，以至不再存在，可以用于人、具体事物或抽象事物；"消灭"侧重在表示彻底除掉，一般是强制性的行为，可以用于具体事物或抽象事物，其失去的过程可以是逐渐的，也可以是突然的。

例：(1) 在历史发展的漫长进程中，一些民族逐渐**消亡**了。

(2) 望着父亲苍老的背影渐渐**消失**在茫茫人海之中，我心中涌上一股酸楚的滋味。

(3) 害虫被**消灭**以后，庄稼长势喜人，一片丰收在望的景象。

b. 对象的感情色彩不同。"消亡"和"消失"的对象可以是褒义词、贬义词或中性词，而"消灭"的对象常常是敌对的或坏的，常含贬义。

例：(4) 经过秦始皇焚书坑儒的浩劫之后，很多珍贵的文献典籍都**消亡**了。

(5) 一些经典的、有生命力的艺术作品不会很快**消失**，而会长时间地流传下去。

(6) 虽然新的国家建立了，但旧的残余势力还没有完全被**消灭**。

c. 语义的轻重也有所不同。"消灭"的语义比"消亡"和"消失"重。(试比较上举各例)

用法

这三个词都是动词。但它们在搭配上有所不同。"消亡"和"消失"不能带宾语;而"消灭"是可以带宾语的。

例: (7) 有一种理论说,当人类社会发展到极其先进的程度时,国家就会**消亡**。

(8) 小时候过年时的情调和意味现在已经基本上**消失**了。

(9) 政府之所以采取这么严厉的措施,就是为了**消灭**目前社会上存在的贪污腐败等丑恶现象。

语体

这三个词都常用于书面语。

练习: 把"消亡"、"消失"、"消灭"填入下面的句子

(1) 一些民族、国家在历史的长河中渐渐(　　)了,我们只能在遗留的史料中去追寻它们的足迹。

(2) 不经意间,他已经从人群中(　　)得无影无踪,不知去向了。

(3) 要想(　　)已有的疾病,必须加强锻炼,增强自己的体质。

(4) 秦代末年,经过一系列激烈的战斗,刘邦(　　)了项羽和他的军队,建立了汉朝,再一次统一了中国。

(5) 虽然这种语言现在已经(　　)了,但研究它还是有利于我们了解人类早期的历史和文化。

(6) 剧烈运动之后,饥饿的学生们一阵狼吞虎咽,把桌子上的蛋糕全部(　　)了。

语言点

1. ……总体上**趋于**肯定，……

　　……总体上**趋向**(于)否定，……

【解释】趋于、趋向(于)：动词，都是向某个方面发展的意思。使用时必须带宾语，并且不能用于"把"字句和"被"字句。

【举例】(1) 经过吃药、打针等一系列的治疗，老刘的病情已经**趋于**稳定。

(2) 随着居民的入住和物业管理的加强，这个小区的各项服务和设施**趋于**完善。

(3) 经过一番争论，老师和同学们的意见渐渐**趋向于**一致。

(4) 现在电视台的节目越来越**趋向于**丰富多彩了，这主要是因为各电视台之间存在着收视率竞争的缘故。

【链接1】趋向：还有名词的用法。指事物朝着某一方向发展变化的势头。

【举例】(5) 最近人们的投资出现了一种新的**趋向**，就是购买各种基金。

【链接2】日趋：副词，一天一天地走向；逐渐地。

【举例】(6) 随着人生阅历的丰富，他变得**日趋**成熟了。

【练习】用动词"趋于"或"趋向(于)"完成对话：

(1) A：他们俩已经认识半年多了，现在的关系怎么样啊？

　　B：＿＿＿＿＿＿＿＿＿＿＿＿＿＿＿＿＿＿＿＿＿＿

(2) A：这孩子原来学习成绩平平，但听说现在越来越让人刮目相看了。

　　B：＿＿＿＿＿＿＿＿＿＿＿＿＿＿＿＿＿＿＿＿＿＿

(3) A：那个地区的紧张局势最近有什么新发展吗？

    B：_____

(4) A：你觉得随着社会和科技的发展，人们的生活或心理发生了什么样的变化？

    B：_____

2. 还有一个，即传统意义上的中国文化，就是以汉文化**为主**，以其他各民族文化**为辅**的中国文化。

【解释】 以……为主，以……为辅：把某人或某事作为主要的，把某人或某事作为辅助的。这两个句子常常合起来使用，表示人或事物的主次。

【举例】 (1) 在唐三彩所使用的颜色中，**以**黄色**为主**，**以**绿色和蓝色**为辅**。

(2) 我们家是典型的中国传统家庭，不管什么事情都是**以**长者的意见**为主**，**以**年轻人的意见**为辅**。

(3) 听健康专家说，中国传统的**以**粮食和蔬菜**为主**，**以**肉食**为辅**的饮食结构其实是最为健康的。

【练习】 根据下面提供的材料，用"以……为主，以……为辅"完成句子：

(1) 学习语言；课堂学习、课外学习(自己学习)；

(2) 我们公司；电脑芯片、电脑配件

(3) 打羽毛球；快速进攻、顽强防守

(4) 她演的电影；爱情题材、武侠题材

(5) 业余生活；体育活动、文娱活动

3. ……，可一直还是会有人不时**地挂在嘴边**，……

【解释】 挂在嘴边：俗语，经常在说话时提到的意思。常用的格式有："把……挂在嘴边"、"被……挂在嘴边"、"嘴边(常)挂着……"、"SB 挂在嘴边"等。

【举例】(1) 他一天到晚把配置啦、内存啦、点击啦、升级啦什么的**挂在嘴边**,一听就知道是搞电脑的。

(2) 他自己出钱资助贫困孩子上学的事情在单位里成了新闻,最近老被同事们**挂在嘴边**。

(3) 自从他远渡重洋,出国深造之后,他父母的**嘴边就老挂着他**,一天要念叨好几次。

(4) 2008 的北京奥运会现在是北京市民都挂在**嘴边的热门话题**,也是北京乃至全国经济发展的重要契机。

【练习】用"挂在嘴边"的几种常用格式回答问题:

(1) 你爸爸或妈妈最爱谈论的话题是什么?(把……挂在嘴边)

(2) 当警察的常爱说些什么话题? (被……挂在嘴边)

(3) (贵国或中国的)大学生们平时最关心的是什么? (嘴边挂着……)

(4) 中国的出租车司机常爱跟你聊些什么? (SB 挂在嘴边)

4. 这其中,中国就占了两个半<u>之多</u>,……

【解释】数量词＋之多:表示数量很大。这个数量的大小是相对的。

【举例】(1) 去年的股市以牛市为主,张先生通过炒股获利一百万**之多**。

(2) 他有感而发,奋笔疾书,一口气写了十万字**之多**。

(3) 这本书一下子卖出去五万册**之多**,从而跃居畅销书排行榜之首。

(4) 他是先秦历史的专家,掌握的各种材料有几千册**之多**。

(5) 在我们学院的留学生中,亚洲人大约占了 70%**之多**。

【练习】用"数量词＋之多"完成下面的对话:

(1) A:这本工具书对学汉语的留学生来说非常实用,很受欢迎。

B:＿＿＿＿＿＿＿＿＿＿＿＿＿＿＿＿＿＿＿＿＿＿＿

(2) A：你看昨天电视中"谁是大胃王"的比赛了吗？

　　B：＿＿＿＿＿＿＿＿＿＿＿＿＿＿＿＿＿＿＿＿＿＿

(3) A：昨天的足球比赛结果怎么样啊？

　　B：＿＿＿＿＿＿＿＿＿＿＿＿＿＿＿＿＿＿＿＿＿＿

(4) A：小马博闻强记，掌握的外语词汇量相当大，被称为我们班的"活字典"。

　　B：＿＿＿＿＿＿＿＿＿＿＿＿＿＿＿＿＿＿＿＿＿＿

5. 传统的中华是以继承了华夏文化的汉文化为正统，有"夷汉"<u>之别</u>。

【解释】有……之别：表示两种事物之间有差别，是一种书面语的表达方式。中间的词语，可以是两个表示不同事物的单音节词语，也可以是两个或多个双音节或多音节的词语。也可以说"有……之分"。

【举例】(1) 汉字**有**繁简**之别**，这两种字体现在世界上都有人使用。

(2) 父母常跟我说，家人和外人毕竟是不一样的，说话办事应**有**内外**之别**，这样才能做到恰当、得体。

(3) 现在市场上的照相机主要**有**普通和数码**之别**，而数码相机所占据的市场份额应该最大的。

(4) 北大校园里的建筑物，就其建筑风格而言，**有**普通、古典和现代**之别**。

(5) 人的性格**有**内向和外向**之别**、乐观和悲观之别、积极和消极之别；主动和被动之别。性格不同，为人处世的方法也就有所不同。

【练习】根据下面提供的语境，用"有……之别"完成句子：

(1) 汉语的语体。书面语、口语。

(2) 狗的种类。工作犬、玩赏犬。

(3) 哲学思想。唯物主义、唯心主义。

(4) 音乐的风格。古典音乐、流行音乐、民族音乐。

6. ……，是**基于**相互尊重和平等对待的各民族文化的共同融合。

【解释】基于：介词，是"根据"的意思，表示引进动作行为的前提或根据。它的后面通常是名词性的词语或词组。

【举例】(1) **基于**这个学生的考试成绩，我们学校决定给予他全额奖学金。

(2) 电脑价格的确定主要是**基于**它的牌子、配置和质量。

(3) 这个孩子的家人都已经在这场灾难中丧生了，**基于**这种情况和人道主义的考虑，我们俩打算收养这个孩子，重新给他一个温暖的家。

(4) **基于**现代化的生活给我们的健康带来的种种问题，我们必须听取健康专家的意见，改变我们不健康的生活方式。

【练习】用"基于"改写下面的句子：

(1) 因为他平时的表现不错，我们打算再给他一次机会。

(2) 出于安全和健康的原因，全家人一致决定取消这次筹划已久的旅行。

(3) 他的行为已经触犯了法律，根据《中华人民共和国环境保护法》的规定，判处他有期徒刑 5 年。

(4) 我父母虽然从来没有来过中国，但对中国文化却情有独钟，正是出于这种兴趣，他们决定退休以后要干的第一件事就是来中国旅游。

综合练习

I 词语练习

一、填入合适的名词

(一) 喂养（　　） 　 保养（　　） 　 编纂（　　）

掺杂（　　） 　 放眼（　　） 　 引发（　　）

营建（　　） 　 辅助（　　） 　 论证（　　）

(二) （　　）演变 　 （　　）纷呈 　 （　　）迁移

（　　）融合 　 （　　）升级 　 （　　）发源

（　　）即位 　 （　　）延续 　 （　　）沉淀

(三) 强健的（　　） 　 无谓的（　　） 　 正统的（　　）

众多的（　　） 　 辽阔的（　　） 　 深层的（　　）

安详的（　　） 　 宁静的（　　） 　 宏大的（　　）

二、填入合适的动词

（　　）要义 　 （　　）强国 　 （　　）古董

（　　）威风 　 （　　）偏见 　 （　　）心态

（　　）遗迹 　 （　　）神韵 　 （　　）境界

（　　）真相 　 （　　）频率 　 （　　）生命力

三、填入合适的形容词或副词

(一) （　　）的古董 　 （　　）的心态 　 （　　）的典籍

（　　）的决战 　 （　　）的部族 　 （　　）的都城

（　　）的内涵　　（　　）的势头　　（　　）的胸怀

（二）（　　）营建　　（　　）融合　　（　　）辅助

（　　）退化　　（　　）信仰　　（　　）消亡

四、填入合适的量词或名词

一（　　）古董　　一（　　）戏曲　　一（　　）寺庙

一（　　）决战　　一（　　）都城　　一（　　）专著

五、写出下列词语的近义词或反义词

（一）写出近义词

诋毁	强健	偏见	对抗
包容	演变	民俗	风采
辽阔	惬意	躲藏	迁移
延续	取代	信仰	繁杂

（二）写出反义词

强健	恶意	众多	辽阔
宁静	升级	宏大	延续
深层	强盛	退化	精华
真相	繁杂		

六、选词填空

精髓　精华　乐趣　趣味　发源　起源　宏大　巨大
庞大　胸怀　心胸　进而　从而　消亡　消失　消灭

1. 他现在所从事的艺术品经纪人的工作正好与他对艺术品的强烈
   爱好相吻合,所以他能够从工作中享受到无穷的(　　　)。

2. 小李这个人(　　)狭窄,总是无端猜疑自己的女朋友,他女朋友忍无可忍,终于跟他分手了。

3. 她顶着家庭(　　)的压力和心爱的人结婚了,心中充满了对未来幸福生活的憧憬。

4. 实事求是是邓小平思想的(　　),对中国的社会发展有深远的影响。

5. 自然科学和社会科学中的每一个学科都有一个(　　)体系,一般人不花费几年的时间是不可能彻底掌握的。

6. 这个地区先是频繁发生沙尘暴,并(　　)为沙所覆盖,彻底变成了一片沙漠。

7. 探戈舞最早(　　)于巴西,现在在世界各地都很流行。

8. 随着秦始皇对中国的统一,战国时代的很多割据国家(　　)了。

9. 他(　　)美好的生活理想来到北京求学,希望学成之后能够依靠知识改变自己的命运。

10. 对于中国五千年的传统文化,我们应该取其(　　),去其糟粕,这样才能使其更好地发扬光大。

11. 最近警方抓捕了一批涉嫌毒品的不法分子,基本上(　　)了这个城市的贩毒势力。

12. 最近的一次考古发现,又把这个地区人类(　　)的时间向前推了几十万年。

13. 由于及时采取有效的措施抑制了砍伐森林的现象,(　　)使这一地区的环境得到了很好的保护。

14. 这一组水墨画以活泼可爱的动物为主角,生动幽默,(　　)横生。

15. "白日依山尽,黄河入海流。欲穷千里目,更上一层楼。"这首唐诗表现了盛唐时期诗人们(　　)的气魄和豪放的风格。

16. 这种款式的鞋子是前几年流行的,现在已经完全(　　)了。

17. 这几幅隶书和草书作品是这次书法展览会的(　　),吸引了众多观众的眼球。

18. 这种小市民(　　)低俗无聊,实在不是一个大学教授应该有的。

七、解释句子中画线部分的意思

1. 然而,我们谈论中国文化的目的不是为了<u>逞口舌之利</u>,……。
   A. 谈论时表现说话很流利
   B. 说话时显示口齿的伶俐
   C. 争辩时语言非常锋利

2. 我们的目的是要继承和发扬中国文化,因为这是我们中国人<u>立身的根本</u>。
   A. 指自立和做人的根本
   B. 指独立和自主的根本
   C. 指工作和生活的根本

3. ……,<u>时不时</u>地还要去做体育锻炼来强健它。
   A. 没时间　　　　B. 有时间　　　　C. 时常

4. "积极",就是尽量去避免<u>戴着有色眼镜</u>来看问题,……
   A. 比喻有成见或偏见
   B. 比喻太主观或主动
   C. 比喻看不清或模糊

5. ……,尽量去避免带着<u>不可告人</u>的恶意来混淆问题。
   A. 有秘密的事情不能告诉别人
   B. 有不正当的打算不敢公开说
   C. 有个人隐私不想告诉别人

6. ……,提出问题是为了要解决问题,而不是去做<u>无谓</u>的争论,……
   A. 没有称谓和内容的争论
   B. 无所谓和无目的的争论
   C. 毫无意义和价值的争论

7. 我们经常说中国文化<u>博大精深</u>。
   A. 指中国文化的历史悠久深远
   B. 指中国文化的形式又多又好
   C. 指中国文化的内容广博高深

8. ……,有多少不同的<u>山水风情</u>就有不同的乡土文化,……
   A. 指自然风景和风土人情
   B. 指自然风景和人的感情
   C. 指自然风景和人造风景

9. ……,即便是汉文化,除了常见的<u>经史典籍</u>,也还有在民间口耳相传的民俗文化,……
   A. 指古代儒家的经典著作和各种历史方面的著作
   B. 指古代儒家经典、研究语言文字的书籍以及历史、地理方面的的著作
   C. 指古代佛教的经书、儒家经典和历史、地理方面的著作

10. ……,也还有各地<u>风采纷呈</u>的乡土文化。
    A. 华丽的色彩纷纷呈现
    B. 仪表举止呈现出风采
    C. 五彩的颜色纷纷呈现

11. ……,通过祖祖辈辈的<u>言传身教</u>来感受中国传统文化的精髓和神韵的。
    A. 用语言传授加上自己亲自教授
    B. 口头传授加上行动上以身作则
    C. 亲自用语言和行动进行教授

12. ……,从历史的事实真相中去<u>探源究本</u>。
    A. 探究事物的起源和根本
    B. 探询事物的源头和本质
    C. 追究事物产生的根源

13. 毕竟很多历史中找不到的答案,往往会深深地躲藏在现实生活中,不时地伺机来<u>故伎重演</u>。
    A. 把过去表演过的内容重新演一次,中性词
    B. 使用过去使用过的手段或方法,含贬义
    C. 重新用过去的老办法表演一次,含褒义

14. ……,要慎重使用这样一个<u>不合时宜</u>的旧说法,……

    A. 不符合当时的需要

    B. 不符合适宜的时间

    C. 不符合时代的特点

15. 当然,我们并不否定具有五千年历史的中华文明在其中的积极和<u>主导作用</u>。

    A. 指主要的并且能够积极地指导别人的作用

    B. 指主要的并且能领导和指导大部分人的作用

    C. 指主要的并且引导事物向某方面发展的作用

16. 实际上,正是中华文明有着这种"海纳百川"的胸怀,这种"<u>吐故纳新</u>"的特性,才会一直延续到今天,……

    A. 比喻宽容地接纳其他事物和扬弃旧的,吸收新的

    B. 比喻宽容地接受很多事物和吐出老的,接纳新的

    C. 比喻胸怀像大海一样宽阔和抛弃老的,接受新的

17. ……,而是由于不断大量吸收了其他民族,<u>凝聚</u>了各民族的<u>精华</u>。

    A. 汇聚了事物最优秀、最美丽的部分

    B. 聚集了事物最重要、最好的部分

    C. 集中了事物最优美、最出色的部分

18. ……,尤其是有着中国特色的禅宗,一直影响和<u>扎根</u>到了日本、……

    A. 比喻稳定地进入到事物中去,具有基础

    B. 比喻固定到人物或事物中去,打好基础

    C. 比喻深入到人群或事物中去,打下基础

19. ……,例如其中的汉文化,也不单单只是华夏文化<u>一脉因循</u>的结果。

    A. 由一根脉搏或一个家族流传下来

    B. 由一个血统或一个派别延续下来

    C. 由一个血脉或一个家庭发展下去

20. ……,早就已经是包括了汉文化、藏文化、蒙古文化和维吾尔文化等多种文化在内的<u>多元化文明</u>,……

　　A. 指多角度的、内容很丰富的文明

　　B. 指多样的、不是集中统一的文明

　　C. 指多方面的、不是单一的文明

八、用所给的词语填空,并模仿造句

发扬光大	不可告人	博大精深	有意无意	山水风情 口耳相传
丰富多彩	祖祖辈辈	言传身教	荣辱不惊	神定气闲 探源究本
脚踏实地	故伎重演	不合时宜	天灾人祸	海纳百川 吐故纳新

1. 中国古代的哲学思想(　　　　),其中有很多内容对我们的人生是很有启发意义的。

2. 看老李打太极拳时的样子,脸上(　　　　　),动作行云流水,一看就知道他深得太极拳的真谛。

3. (　　　　　)的校园生活使刚上大学的小胡兴奋不已,整日忙个不停。

4. 他上次比赛时就因为服药而被取消了资格,这次又(　　　　　),还是被查了出来,弄得身败名裂。

5. 阔别家乡 20 年,但那里的一草一木和(　　　　)仍然使他魂牵梦绕。

6. 一个国家对待外来文化必须具有(　　　　)的胸怀,这样才能充分吸取不同文化的精华,从而也不断地丰富自己的文化。

7. 村民们(　　　　)都生活在这片土地上,已经与这里的山山水水融为一体。现在要让他们搬迁,别提有多难了。

8. 他的(　　　　)的工作作风深得老板和同事们的赞赏。

9. 在中华文化中有很多值得我们(　　　　)的精华。

10. 能够做到(　　　　)的人必定有着深厚的文化修养和高尚的道德境界。

11. 在这么庄重的场合穿休闲装是非常(　　　　)的,你赶快去换一套正装吧。

12. 这个民间故事并没有书面记载,只是靠老百姓(　　　　)才一直流传到今天。

13. 近年来这个国家(　　　　)不断,老百姓生活在水深火热之中,急需国际社会的援助。

14. 他竟然使用这么卑鄙的手段,一定有(　　　　)的目的。

15. 要想保持民族文化的活力,必须不断地(　　　　),吸取精华,扬弃糟粕。

16. 父母的(　　　　)一定会对孩子的成长起到决定性的影响。

17. 她只是(　　　　)地看了他一眼,便使他激动了半天。

18. 在汉字课上,老师就汉字起源的问题,带领我们(　　　　),一直追溯到遥远的上古时代。

Ⅱ 课文理解练习

一、根据课文内容判断正误

【开头部分】

　　1. 作者认为,生活方式、观念、主张等不属于文化的范围。(　　)

　　2. 作者认为,文化的目的就是要能改善人们的生活。(　　)

【中国文化的实质】

　　3. 作者把人们对中国文化的态度归纳为四种,他赞成第一种。

(　　)

　　4. 作者所说的"务实",就是要继承和发扬中国文化。(　　)

　　5. 作者所说的"积极"就是不带着有色眼镜、个人情绪和不可告人的恶意来看待文化。(　　)

　　6. 从"一个是从务实出发,一个是以正统自居"这句话中,我们可以得知作者的观点是倾向于第一种对中国文化的认识和看法。

(　　)

　　7. 作者认为,中国文化的博大精深就是表现在它包含了大量的乡土文化。(　　)

8. 作者认为,民间乡土文化对普通老百姓生活的影响比经史典籍中所谓的秀才文化还要大。　　　　　　　　（　　）

9. 作者认为,中国的老百姓主要是从经史典籍中来感受中国文化的精髓和神韵的。　　　　　　　　　　　　（　　）

10. 在作者看来,中国文化的深层内涵就是自己让生活过得舒适惬意,达到一种神仙境界,并和大家一同分享生活的乐趣和喜悦。　　　　　　　　　　　　　　　　　（　　）

【炎黄子孙、中华文明和中华民族的来历】

11. 作者认为通过对历史的探源究本就可以弄清关于中国的概念。　　　　　　　　　　　　　　　　　　　（　　）

12. 作者认为有人把“炎黄子孙”挂在嘴边可以使他显得很有学问。　　　　　　　　　　　　　　　　　　　（　　）

13. 从作者的话中可以看出,他是反对随便使用“炎黄子孙”这个称呼的。　　　　　　　　　　　　　　　　（　　）

14. 在蚩尤部落、黄帝部落和炎帝部落的战争冲突中,黄帝部落是最终的胜利者。　　　　　　　　　　　　（　　）

15. 黄帝就是传说中发明很多农作物和医药的神农氏。　（　　）

16. “5000年中华文明”这种说法是把中华文明从黄帝时算起的。　　　　　　　　　　　　　　　　　　　（　　）

17. 根据作者的解释,“中华”这个称呼是“中国”和“华夏族”合称。　　　　　　　　　　　　　　　　　（　　）

18. 从汉代开始,生活在中原地区的人们被统称为“汉人”。（　　）

19. 作者认为把“华夏儿女”这个称呼作为对整个中华民族的称呼是很合适的。　　　　　　　　　　　　　（　　）

20.《统一与分裂》这本书的作者是很赞成用“炎黄子孙”来代替“中华民族”或“中国人民”这两个词语的。　　（　　）

21. 作者认为,在目前的中国,有十亿人是地道的汉族人。（　　）

22. 作者认为,中国文化应该是中国国内各种文化的大融合。同时他也承认具有五千年历史的中华文明在中国文化中的积极和主导作用。　　　　　　　　　　　　　　　（　　）

23. 作者在举出佛教的例子时认为,佛教在中国的发展中并没有形成自己的特色和流派。　　　　　　　　　　　　　　（　　）

24. 作者举出佛教发展的例子是为了说明,中华文明是多元化的文明,是各个地区、各个民族和各地居民等各种文化的共同累积和沉淀。　　　　　　　　　　　　　　　　　（　　）

25. 作者最后说,传统中华文明和新中华文明的区别主要在于:传统中华文明是以汉文化为正统的,而新中华文明则是以各民族文化的共同融合。　　　　　　　　　　　　　（　　）

二、根据课文内容,用指定的词语回答问题

1. 在文章的开始,作者是如何解释文化和文化的目的的?
   (意味着　同样的　改善　包括　这样说来　……就是……　目的)

2. 作者把人们对中国文化的态度归结为哪四类?
   (赞美　诋毁　既有……也有……　总体上　既有……也有……　总体上　认为)

3. 具体解释一下作者所说的对待中国文化的务实、积极、有效的态度。
   (最起码　尊重　避免　看待　混淆　消极　不利于　以……为目的　无谓)

4. 作者说对于什么是中国文化这个问题有哪两种不同的认识和看法?作者的倾向性如何?
   (包括　所有　……之间应该是……关系　传统意义　以……为主,以……为辅)

5. 作者认为中国文化的博大精深主要表现在什么地方?请做出具体的解释。
   (体现在　不单单　还要包括　山水风情　乡土文化　即便　口耳相传　风采纷呈　事实上　常常更多地　祖祖辈辈　言传身教　精髓和神韵)

6. 在解释"中国"这个概念时,作者为什么说"要把放眼历史长河中的目光收回来"?

   (弄清　真相　探源究本　然而　多多少少　掺杂　如此一来
   脚踏实地)

7. "炎黄子孙"这个称呼是怎么来的?作者为什么认为这是一个"不合时宜的旧说法"

   (来自　部落　天灾人祸　迁移　升级　归服　再后来　由于
   发源于)

8. "中华"和"中华民族"的称呼又是怎么来的?从作者的论述中看,他对这样的称呼持什么态度?

   (中原地区　融合　形成　前身　周朝　辅助　营建　宏大
   被称之为　这样……　由此以后　代称)

9. 在历史的发展中,中华民族是怎样进行南北融合的?

   (从……以来　进入　来自　加入　消失　在南方　随着　缩小　大多
   事实上　所以　地道　反而　即使……也)

10. 作者认为,中华文明的强盛的生命力表现在什么地方?作者举了什么例子来加以说明?

    (既然　那么　积极和主导　实际上　海纳百川　吐故纳新　延续
    依然　进而　由……发展到　并非……,而是　同样　突出　流传
    不但……而且　如此看来　不单单　多元化　累积和沉淀)

三、思考与讨论

1. 在"中国文化的实质"这部分中,作者批判了什么样的观点?又提出了什么样的看法?
2. 在"炎黄子孙、中华文明和中华民族的来历"这部分中,作者对"炎黄子孙"、"华夏儿女"、"中华民族"等几个不同称呼有什么看法?
3. 在"炎黄子孙、中华文明和中华民族的来历"这部分中,作者是如何举例论证中华文明"海纳百川"的胸怀和"吐故纳新"的特性的?

4. 在文章的最后,作者认为传统的中华文明与新中华文明有什么区别?

5. 在贵国文化中有哪些精华的内容?请选择最有代表性的作具体介绍。

6. 你认为贵国的文化与中国文化最大的不同表现在哪些方面?

7. 在现在这个全球化的时代,各种文化相互影响、相互融合是一种不可阻挡的潮流。你对此有什么评价?

8. "只有民族的,才是世界的",你是怎样理解这句话的?

 阅读与理解

文化叫做什么

曾经有一个特别奇怪的场合,作为台北市首任"文化局长"的我被要求当场"简单扼要"地说出:"文化是什么?"

是在 1999 年的"议会"里。从 9 月开始,官员每天四五个小时坐在"议会"里接受"议员"轮番质询。我是个"新生","议员"发言多半用一种怒吼咆哮的声音,麦克风再把音量加以扩大,耳朵嗡嗡作响,一天下来,眩晕的症状出现,我总在头昏脑涨的状态下回到办公室,再看公文到半夜。交通局长是学者出身,他的症状是胃绞痛,想呕吐。到 12 月底,预算要三读通过,第二年的政务才能执行。咆哮了四个月的"议会"为了要表现"戮力为公",很戏剧化地总是通宵不寐地审预算,从下午两点开始连审 24 或 48 小时。议员可以轮番上场,回去小睡一场或者吃个酒席再回来,官员却得寸步不离地彻夜死守。我坐在大厅一隅,看着窗外冬夜的雨湿湿地打在玻璃窗上,沙沙作响,觉得全身彻骨的寒意。

就在这样一个湿雨而焦灼不安、黑夜透着荒谬的凌晨 3 时,我发现我被唤上质询台,为台北市的文化预算辩护。一个"议员",刚从外面进来,可能才应酬完,满脸红彤彤地大声说:"局长,你说吧,什么叫做文化？"

文化？它是随着一个人迎面走来的——他的举手投足，他的一颦一笑，他的整体气质。他走过一棵树，树枝低垂，他是随手把枝折断丢弃，还是弯身而过？一只长了癣的流浪狗走近他，他是怜悯地避开，还是一脚踢过去？电梯门打开，他是谦虚地让人，还是霸道地推人？一个盲人和他并肩路口，绿灯亮了，他会搀那盲者一把吗？他与别人如何擦身而过？他如何低头系上自己松了的鞋带？他怎么从卖菜小贩的手上接过找来的零钱？他，独处时如何与自己相处？

文化其实体现在一个人如何对待自己，如何对待他人，如何对待自己所处的自然环境。在一个文化厚实的社会里，人懂得尊重自己——他不苟且，因为不苟且所以有品位；人懂得尊重别人——他不霸道，因为不霸道所以有道德；人懂得尊重自然——他不掠夺，因为不掠夺所以有永续的生命。

在一个空荡荡的议堂里，半夜三更，这样谈文化，好像只有鬼在听。我心里想，我知道，你以为我会谈雄伟的博物馆、华丽的音乐厅和伟大的艺术家，不，如果你给我更多的时间，我会继续说下去，即使是三更半夜寒意彻骨。

胡兰成描写他所熟悉的江南乡下人。俭朴的农家妇女也许坐在门槛上织毛线、捡豆子，穿着家居的粗布裤，但是一见邻居来访，即使是极为熟悉的街坊邻居，她也必先进屋里去，将裙子换上，再出来和客人说话。穿裙或穿裤代表什么符号会因时代而变，但是认为"礼"是重要的——也就是一种对自己和对他人的尊重，在农妇身上显现的其实是一种文化底蕴。何谓底蕴，不过就是，没有学问、不识字的也自然会知道的礼数，因为祖辈父辈代代相传，因为家家户户耳濡目染，价值观在潜移默化中于焉而形，这就是文化。农妇或许不知道仲尼曾经说过"尔爱其羊，吾爱其礼"，但是她举手投足之间，无处不是"礼"。

希腊的山从大海拔起，气候干燥，土地贫瘠，简陋的农舍错落在荆棘山路中，老农牵着大耳驴子自橄榄树下走过。他的简单的家，粉墙漆得雪白，墙角一株蔷薇老根盘旋，开出一簇簇绯红的花朵，映在白墙上。老农不见得知道亚里士多德(Aristotelēs，古希腊哲学家、科学家)如何谈论诗学和美学,但是他在刷白了的粉墙边种下一株红蔷薇,显然认为"美"是重要的,一种对待自己、对待他人、对待环境的做法。他很可能不曾踏入过任何美术馆,但他起居进退之间,无处不是"美"。

在台湾南部乡下,我曾经在一个庙前的荷花池畔坐下。为了不把裙子弄脏,便将报纸垫在下面。一个戴斗笠的老人家马上递过来自己肩上的毛巾,说:"小姐,那个纸有字,不要坐啦,我的毛巾给你坐。"字,代表知识的价值,斗笠老伯坚持自己对知识的敬重。

对于心中某种"价值"和"秩序"的坚持,在乱世中尤其黑白分明起来。今天我们看见的巴黎雍容美丽一如既往,是因为,占领巴黎的德国指挥官在接到希特勒"撤退前彻底毁掉巴黎"的命令时,决定抗命不从,以自己的生命为代价保住一个古城。梁漱溟在日本军机的炮弹在身边轰然炸开时,静坐院落中,继续读书,思索东西文化和教育的问题。两者对后世的影响或许不同,"抵抗"的姿态却是一致的。

对"价值"和"秩序"有所坚持,对破坏这种"价值"和"秩序"有所抵抗,就是文化。

作者:龙应台

摘自《读者》2005 年第 15 期

一、根据文章内容选择正确答案

1. 作者是在什么情况下被问及"什么叫做文化"的?

    A. 在为台北市文化局的预算做辩护时

    B. 在跟一个议员为预算而吵架时

    C. 在为议会的预算做辩护时

2. 作者认为一个人的文化体现在什么地方?

    A. 体现在一个人不苟且,有品味,尊重自己上

    B. 体现在一个人如何对待自己、他人和所处的环境上

    C. 体现在一个人不霸道,不掠夺,尊重别人上

3. 作者认为什么是"文化底蕴"？
   A. 是在耳濡目染、潜移默化中形成的
   B. 人们穿衣服的习惯和礼貌
   C. 代代相传的礼数和价值观

4. 那个希腊老农对"美"的追求体现在什么地方？
   A. 喜欢谈论诗学和美学
   B. 喜欢种花种草，美化环境
   C. 对待自己、他人、环境的做法

5. "斗笠老伯"的行为表现了什么？
   A. 对女士的尊重
   B. 对知识的敬重
   C. 对东西的爱惜

6. 作者举出"德国指挥官"和"梁漱溟"这两个例子是想要说明：
   A. 对心中某种价值和秩序的坚持也是文化的表现
   B. 在乱世中能够坚持读书做学问很让人敬佩
   C. 德国军官用自己的生命保护了巴黎的美丽

二、谈一谈

1. 这篇文章中所说的"文化"与课文中所说的"文化"有区别吗？
2. 在文章中，作者举了一些具体的事例来说明什么是文化。你可以顺着她的思路再举出一些例子吗？
3. 总结作者的观点，她认为什么是文化？
4. 你认为一个人的素质是由什么决定的？怎么样才能提高人的素质？

课前思考

1. 什么是政治？
2. 你对中国的政治制度和执政党有什么了解？
3. 改革开放以来，中国的政治发生了哪些改变？
4. 本文是一篇关于中国政治改革的文章。作者胡鞍钢是清华大学国情研究中心主任，著名的中国国情研究专家。这篇文章分析了改革开放以来中国社会所经历和未来所需要的重大转型。阅读文章，总结一下中国社会第一次重大转型和第二次重大转型分别是什么，意义何在。

课 文

制度建设：中国的第二次重大转型

一、第一次转型：开创"经济建设时代"

1978 年，党的十一届三中全会①做出了党的中心工作由以阶级斗争为纲②转移到社会主义现代化经济建设上来的战略决策。全会认为,适应国内外形势的发展,及时、果断地把党和国家工作的着重点转移到社会主义现代化建设上来, 反映了历史的要求和人民的愿望, 代表了人民的根本利益。全会做出工作中心转移的新战略,抛弃了"以阶级斗争为纲"这个不适用于社会主义建设的"左"倾错误方针,解决了社会主义基本制度建立后的战略转移问题,这是党的中心工作第一次转型,被视为中国历史性的伟大转变,开辟了中国改革发展开放的新时期:

(1) 在思想上,冲破了长期存在的教条主义和个人崇拜的束缚,重新确立了实事求是的马克思主义③思想路线,坚持和发展了毛泽东思想④。这是中国思想解放、观念转变的最好时期。

(2) 在政治上,结束了长达 10 年的"文化大革命"⑤,形成了社会稳定、人心安定的"天下大治",逐步建立和健全了社会主义民主和法制⑥,改善了党和国家的民主生活,也改进了公共政策决策机制,形成了生动活泼的政治局面。这是建国以来最好的政治开明时期。

(3) 在经济上,出现了前所未有★的持续高增长时期,中国成为世界上经济增长率最高的国家之一,进入了发展速度最快、人民生活水平提高最显著的经济繁荣时期。

(4) 在国际上,中国首次大规模实行经济开放和社会开放政策,不断参与经济全球化⑦,并从中获得更大的收益,这是中国历史上最开放的时期。

20 多年改革开放的实践表明,1978 年中国共产党中心工作转移的重大战略决策是十分重要的,符合中国国情,顺应世界发展潮流。从制度变迁的角度来看,这是一次典型的强制性制度变迁,又是自上而下和自下而上相结合的制度变革, 也是人类发展史上参与人数规模最大的一次制度变革实践。

这次转型的最大功绩在于,它开创了现代中国的"贞观之治"⑧。"贞观之治"长达 23 年,曾是中国历史发展的高峰期,也代表着当时世界发展的最高水平。中国改革开放时间已经 24 年, 先后经历了两代领导人，与前者的时间跨度大体相当。与前者不同的是，这一次"天下大治"是在开放条件下进行的，不仅代表了中国发展的最好历史时期，而且也对人类发展做出了重要贡献。

二、需要第二次转型：开创"制度建设时代"

进入 21 世纪，中国的长远发展目标不仅要实现经济现代化，如邓小平⑨提出的"三步战略设想"⑩，而且还要实现制度现代化，如邓小平提出的党和国家领导制度的改革设想。中国共产党需要进行第二次战略转型，即从经济建设为中心转向制度建设为中心。其原因有：

第一，经济建设已经不再是党的中心工作了，党和政府的角色发生了重大变化，由对宏观经济⑪的"控制者"、"计划者"转向"指导者"、"引导者"。应当说，党和政府始终在推动中国经济高速发展、促进社会快速变迁、保持社会稳定和对外开放等方面起着至关重要的作用。但是随着经济快速发展、经济体制改革深化，经济活动主体如企业、国内外投资者、农户和广大消费者成为经济建设的主体，由于计划经济⑫不断被市场经济⑬机制所取代，政府逐步从竞争性领域撤离出来，国有经济比重下降，非国有经济比重上升，并日益超过国有经济的比重。党和政府对经济活动领域仍然坚持以往实行的全面控制、过度参与的做法，已经远远不能适应变化了的经济体制背景，如果继续实行以经济建设为中心的战略就会继续过度地干预微观经济⑭活动，同时也会人为地制造出各种各样的经济租金和政治租金，成为日益严重的腐败的重要来源。

第二，以经济建设为中心并不能自动地保证国家长治久安。过去 20 多年中国经历了持续的高速增长，出现了空前的经济繁荣。但是，经济繁荣并不必然或自动导致社会公平、社会公正和社会稳定。从历史来看,严重的社会危机往往发生在经济繁荣期;从许多发展中国家⑮的经验看,不公平、不公正的增长往往会突然因社会危机而★停滞、衰退甚至崩溃。当前,中国正在经历世界上最大规模的经济结构⑯调整,一些社会问题诸如工人下岗、城乡差距、地区差距和生态环境破坏等等,随着经济的发展而日益突出。我国经济社会生活中存在一些结构性的不稳定因素。经济持续增长并没有化解这些不稳定因素,反倒使其愈来愈强化。20年的实践表明:凡是保证了社会公正的时期,经济发展和政治稳定也就得到了保证;凡是牺牲了社会公正的时期,经济发展和政治稳定也就会受到威胁。我们认为,社会分配不公是中国社会不稳定的终极根源。因此,遏制分配不公平,纠正社会不公正现象已经不仅仅是伦理问题,也是涉及社会稳定的社会问题以及国家政权稳定性的政治问题。经济发展固然是硬道理,社会公正也是硬道理。坚持"共同富裕"不仅是社会主义的最大优越性,也是中国共产党及其政府合法性的基础。能否坚持"共同富裕",防止贫富两极分化,是中国改革成功或失败的关键标志。邓小平早在10年前就警告:"如果搞两极分化,情况就不同了,民族矛盾、区域间矛盾、阶级矛盾都会发展,相应地中央和地方的矛盾也会发展,就可能出乱子。"实际上,在过去20年中国是世界上基尼系数⑰变化最大的国家之一,不平等性越来越突出。解决这些矛盾不能仅仅靠把蛋糕做大⑱,更重要的是应通过建立国家基本制度包括收入分配制度、社会保障制度、财政转移支付制度、人民民主参与制度等,从制度上防止中国出现贫富两极分化。

　　第三,以制度建设为中心是国家制度现代化的客观需要。一个国家的现代化至少包括两个最主要的方面:一是经济现代化,如农业现代化、工业现代化、科学技术现代化和国防现代化;另一方面是制度现代化,即实现国家基本制度现代化,并实行"良治"(Good Governance),确保国家利益最大化,全体人民福利最大化。国家制度建设是一个现代国家的基本制度和国家"基础设施",它与一个国家现代化的经济建设具有很强的关联性和互补性。实现国家制度现代化不仅是现代国家最重要的目标,而且也是典型的国家性公共物品,没有国家制度的现代化就无法实现国家的经济现代化。如果说过去50年,中国的经济现代化是由中国共产党及中央政府首先发动和积极推动的,现在仍需要由党和政府指导和引导,并激励各种不同经济活动主体来推动的话,那么中国国家制度现代化则必须也只能由党和政府有意识地发动和领导,并付诸★实践,在建立小康社会⑲的同时建立高度民主与法制的现代化社会。

国家制度现代化是一个过程,即在充分学习吸收和借鉴人类现代化国家经验与知识的情况下,根据中国国情进行的制度创新、制度建设、制度实施的长期历史过程。它有助于降低国家的管理成本,调节不同社会集团的利益矛盾,维护经济活动所必须的社会秩序与交易规则,在全社会范围内建立广泛的收入分配和公共服务的可能性,提供改善全国人民的文化教育状况的人力资本条件。制度建设本身并不是经济建设,但却是促进经济建设并保证其持续发展的基础条件。

第四,制度建设是中国共产党执政方式的重大转型。中国社会不仅经历经济转型,即从计划经济向市场经济转型,而且还在经历社会转型,即从农业社会向工业社会、从农村社会向城市社会转型。上述两种转型能否成功取决于★作为执政党的中国共产党的主动转型和成功转型。1978年以来,党已经实现了第一次转型,即从革命方法统治到行政方法统治,从革命型政党到发展型政党,成为以推动经济发展为宗旨的执政党;党有能力推动经济发展,但是缺乏能力解决社会矛盾和冲突。这就需要党伴随着整个中国经济转型和社会转型,主动实施第二次转型,即从行政方法统治到政治方法统治,从直接政府(一级政府)统治到间接统治。党的政治合法性的主要意义并不在于作为执政党给人民带来正面的利益,受到人民的支持和拥护,而在于当其不能给人民带来积极利益的时候,甚至是产生负面的和消极的利益的时候,人民能够与之达成谅解,不起来推翻其统治。不要以为只要把蛋糕做大就能够化解一切矛盾或危机。随着经济市场化和全球化,政府控制国民经济⑳的能力会愈来愈弱,如果继续将合法性建立在经济增长上,无异于★把自己的命运托付于其他的力量。

中国共产党发展的历史过程是一个不断创新、及时调整、主动改革的历史过程。建国以来党的政治纲领和政治发展方向曾不断变化,大体经历三个重要时期:(1) 1953~1957 年时期,党的基本纲领是"一化(工业化)、三改"㉑,开创了社会主义经济建设的高涨时期,这是第一次经济建设时代;(2)1957~1978 年时期,党的基本纲领改变为"阶级斗争为纲",这是阶级斗争与"文化大革命"时期;(3)1978 年至"十五大"㉒时期,党的基本纲领是重新确立以经济建设为中心,开创了第二次经济建设时代。我们认为,进入 21 世纪,以"十六大"㉓为标志,党的纲领和中心工作应该转向现代国家制度建设为中心,开创制度建设时代。

中国共产党的转型是确保中国成功地实现"社会转型"、"市场转型"和"政府转型"的关键。从共产党内部发展模式看,共产党需要"自我改革、自我创新、自我转型、自我建设";从共产党面对的外部挑战看,需要"锐意进取、不断创新、主动转型、从★严建设"。

作者:胡鞍钢

摘自《第二次转型——国家制度建设》,

清华大学出版社 2003 年 7 月版

词语

1. 转型	zhuǎnxíng	动	社会经济结构、文化形态、价值观念等发生转变。transform, change the style
2. 开创	kāichuàng	动	开始建立;创建。
3. 果断	guǒduàn	形	有决断;不犹豫。
4. 着重点	zhuózhòngdiǎn		侧重的方面;重点所在的地方。
5. 抛弃	pāoqì	动	扔掉不要。(抛弃——遗弃——扬弃)
6. "左"倾	"zuǒ"qīng	形	分不清事物发展的不同阶段,在革命斗争中表现急躁盲动的。left-leaning; progressive
7. 战略转移	zhànlüè zhuǎnyí		决定全局的策略发生了改变。
8. 视为	shìwéi	动	看作;认为是。
9. 历史性	lìshǐxìng	名	体现事物发展进程的具有某种时代意义的性质。historic; of historic significance
10. 冲破	chōngpò	动	突破某种状态、限制等。(冲破——突破)
11. 教条主义	jiàotiáo zhǔyì		主观主义的一种,不分析事物的变化、发展,不研究事物矛盾的特殊性,只是生搬硬套现成的原则、概念来处理问题。dogmatism; doctrinairism
12. 个人崇拜	gèrén chóngbài		神化个别人物并加以盲目崇拜的社会现象。

13. 确立	quèlì	动	稳固地建立或树立。
14. 实事求是	shí shì qiú shì		从实际情况出发,不夸大,不缩小,正确地对待和处理问题。
15. 路线	lùxiàn	名	思想上、政治上或工作上所遵循的根本途经或基本准则。
16. 天下大治	tiānxià dà zhì		指国家政治稳定,社会安定,经济繁荣。
17. 公共政策	gōnggòng zhèngcè		指政府为实现一定的目标,在对社会公众利益进行选择、综合与分配中所遵循的准则。
18. 建国	jiànguó	动	建立国家。
19. 前所未有	qián suǒ wèi yǒu		历史上从来没有过。
20. 持续	chíxù	动	延续不断。(持续——继续——延续)
21. 首次	shǒucì	数	第一次。
22. 从中	cóngzhōng	副	在其间;在其中。
23. 收益	shōuyì	名	生产上或商业上的收入。
24. 国情	guóqíng	名	一个国家的社会性质、政治、经济、文化等方面的基本情况和特点,也特指一个国家某一时期的基本情况和特点。
25. 顺应	shùnyìng	动	顺从;适应。
26. 潮流	cháoliú	名	比喻社会变动或发展趋势。trend
27. 强制	qiángzhì	动	用政治或经济力量强迫。
28. 变迁	biànqiān	动	情况或阶段的变化转移。

29. 功绩	gōngjì	名	功劳和业绩。（功绩——功劳——功勋）
30. 高峰期	gāofēngqī	名	（事物发展）最兴旺的时期。
31. 前者	qiánzhě	名	指次序在前面的（人或事物）。
32. 跨度	kuàdù	名	泛指距离。
33. 大体	dàtǐ	副	就多数情形或主要方面说。
34. 转向	zhuǎnxiàng	动	转变方向。
35. 角色	juésè	名	比喻生活中某种类型的人物。
36. 快速	kuàisù	形	速度快的;迅速。
37. 至关重要	zhì guān zhòngyào		最为重要。
38. 深化	shēnhuà	动	向更深的阶段发展。
39. 主体	zhǔtǐ	名	事物的主要部分。
40. 投资	tóuzī	动	为达到一定目的而投入资金。
41. 农户	nónghù	名	从事农业生产的人家。
42. 撤离	chèlí	动	撤退;离开。
43. 国有	guóyǒu	动	国家所有。
44. 以往	yǐwǎng	名	从前;以前。
45. 过度	guòdù	形	超过适当的限度。
46. 干预	gānyù	动	过问（别人的事）。
47. 人为	rénwéi	形	人造成的（用于不如意的事）。
48. 各种各样	gè zhǒng gè yàng		许多不同的种类或方式。
49. 租金	zūjīn	名	租房屋、土地或物品的钱。
50. 腐败	fǔbài	形	（思想）陈旧,（行为）堕落;（制度、组织、机构、措施等）混乱、黑暗。（腐败——腐朽）
51. 长治久安	cháng zhì jiǔ ān		指社会秩序长期安定太平。

52. 公平	gōngpíng	形	处理事情合情合理，不偏袒哪一方面。（公平——公正——公道）
53. 衰退	shuāituì	动	（国家的政治经济状况）衰落。
54. 崩溃	bēngkuì	动	完全破坏。
55. 下岗	xià gǎng	动	职工因企业破产、裁减人员等原因失去工作岗位。
56. 城乡	chéngxiāng	名	城市和乡村。
57. 差距	chājù	名	事物之间的差别程度。
58. 生态环境	shēngtài huánjìng		生物和影响生物生存与发展的一切外界条件的总和。
59. 化解	huàjiě	动	解除;消除。
60. 反倒	fǎndào	副	反而。
61. 强化	qiánghuà	动	加强;使坚强巩固。
62. 不公	bùgōng	形	不公道;不公平。
63. 终极	zhōngjí	名	最终;最后。
64. 遏制	èzhì	动	制止;控制。
65. 伦理	lúnlǐ	名	指人与人相处的各种道德准则。ethics; moral; principles
66. 涉及	shèjí	动	牵涉到;关联到。
67. 硬道理	yìngdàolǐ		指不容商量的、根本和必要的因素。
68. 能否	néngfǒu	动	能不能。表示疑问。
69. 贫富	pínfù		穷困和富有。
70. 两极分化	liǎngjí fēnhuà		事物分裂为两个极端或两个对立面。
71. 相应	xiāngyìng	动	互相呼应或照应;相适应。
72. 乱子	luànzi	名	祸事;纠纷。
73. 支付	zhīfù	动	付出(款项)。
74. 确保	quèbǎo	动	确实地保持或保证。

75. 最大化	zuìdàhuà		表示转变为最大的状态。
76. 福利	fúlì	名	生活上的利益,特指对人民生活(食、宿、医疗等)的照顾。
77. 关联性	guānliánxìng		指事物相互之间发生牵连和影响的性质。
78. 互补性	hùbǔxìng		指事物之间具有相互补充的性质。
79. 有意识	yǒuyìshí	副	主观上意识到的;有目的有计划的。
80. 付诸	fù zhū		把东西、计划等交给或落实在某处。诸:"之于"的合音。
81. 借鉴	jièjiàn	动	跟别的人或事相对照,以便取长补短或吸取教训。
82. 有助于	yǒuzhùyú	动	对某人某事有帮助。
83. 执政	zhízhèng	动	掌握政权。
84. 农业社会	nóngyè shèhuì		指以农耕为主的自给自足的社会形态。
85. 工业社会	gōngyè shèhuì		指通过工业革命,以机器化大生产占主导地位的社会形态。
86. 取决(于)	qǔjué(yú)	动	由某方面或某种情况决定。
87. 宗旨	zōngzhǐ	名	主要的目的和意图。aim; purpose
88. 伴随	bànsuí	动	随同;跟随。
89. 间接	jiànjiē	形	通过第三者发生关系的。
90. 负面	fùmiàn	形	坏的、消极的一面;反面。
91. 无异(于)	wúyì(yú)	动	没有不同;等同。
92. 托付	tuōfù	动	委托别人照料或办理。
93. 高涨	gāozhǎng	形	(士气、情绪等)旺盛;饱满。

94. 模式	móshì	名	某种事物的标准形式或使人可以照着做的标准样式。
95. 挑战	tiǎozhàn	动	鼓动对方跟自己竞赛。
96. 锐意	ruìyì	副	意志坚决,勇往直前。
97. 从严	cóngyán	动	采取严厉的措施;采用严格的标准(行事)。

注 释

① 党的十一届三中全会 dǎng de shíyī jiè sānzhōng quánhuì: 党,指中国共产党。Chinese Communist Party (CCP)。十一届三中全会:指 1978 年 12 月 18 日至 22 日在北京召开的中国共产党第十一届中央委员会第三次全体会议。这次会议的主要意义在于:确定了解放思想、开动脑筋、实事求是、团结一致向前看的指导方针;果断地停止使用"以阶级斗争为纲"和"无产阶级专政下继续革命"的口号,作出把工作重点转移到社会主义现代化建设上来的战略决策,并富有远见地提出了对党和国家各个方面的工作进行改革的任务;提出要健全社会主义民主和加强社会主义法制的任务。十一届三中全会是建国以来中国共产党的历史上具有深远意义的重要会议,它从根本上冲破了长期"左"倾错误的严重束缚,端正了党的指导思想,重新确立了党的马克思主义的正确路线。它在拨乱反正,提出改革任务,推动农村改革方面起了伟大的历史作用。

② 以阶级斗争为纲 yǐ jiējí dòuzhēng wéi gāng: 1957 年 10 月,在反右斗争扩大化的影响下,毛泽东在党的八届三中全会上提出,无产阶级和资产阶级的矛盾,社会主义道路和资本主义道路的矛盾,仍然是当前中国社会的主要矛盾。自 1957 年之后,全党全国的各项工作从根本指导思想上说均以"阶级斗争为纲"。这个对阶级斗争夸大化、绝对化的提法,一度成为流行口号,直至党的十一届三中全会被断然否决。

③ 马克思主义 Mǎkèsī zhǔyì: 马克思(Karl Marx)和恩格斯(Friedrich Engels)所
创立的无产阶级思想体系。基本组成部分是马克思主义哲学即辩证唯
物主义和历史唯物主义、政治经济学和科学社会主义。三者构成有机
的统一体。是无产阶级政党指导思想的理论基础。

④ 毛泽东思想 Máo Zédōng sīxiǎng: 马克思列宁主义的普遍真理和中国
革命的具体实践相结合而形成的思想体系,是以毛泽东为主要代表的
中国共产党,在马克思列宁主义指导下,在半个多世纪中领导中国人
民进行民主革命和社会主义革命、社会主义建设的实践经验的结晶。

⑤ "文化大革命" Wénhuà Dà Gémìng: 指 1966 年 5 月到 1976 年 10 月在
全中国范围内开展的一场大规模的政治运动。它是一场由领导者错误
发动,给党、国家和人民带来严重灾难的内乱。全称"无产阶级文化大
革命",简称"文革"。

⑥ 社会主义民主和法制 shèhuì zhǔyì mínzhǔ hé fǎzhì: 社会主义民主:无产
阶级的政治制度。是无产阶级和广大人民享有的民主。在社会主义制
度下,人民是国家的主人,国家的一切权力属于人民。是人类历史上新
的最广泛和最高类型的民主。社会主义民主有一个逐步完善的过程。
建设高度的社会主义民主,是社会主义革命和社会主义建设的根本目
标和根本任务之一。社会主义法治:通常泛指社会主义国家的法律与
制度,或指社会主义民主的制度化、法律化。包括在国家的政治生活、
经济生活和社会生活各个方面的各个环节都做到"有法可依,有法必
依,执法必严,违法必究"。社会主义法治与社会主义民主是密切联系,
不可分割的。

⑦ 经济全球化 jīngjì quánqiúhuà: 世界各国的经济在生产、分配、消费环
节的全球一体化趋势,是生产能力存量在全球范围内的转移活动。其
表现包括金融和资本国际化、生产跨国化、贸易和市场国际化、科技和
知识国际化。

⑧ 贞观之治 Zhēnguān zhī Zhì: 中国历史上对唐太宗贞观年间(627—649)
政绩的美称。唐太宗常以隋亡为鉴,吸取隋末农民起义的教训,重视老
百姓的休养生息,减轻赋役,继续推行均田制,选拔统治人才,发展科
举制度。贞观年间,人口增加,经济得到较快恢复,史称"贞观之治"。

⑨ 邓小平 Dèng Xiǎopíng：1904—1997，四川广安人，中国共产党、中国人民解放军、中华人民共和国的主要领导人。主要著作编为《邓小平文选》。

⑩ 三步战略设想 sānbù zhànlüè shèxiǎng：由邓小平于 1979 年底首先提出，尔后经过反复论证，已为党的十二大、十三大确立的我国从 20 世纪 80 年代到 21 世纪中叶共七十年的三步发展战略目标，即到 80 年代末实现翻一番基本解决温饱、到 20 世纪末再翻一番进入小康社会、到 21 世纪中叶再翻两番建成中等水平的发达国家，这样一个"三部曲"的目标。

⑪ 宏观经济 hóngguān jīngjì：与"微观经济"相对。指整个社会范围的经济活动。如社会的总供给和总需求的关系，国民收入分配中的消费、储蓄和投资总量的关系，经济增长与经济波动等。

⑫ 计划经济 jìhuà jīngjì：指国家按照统一计划通过行政手段管理国民经济的经济体制。

⑬ 市场经济 shìchǎng jīngjì：以市场作为资源配置的基础，通过市场机制进行调节的国民经济。

⑭ 微观经济 wēiguān jīngjì：与"宏观经济"相对。指单个经济单位和单个经济活动，如单个企业的生产经营活动，单个企业的产量、成本和利润，某种商品的需求、供给和价格，某一工厂职工人数及劳动生产率等。

⑮ 发展中国家 fāzhǎn zhōng guójiā：与"发达国家"相对，尚处于贫穷落后或不发达状态，正在加快经济发展的国家。

⑯ 经济结构 jīngjì jiégòu：指国民经济中不同的经济成分，不同的产业部门及社会再生产各个方面的质的适应性，量的比例性和相互之间的关联状况，是生产力结构和生产关系结构的总和。

⑰ 基尼系数 jīnī xìshù：由意大利统计学家基尼（Corrado Gini，1884—1965）提出的判断社会分配平等程度的指标。这一系数数值在 0 与 1 之间，数值越大，分配的不平均程度越大。

⑱ 把蛋糕做大 bǎ dàngāo zuò dà：这里的"蛋糕"是比喻生产经营的规模、经费、财富等的完整体。"把蛋糕做大"，泛指使经济活动进一步发展。

⑲ 小康社会 xiǎokāng shèhuì："小康"是指普通百姓可维持中等水平生活的家庭经济状况。"小康社会"是中国共产党的十六大报告中提出的新

概念。指经济更加发展,民主更加健全,科教更加进步,文化更加繁荣,社会更加和谐,人民生活更加殷实、富裕的一个物质、政治、精神和生态文明全面发展的社会。国际经济学界认为,小康水平的标准是人们用于生存资料(主要指食物)方面的消费支出占总消费支出的 40%—50%之间,国民人均收入在 1000 美元左右。

⑳ 国民经济 guómín jīngjì:一个国家的生产、流通、分配和消费的总体,包括各个生产部门和为生产服务的流通部门,如工业、农业、建筑业、交通运输业、商业等,也包括文化、教育、科学研究、医药卫生等非生产部门。

㉑ 一化三改 yīhuà-sāngǎi:"一化"即逐步实现社会主义工业化。"三改"即逐步实现对农业、手工业和资本主义工商业的社会主义改造。这是 1953 年中国共产党提出的过渡时期(指从中华人民共和国成立,到社会主义改造基本完成)的总路线。

㉒ 十五大 shíwǔ dà:即指中国共产党第十五次全国代表大会,这次大会于 1997 年 9 月 12 日至 18 日在北京召开。

㉓ 十六大 shíliù dà:即指中国共产党第十六次全国代表大会,这次大会于 2002 年 11 月 15 日至 21 日在北京召开。

词语辨析

1. 抛弃——遗弃——扬弃

语义

　　这三个词都表示扔掉不要。

　　例:(1) 请自觉维护公共卫生,不要随便**抛弃**杂物。

　　　　(2) 法律有规定,**遗弃**没有生活能力的老人或孩子是一种犯罪。

(3) **扬弃**糟粕,吸取精华,这是对待外来文化应该具有的态度。

这三个词语义上的差别主要有几点:

a. 语义侧重点不同:

"抛弃"侧重在因厌恶或感到无用而丢弃不要;"遗弃"侧重在认为无用、累赘或厌恶而丢弃,不理睬不过问,常有不该遗弃的意思;"扬弃"侧重在为了发扬好的、有用的东西而丢弃不好的或感到无用的东西。(见例1、2、3)

b. 所指的对象有所区别:

"抛弃"的对象可以是人或具体事物,也可以是抽象事物,使用范围最大;"遗弃"多用于人或动物,也可以用于具体事物,范围比"抛弃"小;"扬弃"的对象则多为抽象事物,不能用于人或具体事物。

例:(4) 时代发展一日千里,你这种陈旧的老观念早就该**抛弃**啦。

(5) 随便**遗弃**家养的小动物是非常不负责任的行为,我们应该通过立法来限制这种行为。

(6) 唐代的诗歌既继承了以往诗歌创作的丰富经验,同时也**扬弃**了文人诗歌雕琢做作的弊病,取得了空前巨大的文学成就。

用法

这三个词都是动词,都可以带宾语,都不能重叠。但它们的搭配对象有所不同:

例:(7) **抛弃**孩子 / **抛弃**东西 / **抛弃**财产 / **抛弃**家庭 / **抛弃**思想 / **抛弃**观点 / **抛弃**观念 / **抛弃**理论 / **抛弃**方法 / **抛弃**荣誉 / **抛弃**幻想 / **抛弃**事业 / **抛弃**得失 / **抛弃**制度 / **抛弃**亲情

(8) **遗弃**家人 / **遗弃**老人 / **遗弃**孩子 / **遗弃**动物 / **遗弃**物品 / **遗弃**设备 / **遗弃**物资

(9) **扬弃**旧文化 / **扬弃**旧思想 / **扬弃**旧制度 / **扬弃**旧道德 / **扬弃**旧意识 / **扬弃**糟粕 / **扬弃**理论 / **扬弃**观点

另外,"遗弃"可以构成"遗弃罪"。

语体

"抛弃"、"遗弃"通用于口语和书面语;"扬弃"常用于书面语。

练习: 把这三个词填入下面的句子:

(1) 王子为了跟这个平民女孩结婚,毅然(　　)了令人羡慕的地位和财产。

(2) 听说大部分被主人(　　)的动物不是饿死就是病死,活着就被当作垃圾处理掉,命运非常悲惨。

(3) 旧文化中有许多糟粕是我们应该坚决(　　)的。

(4) 被男朋友或女朋友(　　)的确是一件令人沮丧的事情,但也不要因此而失去对生活信心。只要热爱生活,就会有新的机会。

(5) 无论如何家庭亲情是不能(　　)的,这是我们生命中最珍贵的东西。

(6) 重男轻女这种传统的旧意识应该彻底(　　),但要真正做到男女平等也不是一件容易的事情。

2. **冲破——突破**

语义

这两个词都表示向前猛冲,打破障碍。

例:(1) 十万大军**冲破** / **突破**了敌人的防线,勇往直前,所向无敌。

(2) 在老师的亲切鼓励下,小丽终于**冲破** / **突破**了与老师之间的界限,向老师吐露了心声。

这两个词在语义上的差别主要是语义侧重点不同：

"冲破"侧重在集中力量在短时间内向前冲击，可以指全面打破障碍，也可以指打破一点而致使全面崩溃；"突破"侧重指攻击一点(常是薄弱环节)，达到打开缺口的目的。

例：(3) 她**冲破**了社会、学校、家庭的重重阻力，终于与身有残疾的男朋友走进了婚姻的殿堂。

(4) 只要**突破**了这个难题，那么所有的问题就都迎刃而解了。

(5) 这支探险队终于**突破**了这个天险，顺利登上了海拔5000米的顶峰。

(6) 在科学研究的工作中，每**突破**一个难点，就向成功迈进了一步。

用法

这两个词都是动词，都可以带宾语，都不能重叠。在用法上的主要差别是在词性上："冲破"不能做名词用，而"突破"可以做名词用。

例：(7) 经过心理医生的辅导，小明终于鼓起勇气在全班同学面前发表了他的第一次演说，这对他来说是一个巨大的**突破**。

(8) 这次比赛成绩上的**突破**给了他巨大的自信，他全力以赴再一次投入到训练中去。

(9) 今年，公司在销售业绩上又有了新的**突破**，有关人员都受到了奖励。

练习：把这两个词填入下面的句子

(1) 他们(　　)了一个又一个的技术难题，终于研制出了一种可以治疗艾滋病的新药，给患者带来了生的希望。

(2) 这部电影讲的是女主人公勇敢地(　　)封建枷锁，追求幸福和自由的故事。

(3) 现在电视机的产量是每天 1000 台,下半年有望( )这个数字。

(4) 谈判几经挫折,( )了层层障碍,才取得了今天的成果,实属不易。

(5) 在这次比赛中,我们队的成绩有了新的( ),大家都为此而欢欣鼓舞。

3. 持续——继续——延续

语义

这三个词都有连续的意思。

例:(1) 瓢泼大雨持续了一整天,马路上已经一片汪洋了。

(2) 暂停结束后,比赛继续进行。

(3) 大路向远方延续,仿佛一直通向天边。

这三个词语义上的差别主要是语义侧重点不同:

"持续"着重于表示不间断地进行;"继续"着重于表示前后相连,但可以是持续不断的,也可以是有停顿或间歇的;"延续"着重于表示行为状态照原来的样子继续下去。试体会:

例:(4) 孩子的高烧持续不退,他的父母焦急不安地守候在他的身边。

(5) 他习惯在学习一个小时后,站起来活动一下儿,然后再继续学习。

(6) 这种不正常的状况不能再延续下去,必须加以改变。

用法

这三个词都是动词,都不能重叠。它们的主要区别有:

a. 词性:"继续"同时又是名词,意思是跟某一事有关联的另一件事。

例:(7) 这场比赛是上一场比赛的继续,不过比上一场更加紧张激烈,扣人心弦。

(8) 这次的促销活动是上一次的**继续**,只不过推销的东西不一样而已。

b. 搭配(一):"持续"在句子中可以做定语。

例:(9) **持续**的大风天气,给这里人们的生活造成了极大的影响。

c. 搭配(二):"持续"不能带宾语,而"继续"、"延续"可以带宾语。但"继续"常带动词性的宾语,"延续"则常带名词性的宾语。

例:(10) 他去军队当了两年兵以后又回到大学,**继续**自己的学业。

(11) **继续**工作 / **继续**学习 / **继续**比赛 / **继续**治疗 / **继续**发展 / **继续**提高

(12) 大夫为了**延续**他的生命,采取了一切可以采取的措施。

d. 搭配(三):"持续"可以组合成"持续性"、"可持续发展"等。"继续"可以组合成"继续教育"。

e. 搭配(四):"继续"可以用正反式"继续不继续"提问。"持续"和"延续"不可以。

语体

"持续"、"延续"多用于书面语;"继续"通用于书面语和口语。

练习:把这三个词填入下面的句子

(1) 中场休息结束之后,比赛( )进行,双方的争抢更加激烈了,观众的情绪也随之而高涨起来。

(2) 高温已经( )一个星期了,医院里面心脑血管方面的病人骤增,因为中暑而晕倒的也不在少数。

(3) 自打他坚持每天散步一个小时以后,体重明显减轻,感觉更有活力了,所以他打算(   )坚持下去。

(4) 这所大学有一个(   )教育学院,是专门面向已经工作的成年人的。

(5) 孔子说得好:"人无远虑,必有近忧。"作为决策者,不光要考虑这个地区现在的发展,更需要考虑以后的可(   )发展。

(6) 新任校长(   )了过去的做法,鼓励老师们开拓创新,不断进取。

4. 功绩——功劳——功勋

语义

这三个词都指贡献和成就,都是褒义词。

例:(1) 他把这支球队带进了世界顶级赛事,**功绩**不凡。

(2) 他们家的孩子长大后都很有出息,在这方面父母有很大的**功劳**。

(3) 老将军**功勋**卓著,被授予代表国家最高荣誉的勋章。

这三个词语义上的差别主要是语义侧重点和语义轻重不同:

"功绩"侧重指比较大的贡献和成绩,语义比"功劳"重;"功劳"泛指各种贡献,语义较轻,可用于一般的事情和较重大的事情,运用范围最广;"功勋"侧重指特别重大的成就和特殊贡献,多用于国家、民族、政党、军事等方面,语义最重,运用范围较窄。试体会:

例:(4) 历史不会忘记这些为保卫国家而献出生命的英雄们的伟大**功绩**。

(5) 这次多亏你帮我找到了重要的钥匙和证件，**功劳**不小，我非得好好感谢你一番不可。

(6) 老一辈革命家为缔造新中国建立了不朽的**功勋**，值得我们崇敬。

用法

这三个词都是名词。它们在用法上的主要区别是搭配：

"功绩"可以组合为"丰功伟绩"；"功劳"可以构成成语"汗马功劳"；"功勋"则可以组合成"不朽的功勋、伟大的功勋、卓越的功勋、功勋卓著、功勋显赫"等。

例：(7) 秦始皇、汉武帝、唐太宗等皇帝在中国历史上都建立了**丰功伟绩**。

(8) 在这场关键的比赛中，姚明表现神勇，频频得分，为中国队获胜立下了**汗马功劳**。

(9) 这些**功勋**显赫的老将军现在已经步入了晚年，他们应当受到国家的照顾和人民的尊敬。

语体

"功绩"、"功勋"多用于书面语；"功劳"通用于书面语和口语。

练习：把这三个词填入下面的句子

(1) 我爷爷是个（　　）卓著的老将军，经常给我们讲他以前的那些不平凡的经历，我们每次都听得津津有味。

(2) 蔬菜和水果（　　）很大，它们为我们人类提供了大量的维生素、微量元素和纤维素。

(3) 唐太宗李世民实行开明的统治，形成了贞观之治，国家和老百姓都获益不小，可以说是个（　　）盖世的帝王。

(4) 东晋时代的王羲之、王献之父子精于书法，创造了精妙绝伦的"王体"，在书法发展史上立下的（　　）是众所周知的。

(5) 年轻有为的李村长带领村民们修路修桥，发展多种经营，为村民们致富立下了汗马（　　）。

(6) 公司发展到今天，进入了国内500强，王总的（　　）是不容抹杀的。

5. 腐败——腐朽

语义

这两个词都可以形容东西变坏或人的思想、生活堕落，都是贬义词。

例：(1) 贪污腐败是社会的毒瘤，也是老百姓最痛恨的事情。

(2) 一些封建的腐朽思想在这个落后的小山村里还有市场。

这两个词语义上的差别主要有：

a."腐败"同"腐烂"，有机体或食物由于微生物的滋生而被破坏的意思。"腐朽"没有这个意思。

例：(3) 已经腐败的食物是绝对不能食用的，否则对健康危害极大。

(4) 鱼肉已经腐败了，赶快扔掉吧。

b."腐朽"有木料由于长时间的风吹雨打或微生物的侵害而遭到破坏的意思，"腐败"没有这个意思。

例：(5) 这些木头已经腐朽了，不能再派什么用场了。

c."腐败"侧重指败坏，语义较轻，多用来形容社会、政治、制度、机构等，"腐朽"侧重指没落的、垂死的，多用来形容社会制度、生活作风、思想观念等，语义比"腐败"重。

例：(6) 清代末年,社会动荡,政治**腐败**,民不聊生,中国社
会亟待变革。

(7) 别让封建的**腐朽**思想再侵蚀我们的社会和生活。

用法

这两个词都是形容词,都不能重叠。它们在用法上的区别是
在搭配的方面:

"腐朽"可以构成"腐朽性","腐败"没有这种用法。

语体

这两个词在语体上没有明显差异,都多用于书面语。

练习：把这两个词填入下面的句子

(1) (　　)的蔬菜水果会产生大量的毒素,威胁我们
的健康,是绝对不能食用的。

(2) 这些木头不能堆放在室外,否则风吹日晒的,没
多长时间就会(　　),不能再利用了,岂不可惜。

(3) 贪污(　　)是我们这个社会现在的一大顽疾,虽
然国家已经三令五申,但还是有人明知故犯。

(4) (　　)的封建社会终于在辛亥革命的风暴中倒
台了,但是这一切并没有给中国带来希望,新的
危机仍在不断地产生。

6. 公正——公平——公道

语义

这三个词都有处理事情合情合理,不偏袒哪一方的意思,都
是褒义词,在一些语境中可以通用。

例：(1) 我们单位的领导办事一向很**公正/公平/公道**,员
工们都无话可说。

这三个词语义上的差别主要是语义侧重点不同:

"公正"侧重指正直无私，常形容人的品质，有时也可以指事情；"公平"侧重指处理事务、分配物资等合情合理，不偏袒哪一方；"公道"除了指对人对事公平外，还可以用于价格、买卖等。

例：(2) **公正**无私的老板是最受员工欢迎的。你的老板是这样的人吗？

(3) 上课时，老师给每一个学生的练习机会都很**公平**。

(4) 大家都觉得附近的这家超市价格**公道**，所以常去光顾。

用法

这三个词都是形容词，都不能重叠。用法上的区别有：

a. 词性："公道"还可以做名词。如："讨个公道"、"主持公道"、"世间自有公道在"、"公道在人心"等。

例：(5) 买了不合格的商品，商场又不给退换，你可以打12315 或去消费者协会**讨个公道**。

b. 搭配(一)："公正"常组合为"公正无私"，"公平"常组合为"公平合理"、"公平正直"、"公平秤"；"公道"常组合为"公道话"。

例：(6) 老张在担任公司总经理期间，积极开拓，认真负责，**公正无私**，赢得了员工们的爱戴和尊敬。

(7) 校长把三个奖教金的名额都给了同一个部门，大家都觉得这件事情办得不够**公平合理**。

(8) 这件事怎么能只怪我一个人呢？老王，你比较了解情况，你给说句**公道话**。

c. 搭配(二)："公正"、"公平"常用来修饰动词，而"公道"很少这样用。

例：(8) **公正执法 / 公正裁决 / 公正判决 / 公正评判 / 公正评论**

(9) **公平**竞争 / **公平**办事 / **公平**对待 / **公平**待人 / **公平**买卖 / **公平**交易 / **公平**判决

语体

这三个词在语体上没有明显差异,都通用于书面语和口语。

练习: 把这三个词填入下面的句子

(1) 幼儿园的老师把饼干和糖果( )地分给每个孩子,孩子们兴高采烈地吃了起来。

(2) 关羽是中国历史上公认的英雄人物,他忠诚侠义,( )不阿,英勇善战,是后世老百姓称颂的对象。

(3) 两辆汽车发生了剐蹭,两个司机因为事故责任而争执不下,只好请警察来主持( )。

(4) 你说句( )话,这件事情到底谁对谁错?

(5) 市场里有( )秤,你要是不放心的话可以再去约一下。

(6) 作为执法者,首先应该做到( )执法,才能赢得群众的信任。

(7) 我认为对于中国这样一个人口众多的国家来说,高考是一种相对( )的竞争,能够给更多的年轻人提供发展机会。

语言点

1. 在经济上,出现了 <u>前所未有</u> 的持续高增长时期,……

【解释】 前所未有:意思是历史上从来没有过。在句子中常做谓语或定语,或用于"是……的"结构中,也可以单独成句。

【举例】(1) 现在中国正处在**前所未有**的繁荣、开明的时代,这使它产生了巨大的吸引力。

(2) 这种现象**前所未有**,真让人匪夷所思。

(3) 一个公司能够把这么多资金用于公益事业,这是**前所未有**的。

【链接】"前所未有"的"有"可以用其他单音节动词替换,如"前所未见、前所未闻、前所未遇、前所未知、前所未解"等。

【练习】把"前所未有"和【链接】中的例子填入下面的句子:

(1) 现在世界上还有很多( )之谜需要我们去研究和探索。

(2) 大家在深山中迷路了。这种事情我们( ),束手无策,只好等待救援。

(3) 在学校的体育文化节上,他在羽毛球比赛中取得了( )的好成绩。

(4) 水会从低处往高处流,这种事情是我们( )的。

(5) 科学家通过研究,把很多我们( )的事实和道理揭示出来,使我们大开眼界。

2. ……,不公平、不公正的增长会突然因社会危机**而**停滞、衰退甚至崩溃。

【解释】因……而……:表示因果关系,前面是"因",后面是"果"。是一种书面化的表达方式。

【举例】(1) 今晚的露天演出因天气原因**而**取消,请各位观众谅解。

(2) 这批汽车因刹车系统有质量问题**而**被召回,消费者对此表示理解。

(3) 因外语成绩不合格**而**失去读研究生的机会,这种情况司空见惯。

(4) 股民的热情因股票价格上扬**而**不断提升,有专家警告说,股市有泡沫,风险很大,入市一定要谨慎小心。

【练习】用"因……而……"把下面所给的材料连接成句子：

    (1) 运动员抢跑   重新开始

    (2) 滥砍滥伐   水土流失

    (3) 小狗走失   闷闷不乐

    (4) 生活习惯不健康   英年早逝

    (5) 性格不合   分道扬镳(biāo)

    (6) 出差错   炒鱿鱼

3. 中国国家制度现代化则必须也只能由党和政府有意识地发动和领导，并**付诸**实践，……

【解释】付诸：动词，书面语。诸："之于"的合音。付诸：把东西、计划等交给或落实在某处。还可以说"付诸行动、付诸实施、付诸东流、付诸流水、付诸一笑"等。

【举例1】(1) 不能光说不练，要把你所承诺的**付诸**行动才好。

        (2) 小张这次又没考上研究生，多年的努力**付诸**东流，他的心情可想而知。

        (3) 林教授不仅善于搞理论研究，而且也善于把自己的理论**付诸**实践。

【链接】诉诸：指采用某种方法。比如诉诸法律、诉诸武力、诉诸暴力。

【举例2】(4) 如果物业再不解决在小区管理上不作为的问题，业主们就打算**诉诸法律**了。

        (5) 解决问题不要动不动就**诉诸武力**，能通过和平的方式解决是最佳选择。

【练习】用"付诸……"或"诉诸……"填入下面的句子：

    (1) 为了不让自己多年来的梦想（　　　），他决定再作一次努力。

    (2) 这项新政策已经（　　　），这大大有利于缓解早晚高峰时间的交通压力。

(3) 听到这些流言蜚语,她只是(　　),并不把它当回事。

(4) 难道只有(　　)才能解决两国之间的纠纷吗?

(5) 这项研究目前还处在实验室阶段,还没有(　　)。

(6) 他是个说干就干的急性子人,早已经把自己的计划(　　)了。

4. 上述两种转型能否成功**取决于**作为执政党的中国共产党的主动转型和成功转型。

【解释】取决(于):动词,意思是由某方面或某种情况决定。后面一定要有"于"。

【举例】(1) 其实一个人的命运在很大程度上**取决于**他的性格,所以有人说:性格决定命运。

(2) 在中国,老师对学生的评价常常**取决于**学生的成绩,很多人对这一点颇有微辞。

(3) 花草树木的生长情况**取决于**自然条件和人对它们的照顾,这两个方面缺一不可。

【练习】用"取决于"完成下面的句子:

(1) 我是否接受他的求爱,……

(2) 一个人学习成绩的好坏,……

(3) 一个国家的教育是否发达,……

(4) 家庭关系的和谐与否,……

(5) 老板是否会录用你,……

(6) 能否真正掌握一门外语,……

5. ……,如果继续将合法性建立在经济增长上,**无异于**把自己的命运托付于其他力量。

【解释】无异(于):动词,书面语,意思是没有不同;等同。

【举例】(1) 正在他紧张备考的时候,收到了朋友鼓励的信息,这**无异于**给他打了一针强心针。

(2) 妻子有了第三者,这**无异于**给了他当头一棒。

(3) 他把自己养的宠物抛弃了,这**无异于**把它推进了火坑。

(4) 吸毒**无异于**把自己送上了一条不归之路,希望大家千万别走上这条可怕的路。

【练习】用"无异于"改写下面的句子:

(1) 老板说我的面试成绩名列前茅,这等于给我吃了一颗定心丸。

(2) 刚刚丢了工作,妈妈又得了重病。对我来说,这等于是雪上加霜。

(3) A国断绝了与B国的一切外交和经贸往来,这就是说两国的关系降到了冰点。

(4) 近几年,中国的汽车工业突飞猛进,这就好像给国民经济打了一剂强心针。

(5) 你十几天不给花草浇水,这不是把这些植物送上死路了吗?

(6) 盖房子如果不把地基打好,就会埋下安全隐患,降低了房子的品质。

6. ……,需要"锐意进取,不断创新,主动转型,**从严**建设"。

【解释】从+形容词:构成动词,意思是采取某种方针或态度。

【举例】(1) 我认为老师对学生应该**从严**要求,这样对学生的将来有利。

(2) 他是初犯,还是**从宽**处理吧,给他一个改过自新的机会。

(3) 他们俩现在的经济条件还不宽裕,所以打算婚礼一切**从简**。

(4) **从缓/从略/从速/从优/从俭/从难/从轻/从重/从快**

【练习】把"从+形容词"填入下面的句子:

(1) 凡是符合条件的都可以来报考本校,我们的原则是( )录取。

(2) 资金这个根本的问题解决不了,其他事情就只能(　　),着急也不管用。

(3) 由于时间关系,今天只能介绍一下孔子的基本思想,其他儒家的代表人物就先(　　)吧。

(4) 本商场这个周末搞促销打折活动,所有商品一律五折,卖完为止,欲购(　　)。

(5) 公司刚刚成立,底子比较薄,我看这次会议就不要铺张浪费,以一切(　　)为好。

(6) 这个犯罪团伙对社会危害太大了,警察必须(　　)、(　　)地加以打击。

综合练习

I 词语练习

一、填入合适的名词

（一）（　　）转型　　　（　　）持续　　　（　　）变迁

　　　　（　　）停滞　　　（　　）衰退　　　（　　）崩溃

　　　　（　　）下岗　　　（　　）高涨

（二）开创（　　）　　抛弃（　　）　　视为（　　）

　　　　冲破（　　）　　确立（　　）　　顺应（　　）

　　　　化解（　　）　　强制（　　）　　深化（　　）

　　　　国有（　　）　　强化（　　）　　支付（　　）

　　　　确保（　　）　　激励（　　）　　借鉴（　　）

（三）人为的（　　）　腐败的（　　）　公平的（　　）

　　　　公正的（　　）　负面的（　　）　间接的（　　）

二、填入合适的动词

（一）果断地（　　）　有意识地（　　）　间接地（　　）

（二）首次（　　）　　从中（　　）　　大体（　　）

　　　　快速（　　）　　过度（　　）　　锐意（　　）

（三）（　　）国情　　（　　）功绩　　（　　）高峰期

　　　　（　　）角色　　（　　）体制　　（　　）比重

　　　　（　　）以往　　（　　）差距　　（　　）伦理

三、填入合适的形容词或副词

（一）（　　）的决策　　　（　　）的机制　　　（　　）的潮流

　　　　（　　）的租金　　　（　　）的差距　　　（　　）的模式

　　　　（　　）的路线　　　（　　）的角色　　　（　　）的宗旨

（二）（　　）参与　　　（　　）投资　　　（　　）崩溃

　　　　（　　）撤离　　　（　　）干预　　　（　　）停滞

　　　　（　　）衰退　　　（　　）化解　　　（　　）遏制

四、填入合适的量词或名词

一（　　）路线　　　一（　　）政策　　　一（　　）潮流

一（　　）租金

五、写出下列词语的近义词或反义词

（一）写出近义词

冲破	确立	持续	功绩
强制	大体	撤退	停滞
腐败	衰退	差距	遏制
激励	高涨	负面	化解

（二）写出反义词

果断	首次	过度	停滞
公平	衰退	强化	高涨
间接	负面	实事求是	

六、选词填空

抛弃　遗弃　扬弃　冲破　突破　持续　继续　延续
功绩　功劳　功勋　公正　公平　公道　腐败　腐朽

1. 近日股市大盘连续飘红,股民们都盼望着这种势头能(　　)下去。

2. 孙中山先生在推翻中国的封建王朝的革命中立下了汗马(　　),中国人民一直非常的敬仰他。

3. 你已经犯了(　　)罪,根据中华人民共和国的法律,判处你有期徒刑三年。

4. 刘经理每次在给各部门分配人力和物资的时候都很(　　),不偏不倚,所以从来没有人对他的决定提出过异议。

5. 这辆自行车的(　　)可不小,在我的大学生活中一天也离不开它。

6. 在中国五千年的传统文化中,有大量我们可以吸取的精华,也有一些是我们应该(　　)的糟粕。

7. 这些老人们一辈子辛辛苦苦的,他们对社会和家庭没有(　　)也有苦劳,所以现在应该让他们安享晚年。

8. (　　)无私的政治家一定能够获得人们的尊敬。

9. 他用尽全力,一跃而起,终于越过了1.5米的横杆。有了这一次(　　)之后,他的跳高成绩跃上了一个新台阶。

10. 暂停的时间结束后,比赛(　　)进行。运动员们都力图在贯彻教练的新意图。

11. (　　)的食物对人体毒害很大,是坚决不能食用的。

12. 他一心向佛,最后终于(　　)自己的事业和家庭剃度出家了。

13. "反腐倡廉"的意思是:反对政治(　　),提倡廉洁奉公。

14. 我们(　　)了层层阻力,最终拿到了这个工程项目的施工权。

15. 这个市场服务周到,价格(　　),吸引了大量的顾客。

16. (　　)了乌龙岭这个天堑以后,登山队一路畅通,直达这座雪山的顶峰。

17. 在当代中国人的心目中,邓小平在中国的改革开放和社会发展中建立的(　　)是卓著的。

18. 大夫们采取的急救措施对(　　　)和挽救病人的生命起到了至关重要的作用。

19. 1919 年,延续了两千多年的(　　　)的封建社会终于在五四运动的热潮中彻底覆灭了。

七、解释句子中画线词语的意思

1. 这是党的中心工作第一次转型,被视为中国<u>历史性</u>的伟大转变,……
   A. 指具有某种时代意义的性质
   B. 指是中国历史上最伟大的转变
   C. 指从中国历史的角度来看

2. ……,重新确立了<u>实事求是</u>的马克思主义思想路线,……。
   A. 从实际的情况中去追求真理
   B. 通过实际的事情去探求解决的方法
   C. 从实际情况出发,正确对待和处理问题

3. ……,形成了社会稳定、人心安定的"<u>天下大治</u>",……
   A. 指国家政治稳定,社会安定,经济繁荣
   B. 指整个社会得到了很大的治理
   C. 指统治者治理了整个国家

4. 这是建国以来最好的<u>政治开明</u>时期。
   A. 指政治上开放而又明白
   B. 指政治上不保守,很开放
   C. 指政治上又开通又明亮

5. ……,又是<u>自上而下和自下而上</u>相结合的制度变革。
   A. 指社会的老人和青年相结合
   B. 指社会的高层和基层相结合
   C. 指以前的社会和以后的社会相结合

6. 应当说,党和政府始终在推动中国经济高速发展、促进社会快速变迁、保持社会稳定和对外开放等方面起着<u>至关重要</u>的作用。
   A. 最为重要　　　B. 关键重要　　　C. 关系重要

7. ……以经济建设为中心并不能自动地保证国家<u>长治久安</u>。
   A. 长久地治理才能长久安定
   B. 长久地治理和长久的安定
   C. 社会秩序长期安定太平

8. ……,社会分配不公是中国社会不稳定的<u>终极根源</u>。
   A. 最终的和根本的原因
   B. 最后一个原因
   C. 一个极端的原因

9. 经济发展固然是<u>硬道理</u>,社会公正也是<u>硬道理</u>。
   A. 指不容商量的、根本的和必要的因素
   B. 指正确的和不能改变的道理
   C. 指大家都承认的道理

10. 能否坚持"共同富裕"防止<u>贫富两极分化</u>,是中国改革开放成功或失败的关键标志。
    A. 贫穷和富裕的人向两个极端分化
    B. 贫穷和富裕是分化出来的两个极端
    C. 社会上的人分裂为贫穷和富裕两个极端

11. ……,相应地中央和地方的矛盾也会发展,就可能<u>出乱子</u>。
    A. 指混乱、杂乱
    B. 指祸事、纠纷
    C. 指动乱、捣乱

12. 解决这些矛盾是不能仅仅靠<u>把蛋糕做大</u>,更重要的是……
    A. 这里指有丰富的食物
    B. 这里指把事情做得很好
    C. 这里指使经济活动不断发展

13. ……,确保国家利益<u>最大化</u>,全体人民福利<u>最大化</u>。
   A. 使尽可能地变为最大的状态
   B. 使具有最大的可能性
   C. 使最大程度地得到好处

14. ……,即在充分学习吸收和<u>借鉴</u>人类现代化国家经验与知识的情况下,……
   A. 与别的人或事相联系,借用人家的方法和经验
   B. 与别的人或事相比较,学习人家的成功经验
   C. 与别的人或事相对照,以便取长补短或吸取教训

15. 上述两种转型能否成功<u>取决于</u>作为执政党的中国共产党的主动转型和成功转型。
   A. 由某种情况或某个地方决定
   B. 由某个人或某个领导决定
   C. 由某方面或某种情况决定

16. ……,如果继续将合法性建立在经济增长上,<u>无异于</u>把自己的命运托付于其他的力量。
   A. 没有异常,正常
   B. 没有不同,等同
   C. 没有异议,赞成

17. ……,需要"<u>锐意进取</u>,不断创新,主动转型,从严建设"。
   A. 意志强烈,不断获取
   B. 意志坚决,努力向前
   C. 意志坚强,向前获取

八、用所给的词语填空,并模仿造句

战略转移	实事求是	天下大治	前所未有	至关重要	各种各样
长治久安	历史性	着重点	高峰期	大体(上)	硬道理
最大化	有助于	互补性			

1. 由于唐太宗实行了开明的政治和一系列发展经济的政策,使得贞观年间(   ),社会安定繁荣,史称"贞观之治"。

2. 发展经济和教育是(   ),任何国家都必须加以重视。

3. 1976 年 10 月 6 日是一个令人难忘的、(   )的日子。随着"四人帮"的垮台,中国从此进入了一个全新的历史时期。

4. 培养良好的语感对于语言学习来说是(   )的,这一点必须要引起同学们的充分重视。

5. 我认为你演讲的(   )应该放在采取什么措施改善环境质量上,而不要罗列太多人所共知的形象。

6. (   )地说,我认为我们这个社会一方面取得了很大的进步,另一方面也存在或产生着不少问题。

7. 你对文章的理解(   )是对的,但有些细微末节的地方你可能忽略了。

8. 爷爷一辈子见过(   )的人和事,是一位见多识广、阅历丰富的老人,遇事多跟他商量准没错。

9. 你把电脑中的文件(   ),这样看起来不就清楚了吗?

10. 近三十年来中国经济所取得的发展是(   )的,这充分说明中国是一个极具经济潜力的国家。

11. 这夫妻俩一个急性子一个慢性子,正好具有(   )。

12. 为了使我们的社会(   ),我们必须建立一个完整、科学的法律体系,建立健全各种规章制度。

13. 运动和控制饮食(   )减肥,这是不言而喻的,但每个人也要根据自身的特点来灵活安排。

14. 这支老牌球队在新教练的带领下,实现了从防守型向进攻型的(   ),从此又具有了新的活力。

15. 随着交通(　　　)的到来,马路上车水马龙,拥堵严重,简直成了一个天然停车场。

Ⅱ 课文理解练习

一、根据课文内容判断正误

【第一次转型:开创"经济建设时代"】

1. 党的十一届三中全会标志着党的中心工作的第一次转型。

(　　　)

2. 从十一届三中全会以后,中国开始实行"以阶级斗争为纲"的政策。　　　　　　　　　　　　　　　　　　　　　(　　　)

3. 十一届三中全会被视为中国的一个历史性的伟大转变。

(　　　)

4. 中国的改革开放就是从十一届三中全会开始的。　(　　　)

5. 中国思想解放、观念转变的标志就是对外开放。　(　　　)

6. 在政治上,十一届三中全会冲破了教条主义和个人崇拜的束缚。　　　　　　　　　　　　　　　　　　　　　　　(　　　)

7. "文化大革命"结束后,中国进入了建国以后政治最开明的时期。　　　　　　　　　　　　　　　　　　　　　　　(　　　)

8. 建国以后,中国成为世界上经济增长率最高的国家之一。

(　　　)

9. 十一届三中全会之后,中国也参与到经济全球化中来,并获得了很大的收益。　　　　　　　　　　　　　　　　　(　　　)

10. 作者认为,中国1978年以来的改革是一次强制性的制度变迁。

(　　　)

11. 作者提到的"贞观之治"是汉代实行的一次政治和社会变革。

(　　　)

12. 作者认为,1978 年以来中国的改革开放在时间上和意义上都是和"贞观之治"一样的。   (   )

【需要第二次转型:开创"制度建设时代"】

13. 邓小平提出的三步战略设想从时间上看一直延续到 21 世纪的中叶。   (   )

14. 这个三步战略设想的最终目标是把中国建设成经济高度发达的国家。   (   )

15. 中国共产党的第二次转型,是从经济建设为中心转向制度建设为中心。   (   )

16. 在经济方面,党和政府的角色已经从引导者转为控制者。

(   )

17. 在中国的经济发展中,党和政府的作用现在已经不太重要了。

(   )

18. 根据文章内容,广大消费者也是经济活动的主体之一。 (   )

19. 在中国的经济中,国有经济比重下降,非国有经济比重上升。

(   )

20. 作者认为党应该转型的第一个理由是:如果继续过度干预微观经济活动,会制造出经济租金和政治租金,从而造成日益严重的腐败。   (   )

21. 作者认为,经济的繁荣必然导致社会的公平和稳定。   (   )

22. 作者认为中国已再次进入社会不稳定时期的理由是:中国发生了严重的社会危机。   (   )

23. 经济的持续发展有利于缓解大量的结构性的不稳定因素。

(   )

24. 作者认为,社会分配不公是中国社会不稳定的根本原因。

(   )

25. 中国的改革成功与否的标志就是:能否坚持"共同富裕",防止贫富两极分化。   (   )

26. 解决中国的收入不平等性的根本办法就是"把蛋糕做大"。

(   )

27. 作者认为党应该转型的第二个理由是:以经济建设为中心并不能自动地保证国家长治久安。　　　　　　　(　　)

28. 一个国家的现代化包括两个方面:经济现代化和制度现代化。　　　　　　　　　　　　　　　　　(　　)

29. 作者认为,没有国家制度的现代化就无法实现国家经济的现代化。　　　　　　　　　　　　　(　　)

30. 作者认为,国家制度的现代化只要学习和借鉴别国的经验就可以马上实现。　　　　　　　　　(　　)

31. 作者认为党应该转型的第三个理由是:制度建设是促进经济建设并保证其持续发展的基础条件。　　　(　　)

32. 1978年以后,党已经从革命型政党改变为发展型政党。(　　)

33. 党不但有能力推动经济发展,而且有能力解决社会矛盾和冲突。　　　　　　　　　　　　(　　)

34. 党的政治合法性的主要意义在于:给人民带来经济利益,受到人民的支持和拥护。　　　　　(　　)

35. 作者认为党应该转型的第四个理由是:制度建设是是党的执政方式的重大转型。　　　　　　(　　)

36. 作者认为,从内部发展模式和面对的外部挑战来看,中国共产党都需要主动完成第二次转型。　　　(　　)

二、根据课文内容,用指定的词语回答问题

1. 根据文章的内容,1978年召开的党的十一届三中全会的历史意义何在?

(由……转移到　着重点　反映了　代表了　抛弃了　解决了
开辟了)

2. 为什么说这次会议开辟了中国改革开放的新时期?

(在思想上　冲破了　确立了　在政治上　结束了　形成了
建立了　在经济上　出现了　进入了　在国际上　实行了
参与　从中)

3. 作者认为,1978年以来的变革,是一次什么样的变革?其最大的功绩是什么?

   (强制性　相结合　人类发展史　在于　开创了　不仅……,
   而且……)

4. 作者为什么说党和政府不应该过多地干涉微观经济活动?

   (角色　由……转向……　至关重要　主体　取代　比重　过度
   人为　腐败)

5. 根据文章的内容,经济的发达必然能带来社会的公平公正和长治久安吗?

   (化解　强化　表明　凡是　不公　终极　遏制　涉及　硬道理
   合法性　关键标志　仅仅　更重要　从制度上)

6. 怎样理解作者说的制度现代化是经济现代化的基础?

   (至少　最大化　关联性　互补性　没有……就无法……
   有意识　付诸　在……的同时……)

7. 根据文章内容,中国共产党执政方式的转变有什么重要意义?

   (经济转型　社会转型　取决于　实现了　从……到……
   以……为宗旨　伴随　实施　从……到……　不在于……,
   而在于……　无异于)

8. 建国以来中国共产党的政治纲领发生过哪些变化?

   (大体　"一化三改"　"以阶级斗争为纲"　经济建设　应该转向)

三、思考与讨论

1. 中国的第一次重大转型和第二次重大转型分别是指什么?
2. 在第一次变革(转型)中,中国的各个方面发生了什么样的变化?
   它的主要意义是什么?

3. 作者是从哪几个方面分析中国共产党需要进行第二次转型的理由的？

4. 你同意作者所说的这些理由吗？你认为其中哪一条或几条是最重要的？

5. 你认为如果中国共产党实现了第二次转型，会给中国社会带来什么样的变化？

6. 你认为目前中国社会存在的最大的问题是什么？你有什么解决问题的好办法吗？

7. 中国的政治制度与贵国的政治制度相比，有什么不同之处？

8. 贵国社会目前存在的最大问题是什么？贵国政府是如何来解决的？你认为效果如何？

9. 在你看来，一个国家想要保持长治久安，最重要的因素是什么？

 阅读与理解

绝配制胜：城市不同群体的消费方式

如果说生产者是单一的"产"，那么消费者就是综合的"配"。一个厂家关注灯具的实质功能和外在形状，而一个消费者关心的是这个灯具与整个家庭装潢格调的统一性。消费者在无数生产者提供的产品中进行反复无尽的排列组合，他们不仅按照美学的观念将这些产品组合，按照社会流行趋势进行匹配，更考虑这些产品配合的总体效果是否与身份、地位相协调，考虑这些组合是否能够成为同质群体相互认同的象征符号。通过不同消费品的"绝配"，达到不同社会阶层体现社会身份的"制胜"之道，是今天各种人群消费实践的主要方式。

"新男性"消费：实力、品质与个性魅力

近年来，社会中关于"小资"、白领、中产阶级的议论和观点层出不穷，而讨论的焦点之一是这些社会阶层的生活方式和消费形态。在这些讨论中有一个有趣的议题就是在近年的中国社会中，出现了一群所谓的"新男性"。2002年有关调查机构进行了一个名为《中国：新男性与新时代》研究，在10个中国大都市居民的调查结果揭示，中国城市里每5个成年男性中会有一个人自认是"新男性"。这一数字也得到另一个数字的坚实佐证，因为同时随机受访的那些女性中也恰有1/5的人认为自己的先生或者男友是新男性。这个调查得出的结论是：今天中国社会中的新男性扮演着社会文化转型中的重要角色，他们是这个社会中真正被广泛认同与推崇的对象，而这种地位又来自于他们在变化的时代中对新男性角色的准确把握。这个研究把为建立与维护这种新的角色形象而进行的社会工作、政治动员、消费行为与理念传播都称之为"角色的重新装备"，而这一切都是为了所扮演的角色在社会中更快地获得群体认同，更有效地接近经济和社会资源。

调查对于新男性"角色装备"（把新男性的新异之处表现得容易让人们感觉到）进行了研究，其结果是，并不是所有自认为属于"新男性"的人士都具备起码的新男性的装备水平与消费水平。实际社会生活中存在着两种新男性——一种是外在装备水平可以使公众明显感知他们是男性中的精英分子的"新男性群体"；另一种是自认属于新男性或者至少自认具备新男性的现实潜力的群体，但他们却并不为一般社会公众所感知，因为他们往往不具备前者拥有的"装备"。

新男性的"角色装备"很大程度上能够解释为"新男性的应有形象标准"，并成为影响男性群体整体消费结构的一种社会压力，成为新男性在社会领域寻求角色装备的动力。"新男性"更需要经济实力，实力的差异导致了"新男性"角色装备的等级区别。

新男性的标志性装备与等级区别：

生活奢侈品	男性香水、名牌手表、名牌袜子、洋酒、金笔、高档太阳镜、价值3000元以上的西服、高级运动装备	实力族（8.6%）	层级 1
数码时尚品	掌上电脑、数码摄像机、手提电脑、数码相机、MP4 播放器 / Walkman		
高值保障品	私家车、房产		
商务休闲品	每年有 15 天的带薪休假时间、每月听一次音乐会、飞机全程累计卡、健身俱乐部会员卡	平衡族（33.3%）	层级 2
普及公务品	家用电脑、手机、信用卡	商务族（53.4%）	层级 3
新异装备	染发、耳环、紧身衣	新异族（4.3%）	层级 4

所以，"新男性"又不只是一种风格，一种派头，它更接近于由实力、品质与个性魅力三合一的混合人格。这样的人格需要综合的消费组合方能实现，而且这种人格的形成和消费组合还与一定的社会圈高度相关。调查发现，15.5%的人认为政治界能贡献这样的典范角色，27.4%的人认为会来自企业界，46.4%的人认为来自演艺界，另有 7.1%的人认为是体育界，3.6%的人认为来自新闻节目主持人。由此，新男性不仅被符号化了，与一些特定的代表性产品与品牌连结，而且他们实际上成为一种社会文化现象，成为一种社会价值和道德观念，一种群体认同的外在标准。这种形象认同产生了强大的效应，人们把这些符号作为识别新男性的简便方法——这对于快捷地进入新男性队伍的人来说，似乎大有吸引力。

女性消费："无理"可讲

人们往往认为女性消费"无理"可讲。一个月收入不过 1000 元的女孩可能用的是价值上百元的 LANCOME 化妆品；一个本打算上街买鞋的女性可能搬回家来一套精美的装饰品……女性的消费会不时超越"常规"的轨迹。但实际上，指导女性消费行为的核心就是"新潮"。

调查机构在北京、上海、广州三地针对 18—35 岁青年女性进行的"都市青年女性消费面面观系列研究"结果显示，接受、倡导新潮消费的女性占受访者总体的 80.2%。这些女性更多地将新潮消费看作是有经济能力、有品味、文化水平高、素质高、社会地位高、懂得享受生活的人的消费行为，同时她们也认同新潮消费者具有卓尔不群的个性和创新精神。倡导新潮消费型群体在各类群体中均有广泛分布，相对而言，30 岁以下、本科学历、三资企业和卫生、文艺事业单位的管理人员、办公室工作职员、律师、记者等自由职业者、个人月收入在 2000 元以上的受访者中新潮消费的倡导者比例更高。

所以，女性不像营销专家所预测的那样遵从常见的购物模式；有时她们会把马斯洛的需求层次理论彻底推翻；有时她们周密地计划着开销，却往往买回不少自己喜欢却并不适用，甚至并不真正喜欢，也并不真正需要的商品；有时，她们购物前中规中矩地描述着购买商品时应考虑的因素，却在实际购物时把这些全然抛在脑后。究其原因，因为大部分女性（89.3%）将"富裕的、有品位的、懂得生活享受的、素质高的、文化水平高的、社会地位高的"消费归为高品位的消费特征，而且这种消费具有"敢于冒险的、有创新精神的、有冲劲的、反叛的、有个性的、时髦的、前卫的"特征。总的来说，可以看出，女性新潮消费群体更多以一味追求品位与个性的形象出现。所以那种在女性天性中蕴含的易感特质会不时地让她们受到自身心境和外在环境的影响，而做出连自己都预想不到的消费行为。这种现象在年轻女性中尤其常见。

蓝领阶层：务实消费

中国的消费研究似乎有一种只关心"富人"的怪毛病。在今天，人们把更多的眼光注视在所谓"中产阶级"的"白领"身上，更有人关注中国"奢侈消费"时代的到来。但实际上，中国的"蓝领阶层"已经开始形成自己的消费特色和结构特征。零点研究集团最新发布的蓝领研究报告显示，制造业是蓝领群体最大的"摇篮"(18.6%)，其次是社会服务业(11.8%)；另外，蓝领群体主要存在于国营企事业单位和机关(59.7%)，17.8%存在于私营企业，余下大致均衡地分布在集体企业和三资企业之中。有趣的是，12.2%的城镇居民认为"蓝领是偏男性的，白领是偏女性的"。蓝领的行为特征与价值观念同样也呈现在部分城市白领身上，也可以说，城市白领中存在大量的"收入与地位属白领，行为与观念属蓝领"的人群。

从人口规模和消费能力来说，蓝领群体都是目前及未来中国市场中居于相对主导地位的重要消费群体之一。调查显示，蓝领群体中八成左右的个人人均月收入是在1000元以上，同时七成以上的蓝领家庭月均收入是在3000元左右。事实上，国内多数城市都还是典型的蓝领型城市，城市白领消费能力总量不到蓝领消费能力总量的10%。

中国的文化对蓝领群体的价值趋向影响很大。中国蓝领群体最欣赏、最希望自己被他人认同的个性特征是:有教养、懂技术、诚恳、果断、关心他人、有责任心。这正好和中国社会认为男性应该具备的个性特征、男性应该扮演的传统社会角色不谋而合。

研究表明，中国的蓝领最具有代表性的一个品牌搭配是使用摩托罗拉手机，身着李宁服饰，电器用海尔，化妆品用大宝，佩带飞亚达手表。这些品牌都是国内著名品牌或者已经本土化的国际品牌，它们在价格与品牌上的完美结合与蓝领的实际情况恰好形成一种紧密契合，因而出现蓝领人士选择消费品时在这些品牌间形成较高搭配集中度。如果与中国高收入群体以及城市新SOHO族的品牌选择作比较，蓝领的品牌搭配特征与二者的差异界线则显得十分清晰。高收入群体主要的构成是企业中高层白领、金领以及一些私营企业主，SOHO族则主要由能够自由决定工作时间和地点的自由职业者、白领以及金领构成，他们在品牌的选择上明显要比蓝领高一个甚至几个档次。虽然在手机上3个群体的品牌选择比较一致，但蓝领可能更多会使用其中低端产品。而手表品牌的选择上体现出来的消费差异恰是这3个群体在整个品牌搭配链条上的缩影，高收入群体与SOHO族的选择趋于一致，主要是劳力士、欧米茄这些高档手表品牌，而蓝领则对飞亚达等性价比较高的手表品牌情有独钟。如果高收入群体与 SOHO 族选择劳力士是其身份地位的象征，蓝领对手表品牌的选择则更多体现出务实消费文化的倾向。

蓝领按照年龄、从事的工作、消费观念等标准可以进一步细分为深蓝、普蓝和锐蓝三个群体。普蓝是蓝领阶层中年龄最大、收入最低的群体，他们因为未来收入预期和未来竞争力较低，对前途比较担忧，所以消费比较谨慎，他们的消费观念和无领阶层有重合。深蓝堪称蓝领阶层中的中坚力量，他们既有丰富的工作经验又有较好的发展机会，因为从事的是目前社会较稀缺的技术工作，所以收入也相当可观，同时他们的消费观念相当成熟理智。锐蓝是蓝领阶层中年龄最轻，受教育程度较高，消费观念超前的群体，他们在消费观念上趋近于白领，本身也有转化成为白领的潜能。蓝领限于自身在社会分配体系中的地位，经济实力有限，无法从一些国际知名品牌中选择，但其接受的统一职业训练与确定的社会联系使得他们并不会像无领阶层那样将价格作为唯一的选择标准，明确的社会地位认知促使他们必须在价格与品牌之间进行权衡，体现出一种更加务实的群体消费特征。

城市不同的社会群体的消费状态千奇百怪，互不相同，但在这种似乎无序的结构中却有一种固定的"化学方程式"，而这个方程式却要从社会历史文化脉络、不同社会阶层的价值取向和消费内容的具体构筑中推导出来。从这个意义上讲，消费确实是我们这个时代不同人群的外在符号。

作者:陆晓文
摘自《社会观察》2006.10

一、根据文章内容判断正误

1. 消费者在消费时最关心的是如何与自己各方面的情况相配。

（　　）

【"新男性"消费:实力、品质与个性魅力】

2. 所谓"新男性"是指那些年轻新潮、追求时髦的男人。 （　　）

3. 并不是所有的"新男性"都具备这个群体所应有的"角色装备"。
　　　　　　　　　　　　　　　　　　　　　　　　（　）

4. 一项调查发现，认为"新男性"来自企业界的人最多。　（　）

【女性消费："无理"可讲】

5. 影响女性消费行为的最主要的因素是经济实力。　　（　）

6. 女性之所以会做出连自己都预想不到的消费行为是与她们天性中所特有的易感特质密切相关的。　　　　　　　（　）

【蓝领阶层：务实消费】

7. 有报告显示，蓝领群体主要集中在中国的农村地区。　（　）

8. 从消费能力上看，白领消费的总量大于蓝领。　　　（　）

9. 蓝领群体在消费时会更多地选择国产的产品。　　　（　）

10. 在深蓝、普蓝、锐蓝三个层次中，消费观念最接近白领的是深蓝。　　　　　　　　　　　　　　　　　　　　（　）

二、谈一谈

1. "新男性"是指什么样的人？他们为什么需要"角色装备"？

2. 女性消费有什么特点？你同意作者对女性消费的分析吗？

3. 蓝领消费为什么值得关注？他们在消费时表现出什么倾向？

4. 说说你自己的消费观和贵国的消费情况。

安乐死是人道,还是合理谋杀

课前思考

1. 什么是安乐死?
2. 你是否关注过关于安乐死的争论? 你的看法是什么?
3. 据你所知,在哪些国家安乐死已合法化? 在你的国家,安乐死是否合法?
4. 安乐死是现今世界上最具争议性的话题之一,本文选取了几位中国的法律工作者在网上关于安乐死的讨论,你认为谁的看法更有道理?

课 文

安乐死是人道,还是合理谋杀

案情介绍

据中新网报道, 荷兰①成为世界首个承认安乐死合法化的国家。2001 年 4 月 11 日,荷兰议会一院以 46 票赞成、28 票反对的结果通过了安乐死法案。这项法律在承认安乐死可以成为一种为患者解脱痛苦的手段的同时,也为实施安乐死规定了 3 个条件,即病人的病情必须是不可治愈的,病人必须在意识清醒的情况下完全自愿地接受安乐死以及病人所遭受的痛苦被认为是难以忍受的。

安乐死在荷兰事实上早就成为医生为患有不治之症的病人寻求解脱的一种手段。荷兰安乐死志愿者协会的统计说,仅1999年就有4000多名患者被施以安乐死或者辅助性自杀。荷兰最新的一项民意调查表明,有86%的人主张使安乐死合法化。但就在议会表决通过安乐死法案时,门外有8000人表示抗议。

据《今日早报》报道,西安市9名尿毒症患者联名要求“安乐死”。由于肾功能丧失,他们全靠做血液透析②来维持生命,每到透析前,他们都感到极度痛苦,浑身疼痛,恶心呕吐,整夜整夜地失眠。对这种长期生不如死的生活,他们已不堪忍受。这些尿毒症患者每个人每月最基本的治疗费也得4400多元,认为自己的病拖累家人是这9名患者欲“安乐死”的原因之一。他们想知道国家对此有没有相关法律规定,联名向当地媒体写了求助信。

据《中国青年报》报道,贵阳③一医生公开声称实施多例安乐死引起争议。2000年年底,贵阳市一名个体医生公开打电话给媒体,声称他曾多次给患者实施过“安乐死”手术。他说,自己实施“安乐死”的对象都是“痛苦的绝症患者”,并符合三个条件:其一,要有正规医院的病情证明书,证明已确实无法救治;其二,患者本人及直系亲属强烈要求;其三,必须按一定格式写下申请书,保证实施者的人身安全,以后不得追究实施者任何责任。

该医生说,他并不害怕也无愧疚感,只是出于医生的良知,解除病人痛苦。如果眼睁睁地看着病人求生不得,求死不能,那才是最大的不人道。

话题一

人是否有自主决定死亡的权利?尊重他人对死亡的选择,是否确实是人道主义的体现?

    程东宁(中法网网友、江苏省高邮市④人民法院⑤副院长) 公民有行使权利和履行义务的职责,而权利可以放弃,义务却必须履行。由此可以看出,对权利的放弃公民自己有自由选择的余地。然而义务就不同了,如果不履行法律规定的义务,就要受到制裁。人决定自主死亡应该说是对一项权利的具体行使,虽然法律没有将公民自主决定死亡作为一项权利来认定,但现实生活中却时有发生,如自杀就是一个十分典型的例证。因此,对这个问题我们不应回避,而是要面对现实,正视现实。尊重他人对死亡的选择,应该说是对人权的一项保护,也是符合人道主义的。当然,我们对公民自己选择的死亡,只能限于因疾病而无法忍受剧烈疼痛的,或者是国际通行的已经"脑死亡",用药物来维持心脏跳动的。尽管如此,仍然要履行一套极其严格的法定程序。

    周曙(中法网网友、江苏省高邮市人民法院书记员⑥) 既是权利,当然有权选择。但问题在于自主决定死亡是不是一种权利。我认为:不是。现代社会,权利存在的前提是它的行使不致危害他人的合法权益及社会公共利益,否则,就有可能是一种侵权或其他形式的违法状态。作为构成社会的自然主体——人,他的死亡不仅是对其个体生命的终结,对其亲友、相关人乃至整个社会都有重要的影响。因为,每一个社会之人都在承担着一定的社会责任,他的存在并不仅是享受他的生活,更是作为一个家庭、团体乃至社会的一分子而承担相应的义务。所以,一般认为,自杀行为是非道德的,自主决定死亡不应是一种合法权利,当然无权选择。

    一个人备受痛苦,生不如死,让他痛苦地活着不如使其安然地死去,从这个意义上讲,安乐死确是人道主义的体现。但什么情形才能构成"生不如死"呢?是身患绝症、无法医治?绝症本身就是相对的概念,我们每个人都有死亡之时,是不是每个人都得了绝症,何况现代医学使多少绝症不绝。是痛苦不堪、无法忍受?几乎我们每个人都在忍受着生理、心理的各种痛苦,你能感受痛苦,就说明你已经忍受了痛苦。据我所知,大多数成功人士都经历过常人无法忍受的痛苦,他们忍受了,没有选择"安乐死"。所以,安乐死更是逃避痛苦的体现。

话题二

与其默认现实中杜绝不了的非法存在,不如制定法律让这种存在合法化,荷兰立法者的选择是否正是法律应该走的路?安乐死合法化,有何利弊?

程东宁　在现实生活中,确有医生帮助别人安乐死的。有消息证明原汉中市⑦传染病医院院长助理、肝炎科主任蒲连升,是全国实施安乐死的首例。之后又有相关报道,贵阳一医生已做了十多例安乐死。尽管蒲连升官司缠身,并一度身陷囹圄,但最终法律没有认为他的行为构成犯罪,而作了无罪判决,这实际上是对这种行为的一种默认。荷兰立法者用立法的形式来规范安乐死这一行为,应该说是一个不小的进步。凡事都有利弊,安乐死也不例外。从保护人权和实行人道主义的角度考虑,应该说是时代的一大进步,它不仅可以减少患者的痛苦,还可以减少无效的经济支出。但也有不容忽视的弊端,首先,与救死扶伤的原则相冲突,这一原则就是规定医生只能救死扶伤,而没有规定医生可以帮助病人加速死亡;其次,不利于医学上的探究和钻研,容易使医学停滞不前;第三,不能完全排除某些人带有个人非法目的的可能性。

夏敏(中法网网友、江苏省高邮市人民法院审判员⑧)　越来越多的人愿意在疾病不治的情况下寻求"安乐死",这已是不容回避的事实。20 世纪 80 年代,这个话题就在全国范围内引起过争论,而我们今天如果还仅仅限于争论,或者"安乐死"还仍只是一个话题,那我真要怀疑,我们文明的脚步究竟跨了多大一步?

"安乐死"源于希腊文⑨"euthanasia",意思是"快乐地死亡"或

"尊严地死去"，这里面其实反映出西方人与中国人对死亡的不同态度。中国人通常把死亡看成是很可怕的事情，我们从小所受的"死亡教育"都是伴随着恐怖的。而西方(尤其是宗教意识很强的国家)，往往把死亡描绘得很美，是灵魂去了天国，所以电影里我们极少看到西方人死后家人嚎啕大哭的场面。而在中国，如果亲人去世你不哭个死去活来，人们就会觉得怪了。西方人的悲痛多发自对逝者的眷恋，而我们这里多半是觉得死去的人不幸，惨。

此报道说荷兰是世界上首例承认安乐死的国家，但据我所知，日本最高法院1962年就出台了允许"安乐死"的条例，并对可以实施"安乐死"的情况规定了6项：(1)被现代医学和技术认为是不可能救治的疾病，而且临近死亡；(2)病人的痛苦为他人所目不忍睹；(3)为了减轻病人的死亡痛苦；(4)如果病人神志尚清，应有本人真诚的委托和认可；(5)原则上由医师执行；(6)执行方法必须被认为在伦理上是正当的。人类社会的实践说明，"安乐死"只有在法律上被确定，医生、病人和病人家属才会真正地又"安"又"乐"呀。

"安乐死"的利弊总是相伴存在的，正义的法律也有被邪恶利用的时候，但不能因为有这种情况存在的可能，便规避它的好处和进步性，就否定这样的法律是人道的法律。

话题三

根据我国法律，医生对病人实施安乐死是否构成犯罪？如果医生的确是根据绝症病人的请求，基于人道和良知帮助其结束生命，是否能免除实施"安乐死"这种行为的"违法性"？如果不能，是否存在对这位医生的不公？

夏敏 正义性与合法性不完全是一回事，法律的完善是对正义不断认知的过程，在法律没有对"安乐死"做出特殊的保护性规定之前，它当然不能从行为的违法性中脱离出来。一切都要按现行法律去对照,在罪刑法定的原则⑩下,"安乐死"在现实中通常会将相关人置于危险的境地。这可能对执行医生不公平,但法律就是法律,它不能由情感去摆布,尤其是司法,更不能总想着去实现法律以外的正义。其实我们今天的讨论,不就是在努力使"安乐死"走近法律吗? 只有从法律上确立了"安乐死",才能真正使"安乐死"从"地下"走到"地上",才能有效地保护关系人⑪各方的权利,减少不必要的纠纷。

周曙　犯罪构成的要件之一在于行为具有社会危害性且达到犯罪的程度,医生实施安乐死是否具有构成犯罪的社会危害性,基于对安乐死的不同看法有不同的结论。我认为,这种行为具有一定的社会危害,但未达到犯罪的程度,所以不构成犯罪。实施安乐死,作为一种特殊的民事行为,医生在有可能引起的侵权纠纷中应该负有证明其没有过错的责任,并以此作为衡量其行为是否违法并承担责任的标准。

话题四
自 1994 年始,全国人民代表大会⑫提案组每年都会收到一份要求为安乐死立法的提案。您认为我国是否有必要通过立法赋予安乐死合法地位?

商建刚(中法网网友、上海市中建律师事务所⑬律师)　我基于如下两点理由认为安乐死合法化在中国应该缓行。首先,安乐死涉及人的生命,相关立法应当慎重。是否允许特殊的身份通过一定的程序将符合一定条件的人通过某种手段结束生命,在任何法域都存在很大的争议。荷兰是第一个使安乐死合法化的国家,毕竟包括美国在内的大部分法律制度较健全的国度都没有将安乐死合法化,因此,我国没有必要冒这样大的立法风险。其次,我国法律制度的"制衡"⑭、监督"的习惯尚未养成,实施安乐死的法制环境不成熟。

安乐死合法化的最大可能危害是，安乐死变成坏人实施犯罪的工具。因此，必须在一个很透明的法制社会里，有条件地实施安乐死，否则这个社会中的弱智儿童、老人等就很危险了。

　　王磊（中法网网友、福建省莆田市[15]人民检察院[16]起诉科）　通过调查，目前，我国赞成安乐死的主要是老年人和高知识阶层，而离死还很遥远的青年人，对此多持怀疑态度。上海曾以问卷形式，对 200 例老人进行安乐死意愿调查，赞成者占 72.56%；北京的 500 例同样调查，支持率则高达 79.8%；而《健康报》报道，有关部门对北京地区从事各种职业的近千人问卷调查表明，91%以上的人赞成安乐死，85%的人认为国内目前应该立法实施安乐死。天津医学院对 92 名临终病人的家属进行调查，除 6 名没有明确表态外，其中 56 人对安乐死持赞同态度，占总人数的 56%。由此看来，通过立法赋予安乐死合法地位的确值得考虑。

选自《中国法制报道丛书：法治聊天室 2》
中国人民公安大学出版社 2006.6 第 1 版，有删改

1. 安乐死	ānlèsǐ	名	指对无法救治的病人停止治疗或使用药物,让病人无痛苦地死去。
2. 人道	réndào	名	指爱护人的生命、关怀人的幸福、尊重人的人格和权利的道德。
3. 谋杀	móushā	动	谋划杀害。
4. 案情	ànqíng	名	案件的情节。
5. 法案	fǎ'àn	名	提交国家立法机关审查讨论的关于法律、法令问题的议案。proposed law.
6. 患者	huànzhě	名	患某种疾病的人。
7. 解脱	jiětuō	动	摆脱。
8. 不治之症	bú zhì zhī zhèng	名	医治不好的病。
9. 寻求	xúnqiú	动	寻找追求。
10. 民意	mínyì	名	人民共同的意见和愿望。
11. 表决	biǎojué	动	会议上通过举手、投票等方式做出决定。
12. 尿毒症	niàodúzhèng	名	肾脏机能减退或丧失,不能将体内废物除净,积聚在血液和组织里而引起的中毒现象。
13. 联名	liánmíng	动	联合署名。
14. 肾	shèn	名	肾脏。kidneys.
15. 透析	tòuxī	动	利用半透膜(如羊皮纸、膀胱膜)使溶胶和其中所含的杂质分离。用来提纯核酸、蛋白质等高分子化合物和精制胶体溶液。dialysis.

16. 呕吐	ǒutù	动	胃壁收缩异常，食物从食管、口腔排出体外。vomit;throw up.
17. 拖累	tuōlěi	动	连累;使受牵累。be a burden to.
18. 求助信	qiúzhùxìn	名	请求援助的信。
19. 绝症	juézhèng	名	不治之症。
20. 直系亲属	zhíxì qīnshǔ		跟自己有直接血缘关系或婚姻关系的人,包括父母、夫妻、子女等。
21. 良知	liángzhī	名	良心。
22. 眼睁睁	yǎnzhēngzhēng	形	睁着眼看,多形容发呆、没有办法或无动于衷。in a daze, helplessly or indifferently.
23. 求生	qiúshēng	动	寻求活路;想办法活命。
24. 人道主义	réndào zhǔyì		起源于欧洲文艺复兴时期的一种思想体系。提倡关怀人、尊重人、以人为中心的世界观。法国资产阶级革命时期,把它具体化为"自由"、"平等"、"博爱"等口号。humanitarianism.
25. 网友	wǎngyǒu	名	使用网络的人。
26. 行使	xíngshǐ	动	执行;使用(职权)等。
27. 履行	lǚxíng	动	实践(自己答应做的或者应该做的事)。
28. 职责	zhízé	名	职务和责任。
29. 制裁	zhìcái	动	用强力管束并惩处,使不得胡作非为。apply or impose sanctions against.
30. 例证	lìzhèng	名	用来证明一个事实或理论的例子。
31. 正视	zhèngshì	动	用严肃认真的态度对待,不躲避,不敷衍。

32. 通行	tōngxíng	动	普遍适用;流行。
33. 侵权	qīnquán	动	侵犯和损害他人受到法律保护的权益。
34. 安然	ānrán	形	没有顾虑;很放心。
35. 常人	chángrén	名	普通的人;一般的人。
36. 默认	mòrèn	动	心里承认,但不表示出来。
37. 杜绝	dùjué	动	制止;消灭(坏事)。put an end to, exterminate.
38. 立法	lìfǎ	动	国家权力机关按照一定程序制定或修改法律。
39. 官司	guānsi	名	指诉讼。lawsuit.
40. 缠身	chánshēn	动	缠扰身心。tied down.
41. 囹圄	língyǔ	名	监狱。
42. 判决	pànjué	名	法庭根据已经查明的事实、证据和有关的法律规定作出被告人有罪或者无罪,犯的什么罪,适用什么刑罚或者免除刑罚的决定叫做判决。宣告判决,一律公开进行。court decision, judgment.
43. 救死扶伤	jiù sǐ fú shāng	成	救护将死的,帮助受伤的。
44. 探究	tànjiū	动	探索研究;探寻追究。
45. 天国	tiānguó	名	基督教称上帝所治理的国。比喻理想世界。 Kingdom of Heaven, paradise.
46. 嚎啕	háotáo	动	形容大声哭。
47. 死去活来	sǐ qù huó lái	成	晕过去,又醒过来。形容极度疼痛或悲哀。
48. 眷恋	juànliàn	动	(对自己喜爱的人或地方)深切地留恋。
49. 出台	chūtái	动	(政策、措施等)公布或予以实施。publish or implement (a policy, measure, etc.).

50. 目不忍睹	mù bù rěn dǔ	成	形容景象十分凄惨,使人不忍心看。
51. 神志	shénzhì	名	知觉和理智。
52. 医师	yīshī	名	受过高等医学教育或具有同等能力、经国家卫生部门审查合格的负主要医疗责任的医务工作者。certified doctor.
53. 邪恶	xié'è	形	(性情、行为)不正而且凶恶。
54. 规避	guībì	动	设法避开;躲避。
55. 免除	miǎnchú	动	免去;除掉。
56. 认知	rènzhī	动	即认识,在现代心理学中通常译作认知。按照认知心理学的观点,人的认知活动是人对外界信息进行积极加工的过程。acknowledge, cognize
57. 现行	xiànxíng	形	现在通行的;现在有效的。
58. 对照	duìzhào	动	(人或事物)相比;对比。
59. 罪刑	zuìxíng	名	罪状和应判的刑罚。
60. 境地	jìngdì	名	生活上或工作上遇到的情况。
61. 摆布	bǎibù	动	操纵;支配(别人行动)。
62. 司法	sīfǎ	名	指检察机关或法院依照法律对民事、刑事案件进行侦查、审判。administration of justice.
63. 纠纷	jiūfēn	名	争执的事情。
64. 要件	yàojiàn	名	重要的条件。
65. 民事	mínshì	名	有关民法的。civil matters, civil case.
66. 过错	guòcuò	名	过失;错误。
67. 衡量	héngliáng	动	比较;评定。
68. 提案	tí'àn	名	提交会议讨论决定的建议。draft resolution.

69. 缓行	huǎnxíng	动	暂缓实行。
70. 域	yù	名	在一定疆界内的地方;泛指某种范围。territory; field.
71. 国度	guódù	名	指国家（多就国家区域而言）。
72. 弱智	ruòzhì	名	指智力发育低于正常水平。
73. 起诉	qǐsù	动	向法院提起诉讼。sue.
74. 知识阶层	zhīshi jiēcéng		
75. 持	chí	动	拿着。
76. 问卷	wènjuàn	名	列有若干问题让人回答的书面调查材料,目的在于了解人们对这些问题的看法。questionnaire.
77. 意愿	yìyuàn	名	愿望;心愿。
78. 临终	línzhōng	动	人将要死(指时间)。
79. 表态	biǎotài	动	表示态度。make known one's position

注 释

① 荷兰 Hélán：国家名。The Netherlands, Holland.

② 血液透析 xuèyè tòuxī：一种治疗方法。将血液引入装有半透性膜的透析器(通常为"人工肾")中,根据半透膜特性的原理,以清除体内过多的水分或某些有害物质。用于治疗肾功能衰竭。

③ 贵阳 Guìyáng：市名。在贵州省中部,是贵州省的省会。

④ 高邮市 Gāoyóu Shì：市名。在江苏省扬州市北部,西滨高邮湖,邻接安徽省。京杭运河纵贯境内。

⑤ 人民法院 rénmín fǎyuàn：中国的审判机关。人民民主专政的重要工

具之一。设有最高人民法院、地方各级人民法院及军事法院、海事法院和铁路运输法院等专门人民法院。最高人民法院监督地方各级人民法院和专门人民法院的审判工作，上级人民法院监督下级人民法院的审判工作。各级人民法院都对本级人大负责，其院长由本级人大选举和罢免。人民法院依照法律规定独立行使审判权，不受行政机关、社会团体和个人的干涉。

⑥ 书记员 shūjìyuán（名）：中国各级人民法院和人民检察院内担任记录工作并办理其他事项的人员。分别由各级人民法院和各级人民检察院检察长任免。

⑦ 汉中市 Hànzhōng Shì：在陕西省西南部，汉江北岸。

⑧ 审判员 shěnpànyuán：我国各级人民法院担任审判工作的人员。凡有选举权和被选举权的年满二十三岁而且没有被剥夺过政治权利的公民，依照法律规定的程序，可以被任命为审判员。由本级人大委员会任免。各级人民法院按照需要可以设助理审判员，由本级人民法院任免。助理审判员协助审判员进行工作；由院长提出，经审判委员会通过，助理审判员可以临时代行审判员职务。审判人员必须具有法律专业知识。

⑨ 希腊文 Xīlàwén：属印欧语系希腊语族。希腊官方语言。现代希腊语通行于希腊和地中海东部。

⑩ 罪刑法定的原则 zuì-xíng fǎdìng de yuánzé：审判者必须按照法律预先明文规定的罪名和刑罚才能作出判决的原则。通常概括为"法无明文规定不为罪，法无明文规定不处罚"。由意大利贝卡里亚在 1764 年《论犯罪与刑罚》一书中首先明确提出。1789 年法国《人权宣言》规定："法律只应规定确实需要和显然不可少的刑罚，而且除非根据在犯法前已经制定和公布的且系依法施行的法律，不得处罚任何人。"其后，许多国家都采用这一原则。中国 1997 年修订后的刑法第 3 条规定了罪刑法定原则："法律明文规定为犯罪行为的，依照法律定罪处刑；法律没有明文规定为犯罪行为的，不得定罪处刑。"

⑪ 关系人 guānxìrén：相关的人或团体。persons/parties concerned.

⑫ 全国人民代表大会 quánguó rénmín dàibiǎo dàhuì：简称"全国人大"。中华人民共和国最高国家权力机关。它的常设机关是全国人民代表

大会常务委员会。全国人民代表大会和全国人民代表大会常务委员会行使国家立法权。全国人民代表大会由省、自治区、直辖市、特别行政区和军队选出的代表组成。各少数民族都应当有适当名额的代表。每届任期五年。

⑬ 律师事务所 lǜshī shìwùsuǒ：律师的执业机构。受司法行政部门和律师协会的管理和监督。

⑭ 制衡 zhìhéng："制衡原则"认为国家的立法、行政、司法权力分别由不同的机关或人员掌握,就可相互制约,平衡权力,防止专断和腐败。和三权分立密切联系在一起,构成资产阶级政治学说的重要内容。主要代表人物是法国孟德斯鸠。美国杰斐逊进一步论证立法、行政、司法权力要真正做到互相牵制,求得平衡,不能让其中任何一个权力膨胀到超出其他权力之上。check and balance.

⑮ 莆田市 Pútián Shì：市名。在福建省东部沿海。

⑯ 人民检察院 rénmín jiǎncháyuàn：中国的法律监督机关。依法独立行使检察权,不受行政机关、社会团体和个人的干涉。

综合练习

Ⅰ 词 语 练 习

一、填入合适的名词

谋杀( )	寻求( )	拖累( )
行使( )	履行( )	制裁( )
正视( )	通行( )	侵权( )
( )缠身	探究( )	眷恋( )
出台( )	免除( )	对照( )

二、填入合适的量词

一( )患者	一( )绝症	一( )官司
一( )纠纷	一( )提案	一( )问卷

三、填入合适的动词

( )安乐死	( )案情	( )法案
( )民意	( )表决	( )联名
( )人道主义	( )例证	( ) 官司
( )判决	( )伦理	( )纠纷
( )问卷	( )意愿	安然地( )

四、填入合适的形容词

（　　）的案情	（　　）的法案	（　　）的尿毒症
（　　）的求助信	（　　）的职责	（　　）的例证
（　　）的官司	（　　）的判决	（　　）的境地
（　　）的过错	（　　）的提案	（　　）的意愿

五、写出下列词语的近义词或反义词

（一）写出近义词

谋杀	患者	解脱
寻求	拖累	图谋
探究	眷恋	规避
对照	过错	意愿

（二）写出反义词

解脱	正视	安然
邪恶	常人	过错

六、解释句中画线词语的意思

1. 但就在议会表决通过安乐死法案时,门外有 8000 人表示抗议。

　　A. 会议上通过举手、投票等方式做出决定

　　B. 会议上通过书面方式表达自己的态度

　　C. 会议上通过争论的方式来决定

2. 西安市 9 名尿毒症患者联名要求"安乐死"。

　　A. 互相联系　　　　B. 联合署名　　　　C. 联手合作

3. 大多数人都十分赞成安乐死,尤其是那些身患绝症的人。

　　A. 罕见的病　　　B. 医治不好的病　　　C. 令人绝望的病

4. 任何一个有**良知**的、理性的人,都不应为了表面上的人道,而实际给一个在痛苦的折磨中等待死亡的人,再多带来一丝的痛苦。

　　A. 知识　　　　B. 本能　　　　C. 良心

5. 如果眼睁睁地看着病人**求生不得,求死不能**,那才是最大的不人道。

　　A. 指无法摆脱的极其痛苦的状态
　　B. 指既不想活也不想死的状态
　　C. 指企图自杀的状态

6. 当然,我们对公民自己选择的死亡,只能限于因疾病而无法忍受剧烈疼痛的,或者是国际**通行**的已经"脑死亡",用药物来维持心脏跳动的。

　　A. 一直流行　　B. 彻底执行　　C. 普遍适用

7. 与其默认现实中**杜绝不了**的非法存在,不如制定法律让这种存在合法化。

　　A. 不能消灭　　B. 不能减少　　C. 不能忽视

8. 如果病人**神志尚清**,应有本人真诚的委托和认可。

　　A. 神情还可以　　B. 脑子很清楚　　C. 知觉和理智还清楚

9. 但法律就是法律,它不能由情感去**摆布**。

　　A. 支配　　　　B. 影响　　　　C. 发展

10. 实施安乐死,作为一种特殊的民事行为,医生在有可能引起的侵权纠纷中应该负有证明其没有过错的责任,并以此作为**衡量**其行为是否违法并承担责任的标准。

　　A. 评比　　　　B. 评定　　　　C. 评论

七、选词填空,并模仿造句

> 不治之症　直系亲属　人道主义　救死扶伤
> 死去活来　目不忍睹

1. (　　　　)一向被视为白衣天使的天职,但事实上,医护人员应该遵守的职业道德如今却多少变了味。

2. 这位欧盟官员呼吁交战双方遵守国际(　　　　)的基本原则,停止伤及平民的盲目攻击行动。

3. 希望有一天人类能找到有效的药物,使艾滋病、癌症之类的疾病都不再是(　　　　)。

4. 按照规定,伤者(　　　　)必须在手术通知单上签字。如果不签字,手术将无法进行。

5. 车祸现场,鲜血满地,让人(　　　　)。

6. 上个月她还疼得(　　　　)的,现在就活蹦乱跳的了,看来这药还挺管用的。

八、在下面词语中选择至少五个写一段话(可以不按次序写)

安乐死　谋杀　患者　解脱　良知　人道主义

求生　侵权　立法　伦理

Ⅱ 课文理解练习

一、根据课文内容判断正误

案情介绍

1. 荷兰是世界上第一个使安乐死合法化的国家。　　　　(　　)
2. 荷兰法律规定,实施安乐死是无条件的。　　　　(　　)
3. 早在安乐死合法化前,荷兰事实上已有人实施安乐死。　(　　)

话题一

4. 程东宁认为,法律应当将公民自主决定死亡作为一项权利来认定。　　　　(　　)
5. 程东宁认为,公民有选择安乐死的权利。　　　　(　　)
6. 周曙认为,个人无权终止自己的生命,因为它影响到他人和社会。　　　　(　　)
7. 周曙认为,自主决定死亡不应是一种合法权利。　　　　(　　)

话题二

    8. 蒲连升是中国最早帮助实施安乐死的医生。   ( )

    9. 蒲连升因实施安乐死而被判定有罪,因而入狱。   ( )

   10. 程东宁认为安乐死合法化有利有弊。   ( )

   11. 夏敏认为"安乐死"还应继续争论下去。   ( )

   12. 夏敏认为,西方人与中国人对死亡的不同态度,决定了安乐死在中国行不通。   ( )

   13. 夏敏认为,实际上日本才是最早使安乐死合法化的国家。( )

   14. 夏敏认为,安乐死合法化是符合人道的。   ( )

话题三

   15. 夏敏认为,正义性与合法性之间不能划等号。   ( )

   16. 夏敏认为,在罪刑法定的原则下,不存在任何不公平。 ( )

   17. 夏敏认为,实现法律以外的正义,也应成为司法部门的责任。   ( )

   18. 周曙认为,医生实施安乐死的行为有构成犯罪的社会危害性。   ( )

   19. 周曙认为,实施安乐死的医生在侵权纠纷中负有证明其没有过错的责任。   ( )

话题四

   20. 商建刚不赞同安乐死在中国马上合法化。   ( )

   21. 商建刚反对在任何条件下实施安乐死。   ( )

   22. 商建刚认为安乐死合法化的话,将有可能被坏人利用。 ( )

   23. 调查显示青年人大多赞成安乐死。   ( )

   24. 王磊认为通过立法使安乐死合法化是值得考虑的。 ( )

二、根据课文内容,用指定的词语回答问题

   1. 蒲连升是什么人?他的官司怎么样?

     (实施 首例 尽管…并…但…而… 官司缠身 身陷囹圄 最终 无罪判决)

2. 西方人与中国人对死亡的态度有何不同?

(中国:通常　可怕　死亡教育　伴随恐怖

而西方:描绘　灵魂　天国　所以　极少　嚎啕大哭

而中国:亲人去世　哭个死去活来

西方:发自　逝者　眷恋

而中国:多半　不幸)

3. 为什么商建刚认为安乐死合法化在中国应该缓行?

(首先　涉及　生命　立法　慎重　其次　"制衡、监督"的习惯
尚未养成　实施　法制环境　不成熟)

4. 关于安乐死的调查结果如何?

(通过　调查　目前　赞成　老年人　高知识阶层　而　离死……
遥远　青年人　持　怀疑)

三、思考与讨论

1. 关于安乐死,网友们讨论的焦点问题是哪些?

2. 你认为个人有无权利选择死亡?

3. 你认为用安乐死来解除病人痛苦是否有违医生的职业道德?

4. 无痛治疗以及临终关怀能否使人放弃安乐死的想法?

5. 你认为安乐死在中国合法化的可能性有多大? 为什么?

6. 在当今世界上,你还关注什么有争议的社会问题?

7. 分组辩论:

辩题:实施安乐死是不是人道主义的体现

正方:实施安乐死是人道主义的体现

反方:实施安乐死是反人道的

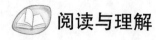 阅读与理解

安乐死合法化是人道,还是合理谋杀
(其他嘉宾的言论)

古原关于安乐死的看法(古原是中法网网友、北京市天正律师事务所实习律师):

话题一
人是否有自主决定死亡的权利？尊重他人对死亡的选择,是否确实是人道主义的体现？

我非常赞成一个人既有庄严地生的权利,也有庄严地死的权利。人体作为人格的载体和表象,首先要受到人自身的绝对支配,可以直接表述为:生与死的权利是自然人身体权的一部分。无论如何一个人杀死自己的行为,在哪一个国家也不认为是违法与犯罪。既然法律不能对自然人课以必须生存的义务,我们宁可将自主决定生死视为一种权利。也正因此,如同我们需要尊重他人的其他权利一样,我们也应尊重他人自主决定自己生与死的权利,不论我们自己怎样看待与评价他人的这一行为。而这与人道主义无关。

倒是看到他人正处于一种十分痛苦的困境,应否帮助他人以结束生命的方式换取摆脱痛苦的自由,是一个有关人道主义精神和道德伦理的沉重话题。这一点,才真正是我们讨论安乐死过程中需要和值得争论的地方。这种尴尬不只发生在医院里,也同样会发生在战场上或其他危难事故中。我记得科幻片《银河战警》中有一个情节:中尉被巨蝎的利爪洞穿腹部、剪断双腿,血流如注,痛苦万状,他对身边年轻的战士下了最后一道命令:"开枪,杀死我！"我想如果我是那位年轻的战士,我也会毫不犹豫地举枪结束中尉的痛苦。反之,如果我是中尉,亦会做出相同的抉择。显然,与其绝无生还希望,在痛苦的煎熬中等待死亡,不如直接选择

死亡解脱痛苦。任何一个有良知的、理性的人,都不应为了表面上的人道,而实际给一个在痛苦的折磨中等待死亡的人,再多带来一丝的痛苦。

话题二

与其默认现实中杜绝不了的非法存在,不如制定法律让这种存在合法化,荷兰立法者的选择是否正是法律应该走的路?安乐死合法化,有何利弊?

国内外的一些调查资料表明,大多数人都十分赞成安乐死,尤其是那些身患绝症的人。从 20 世纪 30 年代,英、美等国先后成立了"自愿安乐死协会"或"无痛苦致死协会",到 20 世纪 60 年代以后,安乐死立法运动的重新兴起,澳大利亚、南非、丹麦、瑞典、瑞士、比利时以及意大利、法国、西班牙等国,涌现出大量志愿安乐死团体。这表明安乐死的观念已经深入社会的各个角落,得到了普遍的尊重,并在世界范围内具有深远的影响。1992 年 2 月,荷兰议会通过"安乐死"法,正是在这种历史和社会背景下,以法律的形式解决了安乐死这一伦理学难题。

在正直和善良的人们受到鼓舞,并对我国的安乐死得到法律认可更增添了信心的同时,我们也不应忽视由此引发的一系列相关或类似的问题。比如对非自愿安乐死能否允许,帮助自杀的行为是否有罪,医院因费用问题终止依赖昂贵设备维持生命的绝症病人的治疗是否正当,以及设计、出售安乐死的机器是否合法?

话题三

根据我国法律,医生对病人实施安乐死是否构成犯罪? 如果医生的确是根据绝症病人的请求,基于人道和良知帮助其结束生命,是否能免除实施"安乐死"这种行为的"违法性"? 如果不能,是否存在对这位医生的不公?

自愿安乐死,不论是主动还是被动,都是一种帮助自杀行为。目前,我国《刑法》法理上将帮助自杀行为归入故意杀人罪,只是在量刑时从轻考虑。概因不论是否征得被害人同意，一个人无权非法剥夺他人的生命。但是，对于安乐死这个特殊的问题，从情理上考虑又不宜以犯罪论处。我国《刑法》第十三条明文规定："情节显著轻微危害不大的，不认为是犯罪。"安乐死正是这样一种情形。所以我国汉中首例安乐死案，经过 6 年的漫长审判，最终仍然认定被告无罪。

采取这种辩护方式，虽然可以达到认定被告无罪的目的，但是效率太低、代价太高了。必须由法律明示规定，实施安乐死不是我国刑法打击的犯罪行为，才能从根本上避免陷入法律的误区。

话题四

自 1994 年始，全国人民代表大会提案组每年都会收到一份要求为安乐死立法的提案。您认为我国是否有必要通过立法赋予安乐死合法地位？

从 1987 年年底首次对安乐死问题进行全国性大讨论开始，我国的法律、哲学、伦理学、医学、社会学专家和广大的公众就对这一现实而重要的问题，进行了深入持久的研究、讨论，并且得到了一些共识，基本上肯定了安乐死的进步意义。时至今日，社会意义和伦理道德观念又较以前有了大的改变，我认为将安乐死行为纳入国家法制轨道的时机已经成熟。有必要由法律规定对什么样的人才能实施安乐死，安乐死由谁来执行，以什么程序执行，哪些医院有资格执行等等。

选自《中国法制报道丛书：法治聊天室 2》
中国人民公安大学出版社 2006.6 第 1 版

一、根据文章内容判断正误

话题一：

1. 古原认为是否选择安乐死是个人的权利。　　　　（　　）

2. 古原认为讨论安乐死时值得争论的是：我们是否应该帮助
他人以结束生命的方式换取摆脱痛苦的自由。　　（　　）

3.《银河战警》中的战士开枪杀死了中尉，以结束他的痛苦。

（　　）

话题二：

4. 20 世纪 30 年代，英、美等国已经有了与安乐死有关的协
会。　　（　　）

5. 20 世纪 60 年代以后安乐死运动在中国兴起。　　（　　）

6. 古原认为应重视安乐死合法化后可能引起的其他问题。

（　　）

话题三：

7. 目前，中国《刑法》法理上没有把帮助自杀行为归入故意杀
人罪。　　（　　）

8. 目前，在中国帮助安乐死一律被判为有罪。　　（　　）

9. 中国法律已经明示：实施安乐死不是刑法打击的犯罪行为。

（　　）

话题四：

10. 中国对安乐死问题进行全国性大讨论始于 1987 年。（　　）

11. 讨论中大部分人认为安乐死只有消极的一面。　　（　　）

12. 古原认为在中国安乐死合法化的时机已经成熟。　　（　　）

二、谈一谈

1.《银河战警》中受了重伤的中尉让战士朝自己开枪，以结束生
命。你能否理解中尉的决定？如果你是这位战士，你会服从中
尉的这一命令吗？为什么？

2. 如果医院因费用问题而终止依赖昂贵设备维持生命的绝症
病人的治疗，你认为是否正当？为什么？

3. 你如何看待帮助自杀的行为？

4. 在这篇文章中，你最认同的一句话是什么？最不认同的呢？

第8课　基因时代的恐慌与真相

课前思考

1. 对于基因、转基因、克隆等你知道些什么？

2. 在你们国家有转基因食品吗？人们对它有什么看法？

3. 这篇文章的作者方舟子，1967 年 9 月生于福建。1985 年考入中国科技大学生物系。1990 年本科毕业后赴美留学。1995 年获美国密歇根州立(Michigan State)大学生物化学博士学位，先后在罗切斯特(Rochester)大学生物系、索尔克(Salk)生物研究院做博士后研究，研究方向为分子遗传学。目前定居美国加利福尼亚州，从事互联网开发、写作，并兼任美国生物信息公司的咨询科学家。为中文互联网的先驱者之一。美国《科学》杂志曾两次专文介绍他。在这篇文章中，作者阐述了对科技与社会、伦理、法律等的关系的一些看法，其中的有些观点是比较尖锐的。你赞同或是反对他的哪些意见呢？说说你的理由。

基因时代的恐慌与真相

不是要转你的基因

有人声称欧美①企业对中国实行歧视政策,暗示欧美各国把自己不敢吃的转基因食品②倾销到中国来。事实上,美国不仅是世界上转基因食品最大的生产国,也是最大的消费国。美国人食用转基因食品已有十年的历史,目前美国市场上的食品中,大约 60%—70% 含有转基因成分,而且不做标记。美国人显然不重视这方面的"知情权"。

如果有所谓公众"知情权"的话,那么更应该强调的,是公众获得准确的信息,不被有偏见的舆论所误导的权利。例如,在转基因作物问题上,有必要知道究竟什么是转基因作物?既然转基因作物如此不得人心,科学家为什么还要研究、推广?人们是否有必要对此如此恐慌?

许多人望文生义,误以为转基因食品要转变人体的基因,并为此忧心忡忡。实际上转基因指的是把外源基因③转入作物之中发挥有益的作用,目前用得最多的是从芽孢杆菌④克隆出来的一种基因,有了这种基因的作物会制造一种毒性蛋白,这种蛋白能杀死某些特定的害虫,而对其他生物无毒,这样农民就可以少喷洒杀虫剂,从而减少或消除农药对食品的污染。

反转基因的人士一直在声称"转基因食品还是需要慎重"。这是一句正确的废话,因为任何食品都需要慎重。但是在这种语境下,它暗含的意思却是,必须证明转基因食品绝对无害,排除转基因食品有害的可能性,才算得上慎重。

所谓"天然"食品同样不可能排除有害的可能性:海鲜可能导

致过敏,胆固醇⑤可能引起心脏病,等等。我们所能做的,只是问:有没有合理的理由和确凿的证据表明市场上的转基因食品要比相应的"天然"食品更有害健康?目前的答案是没有。我们不能为了一种没有依据的未来风险而放弃已知的益处,这些益处包括减少农药使用、增加产量、增加营养价值等等。

目前正准备大力推广的转基因水稻"金大米",就是通过转基因技术让水稻制造 β 胡萝卜素⑥,有助于消灭在亚洲⑦地区广泛存在的维生素 A⑧缺乏症。转基因技术也可提高水稻中铁元素的含量,以减少亚洲妇女常见的贫血症。

事实上,转基因食品不仅是安全的,而且往往要比同类非转基因食品更安全。种植抗虫害转基因作物能不用或少用农药,因而消除或减少农药对食品的污染,而大家都知道,农药残余过高一直是现在食品安全的大问题。抗病害转基因作物能抵抗病菌的感染,从而减少食物中病菌毒素的含量。

应用转基因技术,还可以改变某些食物的致敏成分,使得对这些食物过敏的人也可以放心地食用。此外,用转基因技术改变种子油⑨的成分,降低饱和脂肪酸⑩的含量,或降低重金属在果实、种子中的沉积,都是很有益身体健康的。

转基因技术与传统育种技术(例如杂交)相比,有其独特性,比如,它可以打破物种的界限,将动物、微生物基因转入植物中。但是,从总体上来说,转基因技术仍是传统的育种方法的延伸,它所面临的健康、环保问题,传统作物同样也有。我们甚至可以说,转基因技术在某些方面要比传统的育种方法更安全可靠,因为当我们用传统的育种方法将两种亲本进行杂交时,对它们的基因大多数都茫然无知,无法预知其可能的后果;而在转基因时,转入的却是有了透彻了解的特定基因。

不必害怕"克隆人"

克隆人的特征是与他(她)的供体有几乎相同的遗传物质。也可以说,他(她)与其供体是不同时出生的孪生。事实上,克隆人与供体的遗传相似性还不如孪生子。如果我们不觉得孪生子有什么可怕,就不该对克隆人感到可怕。那么人们为什么纷纷谴责对人的克隆?他们有什么反对理由,这些理由是否成立?

反对克隆人的理由包括神学或哲学的、学术的、社会伦理的和技术的四个方面。这些反对大都是出于对克隆技术的无知或误会。国际人文主义学院的31名桂冠人文主义者签署的《为克隆和科研完整性辩护宣言》中指出:"我们看不出在克隆非人类的高等动物问题上存在内在的道德难题。我们也看不出未来在克隆人体组织或甚至克隆人的进展将会产生人类理性无法解决的道德困境。"

在我看来,并没有一种能经得起推敲的理由禁止克隆人。那么我是否赞同现在就进行人的克隆呢?并不,只不过我反对的理由,并不是理论原因,而是技术因素。在克隆成功率非常低、克隆后代容易得遗传缺陷的情况下,贸然进行人类的克隆,无疑是不人道的。在现在的技术条件下,应该暂时禁止对人的克隆。但是在条件成熟,有充足的证据(例如对其他灵长类克隆的结果)证明对人的克隆安全可靠时,则没有充分的理由禁止任何克隆人的尝试。滥用克隆技术,例如成批地克隆同一个人,则在任何条件下都是应该禁止的。

不管怎样,不管是否有法律严禁,有多少个国家禁止,都无法阻止有人进行克隆人的尝试,因为禁止克隆人的法律,就像一切的法律,都无法禁止有人为了种种原因而以身试法。克隆人的诞生,只是迟早的事。在了解了克隆是怎么一回事后,我们根本不必为之惊慌。值得指出的是,不反对、不禁止克隆人并不等于就要支持、鼓励克隆人。事实上,克隆人除了可以作为一种辅助生殖手段,在科学上并没有什么价值，更有价值的是克隆动植物和克隆人体器官组织，后者才是我们应该大力研究的。

虽然对克隆人的必要性、合理性都是值得讨论的，也会长期争论下去，但是在讨论时，应该先明白问题的所在，起码也应该先了解一下克隆人究竟是怎么回事，而不要想当然地妄下论断，这才是诚实的态度。

生物技术⑪的是是非非

今天我们所食用的、所役使的粮食、蔬菜、家畜、家禽，就都是几千年来通过人工选择所创造出来的新物种。基因工程⑫不过是使这个创造过程更有意识、更有效率而已。如果我们真的相信"任何人为的东西都不如自然的生命那么和谐"，那么我们就应该回到吃野菜、打野兽的野蛮时代。

我们不能仅仅根据目前的利益而决定如何从事科学研究。现在没有价值的研究，以后有可能带来无限的价值。现在只供少数人享用的技术，以后也可能造福大众。今天为无数患者带来福音的基因工程，起源于科学家对生物遗传奥秘的好奇。当限制性内切酶⑬在1970年被发现的时候，没有人料到它们会迅速地带来这场医学革命。甚至是那些目前看来有百害无一利的"坏"技术，也未尝不可以变害为利。比如核武器技术，能毁灭人类，在许多人看来应属于祸害无穷。但它却也能成为拯救人类的技术。地球总有一天会再次被大流星撞上导致物种大灭绝，在预测到这种情况时，发射核武器将流星炸毁或改变轨道，是目前我们所能想到的拯救地球的惟一办法。

如果我们能够同意，遗传设计在某些条件下是可取的，那么是否应该把这种权利完全交给父母，而政府并不加以干涉？个人的选择有时会危及人类社会的利益。最简单的一种遗传设计是选择后代的性别,这是目前就可以做到的。在传统社会中,父母倾向于生男孩,如果允许他们自由选择后代的性别,必然会导致性别比例的失调,造成严重的社会问题,这是在某些国家已经出现的,而在这些国家,也都因此禁止对婴儿的性别进行选择。在未来的遗传设计中,无疑还会有类似的社会问题出现。如何处理个人自由与社会利益的矛盾,并没有简单的答案。

随着遗传技术的发展,对这些问题的解答越来越迫切。伦理问题与科学问题不同,难以有明确的答案。但是科学技术的进展在提出新的伦理的同时,却也有助于我们了解某些伦理问题的实质和寻找答案。现在我们基本上还处于提出问题的阶段,不要贸然下结论,更不要迫不及待地关上某扇科学研究的大门。

从基因的观点看

在分子水平上研究人类的遗传差异,进一步否定了"人种"的存在,我们没能找到任何决定种族的基因。没有特别的基因决定了你是白种人、黄种人或其他种人。那些导致"种族"特征的基因在所有人种中都存在,只不过频率不同而已。人类群体肤色的差异,乃是自然选择作用下对阳光多寡的适应结果。

优生学⑭的遗传学⑮基础是完全错误的,其结果是可怕的。我们应该认识到,人类的遗传存在着极其广泛的多样性,而且大都是正常的。这种多样性,是自然选择的结果,也是生存的必要条件。

我们对人类在同一性之下的多样性了解得越多,就越明白它是多么复杂。任何试图抹杀人类同一性和多样性,将全人类简单地划分成几大种族的努力,在科学上都是站不住脚的。但是种族作为一个社会和政治概念,作为历史的产物,仍然会存在下去。在我们使用这一名词的时候,必须牢牢记住,种族不具有生物学⑯的意义。

每个人都有自己的个性,那么一个人的性格是先天决定的还是后天形成的?对性格的形成是遗传因素还是环境因素更重要?这是千百年来哲学家、科学家争论不休的问题,而采取哪种立场,有时与个人的体验有关。一位心理学家曾经说过,他的同事起初都是环境决定论者,直到他们有了第二个孩子,才意识到遗传因素的重要性。

简单地说,我们可以说遗传因素和环境因素对性格的影响大约同等重要。两个人的遗传差异越大,环境越不同,性格差异也就会越大。而两个人的性格相似主要是由于相似的遗传因素引起的,共享环境的影响很小。但是我们必须记住,遗传因素和环境因素实际上是无法截然分开的,而是混杂在一起,交互发生作用的,从这个意义上说,区分影响性格的因素有多少属于遗传的影响,有多少属于环境的影响,是不可能的。遗传、环境,以及经常被忽视的随机因素,都对人性有重要的影响,这大概是我们对人性是天然还是使然这个千古难题所能做出的最好回答。

(摘自《基因时代的恐慌与真相》,
广西师范大学出版社 2005 年 8 月版。作者:方舟子)

1. 基因	jīyīn	名	生物体遗传的基本单位。gene.
2. 恐慌	kǒnghuāng	形	因担忧、害怕而慌张不安。
3. 声称	shēngchēng	动	公开地用语言或文字表示。
4. 歧视	qíshì	动	不平等地看待。
5. 暗示	ànshì	动	不明白表示意思，而用含蓄的言语或示意的举动使人领会。
6. 倾销	qīngxiāo	动	在市场上用低于平均市场价格（甚至低于成本）的价格大量抛售商品，目的在于击败竞争对手，夺取市场。
7. 事实上	shìshíshàng	名	事情的实际情况方面。
8. 食用	shíyòng	动	做食物用。
9. 含有	hányǒu	动	（事物）里面存有。
10. 标记	biāojì	名	标志；记号。sign; mark; symbol
11. 知情权	zhīqíngquán		当事人知道非秘密的真实情况的权利。
12. 公众	gōngzhòng	名	社会上大多数的人；大众。
13. 舆论	yúlùn	名	公众的言论。
14. 误导	wùdǎo	动	不正确地引导。
15. 不得人心	bù dé rén xīn		得不到众人的感情、支持等。
16. 望文生义	wàng wén shēng yì		不懂某一词句的正确意义，只从字面上去附会，做出错误的解释。
17. 忧心忡忡	yōu xīn chōng chōng		形容忧愁不安的样子。
18. 克隆	kèlóng	动	生物体通过体细胞进行无性繁殖，复制出遗传性状完全相同的生命物质或生命体。clone

19. 毒性	dúxìng	名	毒素的性质及其危害生物体的程度。toxicity; poisonousness
20. 蛋白	dànbái	名	指蛋白质。protein
21. 特定	tèdìng	形	某一个(人、地方、事物等)。
22. 喷洒	pēnsǎ	动	喷射散落(多用于液体)。
23. (杀虫)剂	(shāchóng)jì	名	指某些起化学作用或物理作用的物质。
24. 语境	yǔjìng	名	使用语言的环境。
25. 暗含	ànhán	动	做事、说话包含某种意思而未明白说出。
26. 无害	wúhài		没有危害。
27. 排除	páichú	动	除掉;消除。
28. 有害	yǒuhài		有危害。
29. 海鲜	hǎixiān	名	供食用的新鲜的海鱼、海虾等。seafood
30. 过敏	guòmǐn	动	肌体对某些药物或外界刺激的感受性不正常地增高的现象。allergy
31. 胆固醇	dǎngùchún	名	醇的一种，白色晶体，质地软。cholesterol
32. 心脏病	xīnzàngbìng	名	人的心脏结构、功能出现的异常或疾病的统称。heart disease
33. 确凿	quèzuò	形	非常确实。
34. 风险	fēngxiǎn	名	可能发生的危险。
35. 益处	yìchù	名	对人或事物有利的因素;好处。
36. 有助于	yǒuzhùyú	动	对某人某事有帮助。
37. 症	zhèng	名	疾病。
38. 常见	chángjiàn	形	经常见到或碰到的。
39. 贫血	pínxuè	动	人体的血液中红细胞的数量或血红蛋白的含量低于正常的数值时叫做贫血。anaemia

40. 同类	tónglèi	形	类别相同。
41. 虫害	chónghài	名	昆虫或蛛螨等对植物造成的危害。insect pest
42. 残余	cányú	名	在消灭或淘汰的过程中残留下来的人、事物、思想意识等。
43. 病害	bìnghài	名	细菌、真菌、病毒或不适宜的气候、土壤等对植物造成的危害。(plant)disease
44. 感染	gǎnrǎn	动	病原体侵入机体,在体内生长繁殖引起病变;受到感染。infect
45. 毒素	dúsù	名	某些机体产生的有毒物质。toxin
46. 重金属	zhòngjīnshǔ	名	通常指密度大于 5kg/m3 的金属。heavy metal
47. 沉积	chénjī	动	指物质在溶液中沉淀积聚起来。
48. 育种	yùzhǒng	动	用人工方法培育动植物新品种。
49. 杂交	zájiāo	动	不同种、属或品种的动物或植物进行交配或结合。hybridize, cross
50. 相比	xiāngbǐ	动	互相比较。
51. 物种	wùzhǒng	名	生物分类的基本单位,不同物种的生物在生态和形态上具有不同特点。species
52. 界限	jièxiàn	名	不同事物的分界。
53. 微生物	wēishēngwù	名	形体微小、构造简单的生物统称。Microorganism; microbe
54. 延伸	yánshēn	动	延长;伸展。
55. 环保	huánbǎo	名	环境保护。
56. 亲本	qīnběn	名	杂交时所选用的父本和母本的统称。parent
57. 茫然	mángrán	形	完全不知道的样子。
58. 无知	wúzhī	形	缺乏知识;不明事理。
59. 预知	yùzhī	动	预先知道。

60. 透彻	tòuchè	形	(了解情况、分析事理)详尽而深入。
61. 供体	gòngtǐ	名	课文中指在克隆时提供体细胞的个体。
62. 遗传物质	yíchuán wùzhì		亲代与子代之间传递信息的物质。
63. 孪生	luánshēng	形	(两人)同一胎出生的。
64. 谴责	qiǎnzé	动	责备;严正申斥。
65. 神学	shénxué	名	援用唯心主义哲学来论证神的存在、本质和宗教教义的一种学说。
66. 出于	chūyú	动	从某种立场、态度出发。
67. 人文主义	rénwén zhǔyì	名	欧洲文艺复兴时期的主要思想,反对宗教教义和中古时期的经院哲学,提倡学术研究,主张思想自由和个性解放,肯定人是世界的中心。是资本主义萌芽时期的先进思想,但缺乏广泛的民主基础。
68. 桂冠	guìguān	名	月桂树叶编的帽子,古代希腊人授予杰出的诗人或竞技的优胜者。后来欧洲习俗以桂冠为光荣的称号,现在也用来指竞赛中的冠军。laurels
69. 签署	qiānshǔ	动	在重要的文件上正式签字。
70. 辩护	biànhù	动	为了保护别人或自己,提出理由、事实来说明某种见解或行为是正确合理的,或是错误的程度不如别人所说的严重。
71. 高等动物	gāoděng dòngwù		在动物学中,一般指身体结构复杂、组织和器官分化显著并具有

			脊椎的动物。higher animal
72. 内在	nèizài	形	事物本身所固有的(跟"外在"相对)。
73. 进展	jìnzhǎn	动	(事情)向前发展。
74. 理性	lǐxìng	形	指属于判断、推理等活动的(跟"感性"相对)。rational
75. 困境	kùnjìng	名	困难的处境。
76. 经得起	jīngdeqǐ		承受得了。也写作"禁得起"。
77. 推敲	tuīqiāo	动	比喻斟酌字句,反复琢磨。
78. 赞同	zàntóng	动	赞成;同意。
79. 只不过	zhǐbúguò	副	只是;仅仅是。
80. (成功)率	(chénggōng)lǜ		两个相关的数在一定条件下的比值。
81. 缺陷	quēxiàn	名	欠缺或不够完备的地方。
82. 贸然	màorán	副	轻率地;不加考虑地。
83. 灵长类	língzhǎnglèi	名	也称灵长目,指哺乳动物的一目,是最高等的哺乳动物。primate
84. 尝试	chángshì	动	试;试验。
85. 滥用	lànyòng	动	胡乱地过度地使用。
86. 成批	chéngpī	形	大宗;大量。
87. 种种	zhǒngzhǒng		名各种各样。
88. 以身试法	yǐ shēn shì fǎ		以自己的行为来试试法律的威力。指明知法律的规定还要去做触犯法律的事。
89. 迟早	chízǎo	副	或早或晚;早晚。
90. 惊慌	jīnghuāng	形	害怕紧张。
91. 生殖	shēngzhí	动	生物产生幼小的个体以繁殖后代。reproduction
92. 后者	hòuzhě	代	称上文所列举的两件事中的后一件或两个人中的后一个。(与

			"前者"相对）
93. 起码	qǐmǎ	形	最低限度。
94. 想当然	xiǎngdāngrán	动	凭主观推测,认为事情大概是或应该是这样。
95. 妄	wàng	副	非分的,出了常规地;胡乱。
96. 论断	lùnduàn	名	推论判断。
97. 是是非非	shì shì fēi fēi		"是非"的重叠式。指事理的正确和错误。
98. 役使	yìshǐ	动	使用(牲畜);强迫使用(人力)。
99. 家畜	jiāchù	名	人类为了经济或其他目的而驯养的兽类。
100. 家禽	jiāqín	名	人类为了经济或其他目的而驯养的鸟类。
101. 而已	éryǐ	助	罢了。
102. 和谐	héxié	形	配合得适当和匀称。
103. 野菜	yěcài	名	可以做蔬菜的野生植物。
104. 野蛮	yěmán	形	不文明;没有开化。
105. 享用	xiǎngyòng	动	使用某种东西而得到物质上或精神上的满足。
106. 造福	zàofú	动	给人带来幸福。
107. 料到	liàodào	动	料想到;估计到。
108. 有百害无一利	yǒu bǎi hài wú yí lì		有很多坏处,没有一个好处。
109. 未尝	wèicháng	副	加在否定词前面,构成双重否定,意思跟"不是(不、没)相同,但口气比较委婉。"
110. 核武器	héwǔqì	名	利用核子反应所放出的能量造成杀伤和破坏的武器。也叫原子武器。nuclear weapon
111. 毁灭	huǐmiè	动	摧毁消灭。
112. 祸害	huòhai	名	祸事。

113. 无穷	wúqióng	形	没有穷尽；没有限度。
114. 拯救	zhěngjiù	动	救。
115. 流星	liúxīng	名	分布在星际空间的微小物体和尘粒，叫做流星体。它们飞入地球大气层，与大气摩擦发生热和光，这种现象叫流星。meteoroid; shooting star
116. 灭绝	mièjué	动	完全消灭。
117. 预测	yùcè	动	预先推测或测定。
118. 炸毁	zhàhuǐ	动	爆炸使毁坏。
119. 惟一	wéiyī	形	只有一个；独一无二。也可以写作"唯一"。
120. 可取	kěqǔ	形	可以采纳接受；值得学习或赞许。
121. 失调	shītiáo	动	失去平衡；调配不当。
122. 随着	suízhe	动	跟着。
123. 迫不及待	pò bù jí dài		急迫得不能再等待。
124. 分子	fēnzǐ	名	物质中能够独立存在并保持本物质一切化学性质的最小微粒，由原子组成。molecule
125. 差异	chāyì	名	差别；不相同。
126. 种族	zhǒngzú	名	人种。race (of people).
127. 肤色	fūsè	名	皮肤的颜色。
128. 乃(是)	nǎi(shì)	副	是；就是。
129. 多寡	duōguǎ	名	指数量的大小。
130. 多样	duōyàng	形	多种样式。
131. 同一	tóngyī	形	一致；统一。
132. 试图	shìtú	动	打算。
133. 划分	huàfēn	动	把整体分成几部分。
134. 站(不)住脚	zhàn (bú) zhù jiǎo		(理由)等成立。

135. 先天	xiāntiān	名	人跟动物的胚胎时期(与"后天"相对)。congenital, inborn
136. (争论)不休	(zhēnglùn)bù xiū	动	不停止。
137. 体验	tǐyàn	动	通过实践来认识周围的事物;亲身经历。
138. 同事	tóngshì	名	在同一单位工作的人。
139. 同等	tóngděng	形	等级或地位相同。
140. 共享	gòngxiǎng	动	共同享用。
141. 截然	jiérán	副	形容界限分明,像割断一样。
142. 混杂	hùnzá	动	混合掺杂。
143. 区分	qūfēn	动	区别。
144. 随机	suíjī	形	不设任何条件,随意地。
145. 人性	rénxìng	名	人所具有的正常的感情和理性。human feelings
146. 使然	shǐrán	动	(由于某种原因)致使这样。
147. 千古	qiāngǔ	名	长远的年代。

注 释

① 欧美 Ōuměi：指欧洲和美洲。Europe and America

② 转基因食品 zhuǎnjīyīn shípǐn：即 GM 食品,指经过遗传工程改造的食品。

③ 外源基因 wàiyuán jīyīn："外源基因"通常是指在生物体中原来不存在的基因,或指生物体中已存在但不表达的基因。转移了外源基因的生物体会因产生新的多肽或蛋白质而出现新的生物学性状(表型)。

④ 芽孢杆菌 yábāogǎnjūn：细菌的一科。本科细菌对外界有害因子抵抗力强,分布广,存在于土壤、水、空气以及动物肠道等处,与人类关系密切。

⑤ 胆固醇 dǎngùchún：醇的一种，白色晶体，质地软。人的胆汁、神经组织、血液中含胆固醇较多。胆固醇代谢失调会引起动脉硬化和胆石症。

⑥ β 胡萝卜素 β húluóbosù：β 胡萝卜素是具有保健作用的天然色素，也是一种抗氧化剂。它在多种植物中存在，令水果和蔬菜拥有了饱满的黄色和橘色。β 胡萝卜素最丰富的来源是绿叶蔬菜和黄色、橘色的水果。

⑦ 亚洲 Yàzhōu：Asia, Asian。

⑧ 维生素 wéishēngsù：人和动物所必需的某些少量有机化合物，对机体的新陈代谢、生长、发育、健康有极重要的作用。vitamin

⑨ 种子油 zhǒngziyóu：指植物的种子中所含的油脂。种子油既是人类的食品，又是重要的工业原料。

⑩ 饱和脂肪酸 bǎohé zhīfángsuān：简称 SFA，其中没有人体必需的脂肪酸。动物油脂都是饱和脂肪酸。它的"低密度脂蛋白胆固醇"及"甘油三脂"是导致高血压和动脉粥样硬化的主要成分。

⑪ 生物技术 shēngwù jìshù：指在生物方面的高新技术。

⑫ 基因工程 jīyīn gōngchéng：利用高新技术，将细胞中带有遗传功能的基因加以剪切和连接，使染色体出现性质的变化，进而培育出符合人类需要的动植物制品或生物制品。

⑬ 限制性内切酶 xiànzhìxìng nèiqiēméi：英文名 restriction endonuclease，在生物体内有一类酶，它们能将外来的 DNA 切断，即能够限制异源 DNA 的侵入并使之失去活力，但对自己的 DNA 却无损害作用，这样可以保护细胞原有的遗传信息。由于这种切割作用是在 DNA 分子内部进行的，故名限制性内切酶（简称限制酶）。

⑭ 优生学 yōushēngxué：运用遗传学原理来改善人类的遗传素质的学科。

⑮ 遗传学 yíchuánxué：研究生物遗传与变异规律，亦即研究负载遗传信息基因的传递和表达规律的学科。

⑯ 生物学 shēngwùxué：亦称"生物科学"，自然科学的一个部门。研究动物、植物和微生物的生命物质的结构和功能，它们各自发生和发展的规律，生物之间以及生物与环境之间的相互关系。

综合练习

I 词语练习

一、填入合适的名词

(一) 暗示(　　)　　倾销(　　)　　含有(　　)

误导(　　)　　克隆(　　)　　喷洒(　　)

暗含(　　)　　排除(　　)　　感染(　　)

预知(　　)　　签署(　　)　　推敲(　　)

滥用(　　)　　造福(　　)　　毁灭(　　)

危及(　　)　　抹杀(　　)　　划分(　　)

(二) (　　)恐慌　　(　　)过敏　　(　　)相应

(　　)沉积　　(　　)延伸　　(　　)进展

(　　)灭绝　　(　　)失调　　(　　)共享

(三) 特定的(　　)　　确凿的(　　)　　同类的(　　)

茫然的(　　)　　无知的(　　)　　透彻的(　　)

人道的(　　)　　惊慌的(　　)　　起码的(　　)

和谐的(　　)　　野蛮的(　　)　　无穷的(　　)

二、填入合适的动词

(一) (　　)真相　　(　　)知情权　　(　　)偏见

(　　)舆论　　(　　)毒性　　(　　)虫害

(　　)残余　　(　　)毒素　　(　　)界限

(　　)环保　　(　　)桂冠　　(　　)困境

（二）贸然（　　） 　　成批（　　） 　　截然（　　）

　　交互（　　） 　　随机（　　） 　　透彻（　　）

三、填入合适的形容词或副词

（一）（　　）的标记 　　（　　）的舆论 　　（　　）的语境

　　（　　）的缺陷 　　（　　）的论断 　　（　　）的风险

　　（　　）的肤色 　　（　　）的群体 　　（　　）的流星

（二）（　　）贫血 　　（　　）谴责 　　（　　）推敲

　　（　　）辩护 　　（　　）签署 　　（　　）抹杀

四、填入合适的量词

一（　　）桂冠 　　一（　　）野菜 　　一（　　）流星

五、写出下列词语的近义词或反义词

（一）写出近义词

歧视	恐慌	公众	偏见
特定	排除	风险	感染
谴责	辩护	赞同	尝试
和谐	毁灭	拯救	差异

（二）写出反义词

歧视	恐慌	益处	常见
同类	无知	内在	理性
贸然	后者	野蛮	先天

六、选词填空

> 暗示　倾销　误导　暗含　感染　延伸　谴责　进展
> 推敲　滥用　拯救　抹杀　不休　危及　失调

1. 中国社会的改革开放是从农村（　　　　）到城市的。

2. 一群孩子在外面吵闹（　　　　），搞得人无法静下心来。

3. "夕阳无限好，只是近黄昏"这两句诗表面上是描写自然景色，实际上（　　　　）着对人生的感慨。

4. 人类的活动已经给自然环境造成了极大的破坏，如果再不采取措施（　　　　）地球，今后的环境问题会越来越严重。

5. 课文中的每一句话都经过作者认真的（　　　　），所以是经得起我们仔细研读的。

6. 朋友给了他一个（　　　　），让他赶快离开这个是非之地。

7. 不要小看一些身体的小毛病，如果不及时治疗，有时会（　　　　）我们的生命。

8. 自从那次郊游之后，他们俩的感情（　　　　）很快，现在已经到了形影不离的程度。

9. 陈大妈之所以会买这种毫无用处的保健品，就是受了广告的（　　　　）。

10. 医生一再告诫他，千万不要（　　　　）药物，否则对身体有害无益。

11. 电影中的故事深深地（　　　　）了每一位观众，整个剧场鸦雀无声。

12. 医生认为他的肠胃病是由于饮食（　　　　）造成的。

13. 年末或换季的时候，商家都会采取各种手段把商品（　　　　）出去。

14. 他现在虽然犯了错误，但也不能因此把他以前所做的一切都一笔（　　　　）了呀。

15. 他们这种造假卖假的行为受到了社会舆论的严厉（　　　　）。

> 恐慌　确凿　同类　茫然　透彻　起码　贸然　和谐
> 截然　随机　可取　同等　野蛮　未尝　迟早

16. 创建（　　　　）社会是当今中国人的追求的一个重要目标。

17. 人类创造的文明使我们远离了茹毛饮血的(　　)时代,但我们要警惕另一种("　　"),那就是对自然界的(　　)掠夺。

18. 看着对方一副(　　)的表情,小张猜测他也许是个聋哑人,听不见别人在说什么。

19. 为了考第一名就去作弊,你说你这样做(　　)吗?

20. 上课和完成作业是老师对一个学生的最(　　)的要求。

21. 王教授在一千个人中(　　)抽取了一百人来作为自己的调查对象。

22. 一场大地震使这个城市陷入了(　　),面对倒塌的房屋和死伤的人,大家的心情难以平静下来。

23. 我(　　)不想过轻松舒服的日子,但生活的压力让我轻松不起来。

24. 他还没有搞清楚对方的意图,就(　　)答应了对方的要求。这说明他处理事情还是比较幼稚。

25. 在我的人生中,家庭和事业(　　)重要,哪个都不能偏废。

26. 老师把孙子兵法解释得非常(　　),使我们深受教益。

27. 她们俩虽然是孪生姐妹,但性格却(　　)不同,一个大胆泼辣,一个温柔贤惠。

28. 一个人外在的青春(　　)会流逝,但内心的青春却是可以永久保留下去的。

29. 有经济学家做过研究,(　　)的商店开在一起,让消费者有更大的选择余地,反而有利于商品的销售。

七、解释句子中画线部分的意思

1. ……,暗示欧美各国把自己不敢吃的转基因食品倾销到中国来。
   A. 暗暗地表示,不当面说　用高于平均价格的价格抛售商品
   B. 含蓄地表示,不明白地说　用低于平均价格的价格抛售商品
   C. 暗中地指示,不清楚地说　用市场平均价格抛售商品

2. 美国人显然不重视这方面的"知情权"。

    A. 指当事人知道非秘密的真实情况的权利

    B. 指当事人知道所有的真实情况的权利

    C. 指当事人知道知识和真实情况的权利

3. 既然转基因作物如此不得人心,科学家们为什么还要研究、推广?

    A. 得不到众人的感情、支持等

    B. 得不到人们的帮助、信任等

    C. 得不到大家的同情、援助等

4. 许多人望文生义,误认为转基因食品要转变人体的基因,……

    A. 看着文章的内容对它的意思产生理解

    B. 从文章的表面上去猜测它的意思

    C. 只从字面上去附会词句的意思,做出错误的解释

5. ……,误认为转基因食品要转变人体的基因,并为此忧心忡忡。

    A. 形容心里担忧害怕

    B. 形容内心忧愁痛苦

    C. 形容忧愁不安的样子

6. ……,对它们的基因大多数都茫然无知,无法预知其可能的后果。

    A. 完全不知道,缺乏这方面的知识

    B. 心里很糊涂,没有这方面的信息

    C. 不知怎么办,缺少这方面的经验

7. ……,并没有一种经得起推敲的理由禁止克隆人。

    A. 经得起对理由的反复质疑和批判

    B. 经得起对字句的反复斟酌和琢磨

    C. 经得起对事件的反复回忆和思考

8. 在……的情况下,贸然进行人类的克隆,无疑是不人道的。

    A. 突然地   B. 轻率地   C. 冒失地

9. 滥用克隆技术,则在任何条件下都是应该禁止的。

    A. 很多地长期地使用

    B. 随便地一般地使用

    C. 胡乱地过度地使用

10. ……，都无法禁止有人为了种种原因而以身试法。

　　A. 指不知法律的规定而去做了触犯法律的事

　　B. 指明知法律的规定还要去做触犯法律的事

　　C. 指明知法律的规定就不去做触犯法律的事

11. ……，而不要想当然地妄下论断。

　　A. 胡乱　　　　　　B. 轻易　　　　　　C. 错误

12. 甚至是那些目前看来有百害无一利的"坏技术"，也未尝不可以变害为利。

　　A. 未曾不可以　　B. 未免不可以　　C. 不是不可以

13. ……，不要贸然下结论，更不要迫不及待地关上某扇科学研究的大门。

　　A. 急迫得不能再等待

　　B. 迫切得来不及对待

　　C. 紧迫得不可以期待

14. 任何试图抹杀人类同一性和多样性，……

　　A. 全部取消；完全不管

　　B. 一律消除；完全不留

　　C. 一概不计；完全勾销

15. ……，将全人类简单地划分成几大种族的努力，在科学上都是站不住脚的。

　　A. 研究不彻底　　B. 理由不成立　　C. 做法不可靠

16. ……，遗传因素和环境因素实际上是无法截然分开的，……

　　A. 形容特点明显，像割断一样

　　B. 形容界限分明，像割断一样

　　C. 形容风格不同，像割断一样

八、用所给的词语填空,并模仿造句

> 不得人心　望文生义　忧心忡忡　人文主义
> 以身试法　是是非非　有百害无一利　迫不及待
> 争论不休　站(不)住脚　有助于　经得起

1. 唐代诗人杜甫的作品表现了强烈的忧国忧民的思想感情,有着浓厚的(　　　)色彩。

2. 香喷喷的饭菜一端上来,饥肠辘辘的孩子们就(　　　)地狼吞虎咽起来。

3. 他(　　　)地说:"我现在欠了银行一大笔钱。买房子的贷款要到 60 岁时才能还清。我现在成了真正的'房奴'"。

4. 围绕着哪一种学习方法更好的问题,同学们(　　　),始终不能得出一个一致的结论。

5. 政府如果不为老百姓谋利益的话,就会成为一个(　　　)的政府。

6. 从科学的角度来看,吸烟对健康有好处的观点是完全(　　　)的。

7. 家庭生活中的(　　　)难以分辨清楚,难怪有俗话说,清官难断家务事。

8. 在婚姻生活中,猜疑和不信任(　　　),是婚姻的主要"杀手"。

9. "叶公好龙"这个成语出自于古代寓言故事,它的寓意是:并不真正爱某个事物;而不仅仅是"叶公喜欢龙"这个意思。学习成语一定不能(　　　)。

10. 经常的运动和科学的生活方式(　　　)我们保持健康的身体和年轻的精神状态。

11. 老王明明知道利用职权收受贿赂是违法行为,但他无法抵抗金钱的魅力,不惜(　　　),换来的结果是锒铛入狱。

12. 书法大师的作品功力深厚,(　　　)欣赏者仔细地品味;而普通的作品只要看上一眼就能发现很多缺陷。

Ⅱ 课文理解练习

一、根据课文内容判断正误

【不是要转你的基因】

1. 欧美各国的人们都不敢吃转基因食品。　　　　　　（　　）

2. 在美国,转基因食品的生产和消费量都很大。　　　（　　）

3. 根据第二段的内容,作者认为公众还没有获得准确的关于转基因作物的信息。　　　　　　　　　　　　　（　　）

4. 很多人认为转基因食品会改变人体的基因,这种担心是有根据的。　　　　　　　　　　　　　　　　　　　（　　）

5. 转基因作物的一大好处是可以减少杀虫剂的使用,降低农药的污染。　　　　　　　　　　　　　　　　　　　（　　）

6. 作者认为,天然食品也不是绝对无害的。　　　　　（　　）

7. 转基因技术还可以增加植物的营养,对某些疾病有防治作用。　　　　　　　　　　　　　　　　　　　　　（　　）

8. 就安全性而言,作者认为非转基因食品比转基因食品更好。　　　　　　　　　　　　　　　　　　　　　　（　　）

9. 传统的育种技术还是比转基因技术更加成熟、可靠。（　　）

【不必害怕"克隆人"】

10. 因为克隆人与他的供体的遗传物质是基本相同的,所以可以说,他们是不同时出生的孪生。　　　　　　　（　　）

11. 现在反对克隆人的理由主要神学或哲学方面的。　（　　）

12. 作者认为反对克隆人的理由是完全成立的。　　　（　　）

13. 作者并不赞成现在就进行人的克隆。　　　　　　（　　）

14. 作者认为,现在克隆人的技术条件已经很成熟了,完全可以进行人类的克隆了。　　　　　　　　　　　　　（　　）

15. 作者认为,克隆人的行为是法律所阻止不了的。　（　　）

16. 作者认为克隆人体器官比克隆人更有价值。　　　（　　）

【生物技术的是是非非】

17. 作者赞成"任何人为的东西都不如自然的生命那么和谐"这个观点。 （ ）

18. 目前看来没有价值的科学研究以后都会产生无限的价值。（ ）

19. 在作者看来,核武器技术是有百害无一利的。 （ ）

20. 在遗传设计方面,始终存在着个人自由与社会利益的矛盾。（ ）

21. 科学技术的进步有助于人们了解某些伦理问题的实质。（ ）

22. 作者认为,不要贸然对我们还不清楚的问题下结论。（ ）

【从基因的观点看】

23. 根据文章的内容,人类皮肤颜色的差异是基因决定的。（ ）

24. 人类遗传存在着广泛的多样性,这是自然选择的结果。（ ）

25. 作者不赞成把人类简单地划分成几大种族的做法。（ ）

26. 作者认为,是遗传因素决定了一个人的性格。（ ）

27. 就对人的性格的影响而言,遗传因素和环境因素是结合在一起,不可分割的。（ ）

28. 影响人性的因素就是遗传和环境两个方面。（ ）

二、根据课文内容,用指定的词语回答问题

1. 根据作者的介绍,美国人食用转基因食品的情况如何?

  (事实上 不仅是……,也是…… 食用 含有 标记 知情权)

2. 在作者心目中,"知情权"应该是什么?

  (公众 强调 获得 偏见 误导 在……问题上 不得人心 恐慌)

3. 转基因食品有什么优越性?

  (指的是 转入 发挥 克隆 作物 制造 无毒 特定 喷洒 从而)

4. 对人体来说,转基因食品比天然食品更加有害吗?

  (所谓 排除 确凿 表明 相应 答案)

5. 为什么说转基因食品是安全的？

（不仅……，而且……　种植　因而　残余　抵抗　从而　含量　过敏　此外）

6. 与传统的育种技术相比，转基因技术有什么独特性？

（打破　物种　将……转入……　甚至　杂交　茫然无知　预知　透彻）

7. 作者对克隆人类有什么看法？

（经得起　只不过　技术　缺陷　贸然　无疑　暂时　充足　滥用）

8. 作者认为克隆人会出现吗？

（不管……，都……　以身试法　迟早　为之　事实上　更有价值的是）

9. 作者认为应该如何看待新的科学技术研究？

（仅仅……而……　价值　享用　造福　有百害无一利　未尝）

10. 如果实现"遗传设计"的话会有什么矛盾？

（是否……，而……　危及　选择　失调　未来　无疑）

11. 在分子水平上研究人类的遗传差异，可以发现"人种"是怎么回事？

（否定　导致　频率　群体　乃是　多样性　抹杀　站不住脚）

12. 对人的成长来说，遗传因素和环境因素哪个更重要？

（同等　越……，越……，也就越……　相似　共享　截然　混杂　交互　区分）

三、思考与讨论

1. 读完文章，请总结一下作者对转基因技术的看法。

2. 作者是反对克隆人还是赞成克隆人？他这样看的理由是什么？

3. 在第三部分中，作者对目前的一些新的生物技术有什么看法？

4. 在第四部分中，作者对"种族"有什么看法？你同意他的看法吗？

5. 你认为人的性格的形成是先天决定的还是后天决定的？哪方面的影响更大一些？

6. 作者在这篇文章中所表达的观点,哪些是你同意的? 哪些是你反对的? 说说你的理由。

7. 面对形形色色的高科技成果走进我们的生活,你认为是利大于弊还是弊大于利?

8. 分组辩论:

辩题 1:你赞成克隆人吗?

正方:我赞成克隆人

反方:我反对克隆人

辩题 2:遗传因素和环境因素哪个对人的性格形成影响更大?

正方:遗传因素对人的性格形成影响更大

反方:环境因素对人的性格形成影响更大

 阅读与理解

什么是转基因食品?

"转基因食品"(GM FOOD)如今已经在世界上多个国家成了环境和健康的中心议题。并且,它还在迅速分裂着大众的思想阵营:赞同它的人认为科技的进步能大大提高我们的生活水平,而畏惧它的人则认为科学的实践已经走得"太快"了。

那么,什么是"转基因食品"呢?

转基因食品,就是指科学家在实验室中,把动植物的基因加以改变,再制造出具备新特征的食品种类。许多人已经知道,所有生物的 DNA 上都写有遗传基因,它们是建构和维持生命的化学信息。通过修改基因,科学家们就能够改变一个有机体的部分或全部特征。

不过,到目前为止,这种技术仍然处于起步阶段,并且没有一种含有从其他动植物上种植基因的食物,实现了大规模的经济培植。同时许多人坚持认为,这种技术培育出来的食物是"不自然的"。

世界上第一种基因移植作物是一种含有抗生素药类抗体的烟草，1983 年得以培植出来。又过了十年，第一种市场化的基因食物才在美国出现，它就是可以延迟成熟的番茄作物。一直到 1996 年，由这种番茄食品制造的番茄饼，才得以允许在超市出售。

为什么一些人认为转基因技术或许对人类健康有害呢？批评者认为，目前我们对基因的活动方式了解还不够透彻。我们没有十足的把握控制基因调整后的结果。批评者担心突然的改变会导致有毒物体的产生，或激发过敏现象。

另外还有人批评科学家所使用的 DNA 会取自一些携带病毒和细菌的动植物，这可能引发许多不知名的疾病。我们应该相信我们所吃的食物吗？

为了确保消费者的安全和维持信心，所有食品都必须经过一系列的检测管理程序。检测程序的目的是在食品上市前就发现问题。如果消费者不幸因为所吃的食品而得病，这往往是因为食品生产线存在问题。

摘自"百度知道"

转基因食品五大隐患

首先是毒性问题。一些研究学者认为，对于基因的人工提炼和添加，可能在达到某些人们想达到的效果的同时，也增加和积聚了食物中原有的微量毒素。

其次是过敏反应问题。对于一种食物过敏的人有时还会对一种以前他们不过敏的食物产生过敏，比如：科学家将玉米的某一段基因加入到核桃、小麦和贝类动物的基因中，蛋白质也随基因加了进去，那么，以前吃玉米过敏的人就可能对这些核桃、小麦和贝类食品过敏。

第三是营养问题。科学家们认为外来基因会以一种人们目前还不甚了解的方式破坏食物中的营养成分。

第四是对抗生素的抵抗作用。当科学家把一个外来基因加入到植物或细菌中去,这个基因会与别的基因连接在一起。人们在服用了这种改良食物后,食物会在人体内将抗药性基因传给致病的细菌,使人体产生抗药性。

第五是对环境的威胁。在许多基因改良品种中包含有从杆菌中提取出来的细菌基因,这种基因会产生一种对昆虫和害虫有毒的蛋白质。在一次实验室研究中,一种蝴蝶的幼虫在吃了含杆菌基因的马利筋属植物的花粉之后,产生了死亡或不正常发育的现象,这引起了生态学家们的另一种担心,那些不在改良范围之内的其他物种有可能成为改良物种的受害者。

最后,生物学家们担心为了培养一些更具优良特性,比如说具有更强的抗病虫害能力和抗旱能力等,而对农作物进行的改良,其特性很可能会通过花粉等媒介传播给野生物种。

消费者对转基因大豆油安全性担忧:

英国《独立报》披露了转基因食品巨头孟山都公司的一份秘密报告。报告显示,给老鼠喂食转基因玉米后,导致其血液变化和肾脏异常。消息传出后,随即引起各界的广泛关注。我国最常见的转基因食品主要是转基因大豆油,由此引发消费者对转基因大豆油安全性的担忧。业内人士也表示:受转基因风波的冲击,中国食用油市场格局可能发生变化。

摘自"百度知道"

关于克隆人

反对克隆者提到的最主要的理由是,"克隆人违背了自然发展规律",提及率为 36.1%。其他反对理由分别是:"将目前还极不成熟的技术应用于人类,是非常不人道的"(21.7%)、"克隆人是在'实验室里人为操纵下制造出来的生命',让人难以接受"(16.9%)、"担心一些别有用心的人或组织克隆大量的人,却用于反社会和犯罪"(14.5%)、"克隆人会给社会伦理道德等方面带来巨大冲击,人们尚无心理准备"(10.8%)和"在现阶段克隆人技术还不完善,克隆人的成功率很低"。

几天前,一位美国的科学家向外界透露,多国科学家准备联合克隆人,已经有十对不孕夫妇报名参加该实验。

科学家们计划将普通的男性细胞或者是主体细胞和一枚女性卵子结合起来,储存于女性卵子中的遗传信息将事先被消除。通过细胞分裂形成的胚胎应只带有这名男性的全部遗传信息,最后将胚胎移植到女性子宫中。当然,如果一对夫妇愿意的话,也可以克隆女性。

科学家进一步说,动物克隆实践中通常会有几百次失败才能制造出一个活的胚胎,克隆人成功的关键在于遗传信息的稳定性。实验将在一个地中海城市进行。

在克隆人真正出世前,人们最好不要妄下结论,我们有必要把存在脑中的错误结论纠正过来。以下列举了几种对克隆人的错误观点,之后是正确的注解。

1. 一个克隆人不是一个正常人

不管克隆技术怎样发展,克隆人怎样产生,都是人,与被克隆人实质上是存在着年龄差的同胞胎,正是这一点让人们觉得很难应对克隆人出现的伦理关系。

2. 克隆创造人,在充当"上帝"的职责

克隆并不能创造生命,克隆只是从现在的生命中创造生命。

3. 克隆不是一种自然过程

克隆利用自然存在的生育程序,虽然有人说克隆并不是生育的一种自然形式,但可以说它是借助人造环境的生育过程。

4. 克隆人没有心灵

克隆人同正常人一样有情感和感受,但克隆人的情感和被克隆人并不一样。一个广为人知的例子就是克隆希特勒,他是否会制造一场屠杀浩劫?虽然一个人的性格一部分由基因决定,是天生的,但外部环境对形成一个人的性格起更大作用。如果克隆的希特勒生活在现在的美国,这时全世界都是处于稳定繁荣状态,这个希特勒与生活在战后的德国充满仇恨和一片废墟的希特勒性格是不一样的。

5. 身体上任何一部分的细胞都可以用来克隆

不是,具体情况研究人员也不太说得清。他们认为,一种称为干细胞的细胞,制造起来较为方便。这种遍布全身的细胞,可以产生多种其他细胞,即使在头发上也可找到。

6. 每人都能拥有克隆人

虽然克隆被认为是将来治疗不孕症的良方,但基本上讲,克隆还是父母制造的,并不是某个人就能随便克隆一下。许多人想可以让克隆人像奴隶一样做大量的工作,但不要忘记,克隆人同人一样有相同的权利和义务。

7. 如果克隆植物人等等没有意识的人,克隆出来的器官可以提供给人类

一方面来讲,克隆无意识的人属于不道德行为,另一方面也要承认,克隆无意识的人需要更尖端的知识与技术。意识并不具备能通过基因随便拿走的特性,也没有独立的 DNA 能决定意识是否存在。更进一步说,证明一个克隆人没有自我意识是非常困难的,即使是植物人,我们也得承认他内心还是有意识的。

有研究者理论上证实可以只克隆人的某些器官,科学家认为这样克隆出来的器官会同母体具备相同基因,这样在器官移植时排斥性会小。

8. 伟大的历史人物、英雄可以重生

目前克隆成人的技术是核细胞转移法,这一定要求合并两个活的细胞:卵子和含有想要复制的 DNA 的细胞,即使是冷冻的死人也不行,照目前来看,将来克隆死人的成功性并不大,即使这些人被克隆了,我们前面提过,他的性格发展与他生活的外部环境有不可分割的关系,所以克隆出来的希特勒不会像那个二战魔头希特勒,克隆的爱因斯坦也大概不会成为伟大的物理学家,从这个意义上讲,克隆他们并无意义。

9. 把人的细胞核放进绵羊的卵子里会有奇迹发生

这是不可能的,由于放进卵子里的遗传物质开始分裂之时,是依据卵子里的蛋白质所发出的指示工作,倘若卵子和 DNA 来自不同的物质,则有关的指示不能配合,就像人听不懂绵羊的语言一样。

10. 人可以无休止地被克隆

克隆羊多莉刚出生时,它的染色体却告诉我们:当它离开母体时,就已经有好几岁了。

苏格兰罗斯林研究院的科学家们对多莉的染色体做了仔细的研究,发现其染色体末端,即端粒,比同龄的普通绵羊短。科学家认为,端粒是决定细胞老化的主要因素,端粒越短的细胞越接近死亡。变短的端粒或许表明遗传的蓝本会随着时间流逝而老化,无休止地克隆一个动物是不可能的。

不管有多少人反对,也许我们该开始学会跟克隆人打招呼了。

意大利和美国科学家已携手展开克隆人的研究,已经有了某国的支持,已经有了志愿者,已经有了 5% 的把握,那个还不知道名字的克隆人就要出世了。

1996 年,一只名叫多莉的小羊曾让这个世界沸沸扬扬,从那时起人们就有预感:我们会不会跟在羊的后面?几乎所有的人都为这个想法惶惑不安,人类在科学面前已经没有一丝余地了。热闹的反对声并没有抵过科学家的执着,既然理论上可能,事实上也就可能,真的没有什么能够阻挡住科学。只是,用尽想像,仍然不知道人类会走到哪一步。既然克隆人就要和我们见面,我们也准备一下吧。

摘自"百度知道"

一、根据文章内容判断正误

什么是转基因食品?

1. 对于转基因食品,世界各国的人们都是赞成的。　　　（　）

2. 所谓转基因食品,就是指科学家在实验室中,把动植物的基因加以改变,再制造出具备新特征的食品种类。　　（　）

3. 现在已经有很多转基因植物实现了大规模的经济种植。

（　）

4. 世界上第一种转基因作物 1996 年出现在美国。　（　）

5. 世界上第一种市场化的转基因作物是番茄。　　　　（　　）

6. 人们反对转基因植物的理由之一是担心基因的突然改变会导致有毒物体的产生。　　　　　　　　　　　　（　　）

转基因食品五大隐患

7. 有科学家认为吃转基因食品一定会引起人体的过敏反应。

（　　）

8. 有科学家认为外来基因可能会破坏食物中的营养成分。

（　　）

9. 有生态学家认为基因改良品种会危害空气和水源。（　　）

10. 有动物实验表明,转基因玉米会导致动物血液变化和肾脏异常。　　　　　　　　　　　　　　　　　　　　（　　）

关于克隆人

11. 在反对克隆人的理由中提及率最高的是:克隆人违背了自然发展规律。　　　　　　　　　　　　　　　　　（　　）

12. 有关资料表明,目前已经有科学家在进行克隆人的尝试了。　　　　　　　　　　　　　　　　　　　　　　（　　）

13. 按照目前的技术,科学家只能克隆出男性。　　　（　　）

14. 克隆人有情感和感受,但他的情感和性格和被克隆人是不一样的。　　　　　　　　　　　　　　　　　　　（　　）

15. 人的身体上任何一部分的细胞都可以用来克隆。　（　　）

16. 克隆无意识的人,把他的器官提供给人类的做法是不道德的。　　　　　　　　　　　　　　　　　　　　　（　　）

17. 可以运用克隆技术制造历史上伟人和英雄。　　　（　　）

18. 遗传的蓝本不会老化,所以可以无休止地克隆同一个动物。　　　　　　　　　　　　　　　　　　　　　　（　　）

二、谈一谈

1. 你可以接受转基因食品吗？

2. 你周围的人对转基因食品和克隆人有什么看法？

3. 如果现在一个克隆人出现在你眼前，你会怎么样？

4. 你现在最希望产生的科学研究成果是什么？

5. 在你看来，历史上最伟大的科学发明是什么？

6. 说说你们国家最值得你自豪的科学发明。

附录一

生 词 索 引

A

B

C

草根	cǎogēn	（名）	3
层面	céngmiàn	（名）	4
差距	chājù	（名）	6
拆除	chāichú	（动）	4
掺杂	chānzá	（动）	5
缠身	chánshēn	（动）	7
产权	chǎnquán	（名）	2
产业	chǎnyè	（名）	2
长河	chánghé	（名）	5
长者	zhǎngzhě	（名）	1
长治久安	cháng zhì jiǔ ān		6
常人	chángrén	（名）	7
超脱	chāotuō	（动）	1
超越	chāoyuè	（动）	1
潮流	cháoliú	（名）	6
撤离	chèlí	（动）	6
沉淀	chéndiàn	（动）	5
沉积	chénjī	（动）	8
沉沦	chénlún	（动）	4
陈旧	chénjiù	（形）	4
成批	chéngpī	（形）	8
城乡	chéngxiāng	（名）	6
迟早	chízǎo	（副）	8
持	chí	（动）	7
持续	chíxù	（动）	6
冲破	chōngpò	（动）	6
虫害	chónghài	（名）	8
出台	chūtái	（动）	7
雏形	chúxíng	（名）	3
传承	chuánchéng	（名）	1
传媒	chuánméi	（名）	3

创业	chuàngyè	(动)	2
淳厚	chúnhòu	(形)	3
从何而来	cóng hé ér lái		5
从严	cóngyán	(动)	6
从业	cóngyè	(动)	2
从中	cóngzhōng	(副)	6
存量	cúnliàng	(名)	2
寸土寸金	cùn tǔ cùn jīn		4

D

大都市	dàdūshì	(名)	2
大多	dàduō	(副)	5
大亨	dàhēng	(名)	1
大体	dàtǐ	(副)	6
大同	dàtóng	(形)	3
大侠	dàxiá	(名)	1
大摇大摆	dà yáo dà bǎi		1
大有人在	dà yǒu rén zài		1
代称	dàichēng	(名)	5
殆	dài	(副)	4
单单	dāndān	(副)	5
胆固醇	dǎngùchún	(名)	8
蛋白	dànbái	(名)	8
当今	dāngjīn	(名)	3
档次	dàngcì	(名)	3
道观	dàoguàn	(名)	5
得以	déyǐ	(助动)	3
诋毁	dǐhuǐ	(动)	5
抵触	dǐchù	(动)	4
地表	dìbiǎo	(名)	4
地层	dìcéng	(名)	4

地貌	dìmào	（名）	4
地域	dìyù	（名）	5
颠覆	diānfù	（动）	1
典籍	diǎnjí	（名）	5
都城	dūchéng	（名）	5
毒素	dúsù	（名）	8
毒性	dúxìng	（名）	8
杜绝	dùjué	（动）	7
端倪	duānní	（名）	2
对策	duìcè	（名）	4
对抗	duìkàng	（动）	5
对照	duìzhào	（动）	7
多寡	duōguǎ	（名）	8
多样	duōyàng	（形）	8
多元化	duōyuánhuà	（形）	5
躲藏	duǒcáng	（动）	5

E

恶性循环	èxìng xúnhuán		4
恶意	èyì	（名）	5
遏制	èzhì	（动）	6

F

发奋	fāfèn	（动）	3
发奋图强	fā fèn tú qiáng	（成）	3
发扬光大	fāyáng guāngdà		5
发育	fāyù	（动）	2
发源	fāyuán	（动）	5
发源地	fāyuándì	（名）	5
法案	fǎ'àn	（名）	7
翻天覆地	fān tiān fù dì	（成）	3

赋予	fùyǔ	（动）	2
腹地	fùdì	（名）	2

G

干预	gānyù	（动）	6
感染	gǎnrǎn	（动）	8
高等动物	gāoděng dòngwù		8
高峰期	gāofēngqī	（名）	6
高科技	gāokējì	（名）	2
高新技术	gāoxīn jìshù		2
高涨	gāozhǎng	（形）	6
割据	gējù	（动）	2
格格不入	gé gé bú rù	（成）	3
个人崇拜	gèrén chóngbài		6
个体经济	gètǐ jīngjì		2
个中	gèzhōng	（名）	4
各界	gèjiè	（名）	5
各异	gèyì	（形）	2
各种各样	gèzhǒnggèyàng		6
根子	gēnzi	（名）	4
工业社会	gōngyè shèhuì		6
公共政策	gōnggòng zhèngcè		6
公理	gōnglǐ	（名）	3
公民	gōngmín	（名）	3
公平	gōngpíng	（形）	6
公正	gōngzhèng	（形）	3
功绩	gōngjì	（名）	6
供体	gòngtǐ	（名）	8
共享	gòngxiǎng	（动）	8
勾画	gōuhuà	（动）	2
孤军奋战	gū jūn fènzhàn	（成）	1

古董	gǔdǒng	（名）	5
故伎重演	gù jì chóng yǎn		5
挂一漏万	guà yī lòu wàn	（成）	4
关联	guānlián	（动）	4
关联性	guānliánxìng		6
关注	guānzhù	（动）	3
官方	guānfāng	（名）	5
官司	guānsi	（名）	7
冠	guàn	（名）	2
管制	guǎnzhì	（动）	2
光大	guāngdà	（动）	1
广义	guǎngyì	（名）	4
广远	guǎngyuǎn	（形）	5
归服	guīfú	（动）	5
归根结底	guī gēn jié dǐ	（成）	4
归结	guījié	（动）	5
规避	guībì	（动）	7
规范	guīfàn	（形）	2
规范化	guīfànhuà	（动）	2
轨迹	guǐjì	（名）	2
桂冠	guìguān	（名）	8
国度	guódù	（名）	7
国情	guóqíng	（名）	6
国有	guóyǒu	（动）	6
果断	guǒduàn	（形）	6
过错	guòcuò	（名）	7
过度	guòdù	（形）	6
过敏	guòmǐn	（动）	8

H

海滨	hǎibīn	（名）	2

海纳百川	hǎi nà bǎi chuān		5
海鲜	hǎixiān	（名）	8
含蓄	hánxù	（形）	1
含有	hányǒu	（动）	8
涵养	hányǎng	（动）	4
罕见	hǎnjiàn	（形）	4
航运	hángyùn	（名）	2
嚎啕	háotáo	（动）	7
耗	hào	（动）	4
和谐	héxié	（形）	8
核武器	héwǔqì	（名）	8
核心	héxīn	（名）	3
衡量	héngliáng	（动）	7
轰动	hōngdòng	（动）	2
宏大	hóngdà	（形）	5
后裔	hòuyì	（名）	5
后者	hòuzhě	（代）	8
厚积薄发	hòu jī bó fā	（成）	1
互补性	hùbǔxìng		6
户口	hùkǒu	（名）	3
华夏儿女	Huáxià érnǚ		5
化解	huàjiě	（动）	6
划分	huàfēn	（动）	8
话题	huàtí	（名）	2
环保	huánbǎo	（名）	8
缓行	huǎnxíng	（动）	7
患者	huànzhě	（名）	7
混杂	hùnzá	（动）	8
祸害	huòhai	（名）	8

J

疆土	jiāngtǔ	（名）	3
降水量	jiàngshuǐliàng	（名）	4
交互作用	jiāohù zuòyòng		2
交汇	jiāohuì	（动）	2
交往	jiāowǎng	（动）	2
角力	juélì	（动）	2
角色	juésè	（名）	6
脚踏实地	jiǎo tà shídì		5
教条主义	jiàotiáo zhǔyì		6
接轨	jiēguǐ	（动）	3
揭示	jiēshì	（动）	4
杰作	jiézuò	（名）	4
截然	jiérán	（副）	8
截至	jiézhì	（动）	3
解脱	jiětuō	（动）	7
界限	jièxiàn	（名）	8
借机	jièjī	（副）	2
借鉴	jièjiàn	（动）	6
金融	jīnróng	（名）	2
尽头	jìntóu	（名）	4
进而	jìn'ér	（连）	5
进取	jìnqǔ	（动）	2
进展	jìnzhǎn	（动）	8
经得起	jīngdeqǐ		8
经史	jīngshǐ	（名）	5
惊慌	jīnghuāng	（形）	8
精华	jīnghuá	（名）	5
精明	jīngmíng	（形）	2
精髓	jīngsuǐ	（名）	5
精英	jīngyīng	（名）	1
景观	jǐngguān	（名）	2

境地	jìngdì	（名）	7
境界	jìngjiè	（名）	5
迥异	jiǒngyì	（形）	4
纠纷	jiūfēn	（名）	7
救死扶伤	jiù sǐ fú shāng	（成）	7
居	jū	（动）	2
局限	júxiàn	（动）	3
巨变	jùbiàn	（名）	3
具	jù	（动）	2
聚居	jùjū	（动）	5
聚沙成塔	jù shā chéng tǎ	（成）	1
眷恋	juànliàn	（动）	7
决策	juécè	（动）	2
决战	juézhàn	（名）	5
绝症	juézhèng	（名）	7
觉醒	juéxǐng	（动）	3
崛起	juéqǐ	（动）	2

K

开创	kāichuàng	（动）	6
开工	kāi gōng	（动）	3
开拓	kāituò	（动）	3
康健	kāngjiàn	（形）	3
考证	kǎozhèng	（动）	1
可取	kěqǔ	（形）	8
可谓	kěwèi	（动）	2
克隆	kèlóng	（动）	8
刻不容缓	kè bù róng huǎn	（成）	4
恐慌	kǒnghuāng	（形）	8
口耳相传	kǒu'ěr xiāng chuán		5
枯竭	kūjié	（形）	4

跨度	kuàdù	（名）	6
快速	kuàisù	（形）	6
快意	kuàiyì	（形）	1
宽容	kuānróng	（形）	2
困境	kùnjìng	（名）	8
扩展	kuòzhǎn	（动）	3

L

来历	láilì	（名）	5
来源（于）	láiyuán(yú)	（动）	5
滥用	lànyòng	（动）	8
浪花	lànghuā	（名）	1
乐趣	lèqù	（名）	5
累积	lěijī	（动）	5
理性	lǐxìng	（形）	8
力图	lìtú	（动）	3
历程	lìchéng	（名）	3
历史性	lìshǐxìng	（名）	6
立法	lìfǎ	（动）	7
立交桥	lìjiāoqiáo	（名）	4
立身	lìshēn	（动）	5
利于	lìyú	（动）	5
例证	lìzhèng	（名）	7
连锁反应	liánsuǒ fǎnyìng		4
联名	liánmíng	（动）	7
良性	liángxìng	（形）	4
良知	liángzhī	（名）	7
凉爽	liángshuǎng	（形）	4
两极分化	liǎngjí fēnhuà		6
辽阔	liáokuò	（形）	5
料到	liàodào	（动）	8

M

贸然	màorán	(副)	8
门楣	ménméi	(名)	1
萌发	méngfā	(动)	3
密度	mìdù	(名)	2
免除	miǎnchú	(动)	7
藐视	miǎoshì	(动)	3
灭绝	mièjué	(动)	8
民办	mínbàn	(动)	3
民事	mínshì	(名)	7
民俗	mínsú	(名)	5
民意	mínyì	(名)	7
民众	mínzhòng	(名)	3
名列	míngliè	(动)	2
名胜	míngshèng	(名)	2
明星	míngxīng	(名)	2
谬	miù	(形)	4
模式	móshì	(名)	6
魔力	mólì	(名)	1
抹杀	mǒshā	(动)	1
默认	mòrèn	(动)	7
谋杀	móushā	(动)	7
目不忍睹	mù bù rěn dǔ	(成)	7

N

内地	nèidì	(名)	2
内涵	nèihán	(名)	2
内在	nèizài	(形)	8
乃(是)	nǎi(shì)	(副)	8
乃至	nǎizhì	(连)	5
难熬	nán'áo	(形)	4
能否	néngfǒu	(动)	6

年均	niánjūn	（动）	2
酿	niàng	（动）	4
尿毒症	niàodúzhèng	（名）	7
宁静	níngjìng	（形）	5
凝聚	níngjù	（动）	2
凝聚	níngjù	（动）	5
扭曲	niǔqū	（动）	1
农户	nónghù	（名）	6
农业社会	nóngyè shèhuì		6

O

呕吐	ǒutù	（动）	7

P

排除	páichú	（动）	8
排名	páimíng	（动）	2
攀升	pānshēng	（动）	3
判决	pànjué	（名）	7
抛弃	pāoqì	（动）	6
抛砖引玉	pāo zhuān yǐn yù	（成）	4
泡沫	pàomò	（名）	1
配套	pèitào	（动）	2
喷洒	pēnsǎ	（动）	8
喷嚏	pēntì	（名）	1
蓬勃	péngbó	（形）	3
毗邻	pílín	（动）	2
偏见	piānjiàn	（名）	5
贫富	pínfù		6
贫血	pínxuè	（动）	8
频率	pínlǜ	（名）	5
品位	pǐnwèi	（名）	3

平台	píngtái	(名)	2
凭空	píngkōng	(副)	3
迫不及待	pò bù jí dài		8
迫使	pòshǐ	(动)	3
铺设	pūshè	(动)	4

Q

蹊跷	qīqiāo	(形)	4
骑士	qíshì	(名)	1
杞人忧天	Qǐrén yōu tiān	(成)	4
起码	qǐmǎ	(形)	8
起诉	qǐsù	(动)	7
迄今	qìjīn	(动)	4
千古	qiāngǔ	(名)	8
迁移	qiānyí	(动)	5
签署	qiānshǔ	(动)	8
前列	qiánliè	(名)	2
前身	qiánshēn	(名)	5
前所未有	qián suǒ wèi yǒu		6
前者	qiánzhě	(名)	6
潜力	qiánlì	(名)	2
潜在	qiánzài	(形)	4
谴责	qiǎnzé	(动)	8
强国	qiángguó	(名)	5
强化	qiánghuà	(动)	6
强健	qiángjiàn	(形)	5
强劲	qiángjìng	(形)	3
强盛	qiángshèng	(形)	5
强制	qiángzhì	(动)	6
巧合	qiǎohé	(动)	4
惬意	qièyì	(形)	5

R

人性	rénxìng	（名）	8
忍让	rěnràng	（动）	1
忍无可忍	rěn wú kě rěn	（成）	1
认同	rèntóng	（动）	3
认知	rènzhī	（动）	7
荣辱不惊	róng rǔ bù jīng		5
荣衔	róngxián		x
融合	rónghé	（动）	5
入侵	rùqīn	（动）	1
锐意	ruìyì	（副）	6
弱智	ruòzhì	（名）	7

S

色调	sèdiào	（名）	4
杀伤力	shāshānglì	（名）	4
山水风情	shānshuǐ fēngqíng		5
商机	shāngjī	（名）	2
上好	shànghǎo	（形）	4
深层	shēncéng	（形）	5
深化	shēnhuà	（动）	6
神定气闲	shén dìng qì xián		5
神仙	shénxiān	（名）	5
神学	shénxué	（名）	8
神韵	shényùn	（名）	5
神志	shénzhì	（名）	7
审批	shěnpī	（动）	2
审视	shěnshì	（动）	3
肾	shèn	（名）	7
渗	shèn	（动）	4
升级	shēngjí	（动）	5
生灵	shēnglíng	（名）	4

首次	shǒucì	（数）	6
首位	shǒuwèi	（数）	2
首要	shǒuyào	（形）	4
受制	shòuzhì	（动）	4
枢纽	shūniǔ	（名）	2
疏散	shūsàn	（动）	4
衰退	shuāituì	（动）	6
率性	shuàixìng	（形）	4
顺应	shùnyìng	（动）	6
说到底	shuōdàodǐ		5
司法	sīfǎ	（名）	7
死去活来	sǐ qù huó lái	（成）	7
寺庙	sìmiào	（名）	5
伺机	sìjī	（动）	5
叟	sǒu	（名）	1
随机	suíjī	（形）	8
所有制	suǒyǒuzhì	（名）	3

T

塌陷	tāxiàn	（动）	4
摊点	tāndiǎn	（名）	3
探究	tànjiū	（动）	7
探源究本	tàn yuán jiū běn		5
陶然忘机	táorán wàng jī		5
淘	táo	（动）	1
特定	tèdìng	（形）	8
特性	tèxìng	（名）	5
提案	tí'àn	（名）	7
提升	tíshēng	（动）	2
体制	tǐzhì	（名）	2
替代	tìdài	（动）	2

天国	tiānguó	（名）	7
天下大治	tiānxià dà zhì		6
天灾人祸	tiān zāi rén huò		5
挑战	tiǎozhàn	（动）	6
停滞	tíngzhì	（动）	3
通畅	tōngchàng	（形）	3
通行	tōngxíng	（动）	7
同等	tóngděng	（形）	8
同类	tónglèi	（形）	8
同气连枝	tóng qì lián zhī	（成）	1
同一	tóngyī	（形）	8
统称	tǒngchēng	（动）	5
投资	tóuzī	（动）	6
透彻	tòuchè	（形）	8
透析	tòuxī	（动）	7
土著	tǔzhù	（名）	3
吐故纳新	tǔ gù nà xīn		5
推崇	tuīchóng	（动）	1
推敲	tuīqiāo	（动）	8
推销	tuīxiāo	（动）	2
推行	tuīxíng	（动）	3
退场	tuìchǎng	（动）	1
退化	tuìhuà	（动）	5
退让	tuìràng	（动）	1
托儿	tuōr	（名）	1
托付	tuōfù	（动）	6
拖累	tuōlěi	（动）	7

W

外来	wàilái	（形）	2
外星人	wàixīngrén	（名）	1

外资	wàizī	（名）	2
网络	wǎngluò	（名）	1
网民	wǎngmín	（名）	1
网友	wǎngyǒu	（名）	7
妄	wàng	（副）	8
望文生义	wàng wén shēng yì		8
危及	wēijí	（动）	6
危言耸听	wēi yán sǒng tīng	（成）	4
威风	wēifēng	（名）	5
微生物	wēishēngwù	（名）	8
伪装	wěizhuāng	（动）	1
卫星城	wèixīngchéng	（名）	4
未尝	wèicháng	（副）	8
位居	wèijū	（动）	2
喂养	wèiyǎng	（动）	5
文人学者	wénrén xuézhě		5
稳健	wěnjiàn	（形）	1
问卷	wènjuàn	（名）	7
无害	wúhài		8
无米之炊	wú mǐ zhī chuī	（成）	4
无穷	wúqióng	（形）	8
无视	wúshì	（动）	3
无谓	wúwèi	（形）	5
无一例外	wú yī lì wài		2
无以为继	wú yǐ wéi jì		4
无异（于）	wúyì(yú)	（动）	6
无知	wúzhī	（形）	8
务工	wùgōng	（动）	3
务实	wùshí	（形）	2
物种	wùzhǒng	（名）	8
误导	wùdǎo	（动）	8

X

需求	xūqiú	（名）	1
序列	xùliè	（名）	2
喧嚣	xuānxiāo	（形）	1
学术专著	xuéshù zhuānzhù		5
血统	xuètǒng	（名）	5
寻求	xúnqiú	（动）	7

Y

压阵	yāzhèn	（动）	2
亚热带	yàrèdài	（名）	2
延续	yánxù	（动）	5
严峻	yánjùn	（形）	3
言传身教	yán chuán shēn jiào		5
炎黄子孙	Yán-Huáng zǐsūn		5
眼睁睁	yǎnzhēngzhēng	（形）	7
演变	yǎnbiàn	（动）	5
殃	yāng	（动）	4
样本	yàngběn	（名）	2
要件	yàojiàn	（名）	7
要人	yàorén	（名）	5
要义	yàoyì	（名）	5
野菜	yěcài	（名）	8
野蛮	yěmán	（形）	8
一般无二	yì bān wú èr		4
一旦	yídàn	（副）	5
一脉因循	yí mài yīnxún		5
一时间	yìshíjiān	（名）	2
医师	yīshī	（名）	7
依次	yīcì	（副）	2
依存	yīcún	（动）	2
怡情适性	yí qíng shì xìng		5

余地	yúdì	（名）	2
鱼死网破	yú sǐ wǎng pò	（成）	4
舆论	yúlùn	（名）	8
与众不同	yǔ zhòng bù tóng	（成）	3
语境	yǔjìng	（名）	8
语系	yǔxì	（名）	5
育种	yùzhǒng	（动）	8
预警	yùjǐng	（动）	3
预知	yùzhī	（动）	8
域	yù	（名）	7
喻	yù	（动）	2
原本	yuánběn	（副）	1
原住民	yuánzhùmín	（名）	3
源头	yuántóu	（名）	1
远古	yuǎngǔ	（名）	5
远远	yuǎnyuǎn	（副）	5
约束	yuēshù	（动）	2
芸芸众生	yúnyún zhòngshēng	（成）	1
运作	yùnzuò	（动）	3

Z

杂交	zájiāo	（动）	8
造成	zàochéng	（动）	4
造福	zàofú	（动）	8
增长率	zēngzhǎnglǜ	（名）	2
扎根	zhāgēn	（动）	5
乍	zhà	（副）	4
炸毁	zhàhuǐ	（动）	8
展示	zhǎnshì	（动）	1
战略转移	zhànlüè zhuǎnyí		6
站（不）住脚	zhàn (bú) zhù jiǎo		8

张扬	zhāngyáng	（动）	1
兆头	zhàotou	（名）	3
真相	zhēnxiàng	（名）	5
阵营	zhènyíng	（名）	2
振兴	zhènxīng	（动）	3
争勇好斗	zhēng yǒng hào dòu		1
拯救	zhěngjiù	（动）	8
正史	zhèngshǐ	（名）	5
正视	zhèngshì	（动）	7
正统	zhèngtǒng	（形）	5
支付	zhīfù	（动）	6
知情权	zhīqíngquán		8
知识阶层	zhīshi jiēcéng		7
执法	zhífǎ	（动）	2
执政	zhízhèng	（动）	6
直系亲属	zhíxì qīnshǔ		7
直辖市	zhíxiáshì	（名）	2
职责	zhízé	（名）	7
止境	zhǐjìng	（名）	4
只不过	zhǐbúguò	（副）	8
指数	zhǐshù	（名）	2
至关重要	zhì guān zhòngyào		6
至上	zhìshàng	（形）	3
制裁	zhìcái	（动）	7
治政	zhìzhèng	（动）	5
终极	zhōngjí	（名）	6
终结	zhōngjié	（动）	3
种种	zhǒngzhǒng	（名）	8
种族	zhǒngzú	（名）	8
众多	zhòngduō	（形）	5
重金属	zhòngjīnshǔ	（名）	8

周边	zhōubiān	（名）	4
周而复始	zhōu ér fù shǐ	（成）	4
骤	zhòu	（副）	4
诸	zhū	（形）	2
诸如	zhūrú	（动）	5
逐年	zhúnián	（副）	4
主次分明	zhǔcì fēnmíng		5
主导	zhǔdǎo	（形）	5
主流	zhǔliú	（名）	3
主体	zhǔtǐ	（名）	6
注定	zhùdìng	（动）	4
转向	zhuǎnxiàng	（动）	6
转型	zhuǎnxíng	（动）	6
准则	zhǔnzé	（名）	3
着重点	zhuózhòngdiǎn		6
自称	zìchēng	（动）	5
自成一统	zì chéng yì tǒng		5
自居	zìjū	（动）	5
自立	zìlì	（动）	3
自强	zìqiáng	（动）	3
自然经济	zìrán jīngjì		2
自生自灭	zì shēng zì miè	（成）	1
自主	zìzhǔ	（动）	3
宗旨	zōngzhǐ	（名）	6
总称	zǒngchēng	（名）	5
总体(上)	zǒngtǐ (shang)	（名）	5
总值	zǒngzhí	（名）	2
纵横	zònghéng	（形）	4
租金	zūjīn	（名）	6
祖宗	zǔzong	（名）	5
祖祖辈辈	zǔzǔ bèibèi		5

附录二

词 语 辨 析 索 引

附录三

语 言 点 索 引

第 1 课

1. 个　　　　　2. 坛　　　　　3. 多少　　　　　4. 看似

第 2 课

1. 真可谓是　　　2. 无一例外　　　3. 各异　　　　　4. 有待
5. 仅次于

第 3 课

1. 得以　　　　　2. 类似于　　　　3. 以……为例　　4. 化……为
5. 把……视为

第 4 课

1. 无……之分　　2. 不容　　　　　3. 不乏　　　　　4. 如此之……
5. 随之　　　　　6. 加之　　　　　7. 由不得

第 5 课

1. 趋于　　　　　2. 为辅　　　　　3. 挂在嘴边　　　4. 之多
5. 之别　　　　　6. 基于

第 6 课

1. 前所未有　　　2. ……而……　　3. 付诸　　　　　4. 取决于
5. 无异于　　　　6. 从……